WEEKENDMILJONAIRS

Van dezelfde auteurs

Voetbal & Maffia

Voetbal & Maffia in de Lage Landen

Slag om de skyboxen

Eindspel

Tom Knipping &
Iwan van Duren

WEEKEND-MILJONAIRS

Voetbalmakelaars op jacht naar goud

VOETBAL INTERNATIONAL

Omslagontwerp
Studio Jan de Boer

ISBN 978 90 6797 147 8
NUR 489

MICKEY RIOLA

'Het enige wat Johan Cruijff zonder mij mag doen, is pissen.'
– Wijlen makelaarspionier Cor Coster

'Je moet wel een enorme mongool zijn wanneer je als zaakwaarnemer na het Bosman-arrest geen miljonair bent geworden.'
– André Gieling, voetbalmakelaar

'Het is tijd voor een transferrevolutie.'
– Gianni Infantino, voorzitter FIFA

'Neem mijn kamer. Daar zijn heel veel meisjes geneukt. De spirit hangt daar.'
– Voetbalinvesteerder Arif

'Mijn ouders hoopten op een beroep als dokter, maar dit komt aardig in de buurt.'
– Mino Raiola, voetbalmakelaar

'Cash betekent in dit geval geen zwart geld.'
– Erwin Kasakowski, voetbalmakelaar en clubdirecteur

'Er zijn makelaars die contracten tekenen in de hoop dat er op een dag een Mendes tevoorschijn komt.'
– Jorge Mendes, voetbalmakelaar

'Zonder zaakwaarnemer kun je toch ook voetballen, lijkt me zo, of ben ik nou gek?'
– Willem van Hanegem

'Van het opsturen van een factuur met heel veel nullen word ik gelukkig.'
– Carlos Barros, voetbalmakelaar

'Jullie Nederlanders zijn fucking criminals.'
– Markku Ritala, vicevoorzitter FC Atlantis

'Op pedofiele zwemleraren na kan nu iedereen voetbalmakelaar worden.'
– Louis Everard, directeur VVCS

'Niets is wat het lijkt en alles draait om geld.'
– Ton Caanen, voetbaltrainer

'Het is Russisch roulette met vijf kogels.'
– Theo van Seggelen, baas internationale spelersvakbond

'De link tussen de voetbalsector en de wereld van mensenhandel, drugshandel en prostitutie is heel nauw.'
– Vincent Kompany, speler Manchester City

INHOUD

VOORWOORD

Show me the money

'Het klinkt niet alleen als mensenhandel, het ís mensenhandel.'

Het was ergens in januari. Na een lange lobby hadden we eindelijk de hoogste baas uit het wereldvoetbal tegenover ons zitten. Een unicum in het 53-jarige bestaan van onze club *Voetbal International*. Doorgaans weet je dat hoe hoger je komt, hoe minder je van een interview hoeft te verwachten. Elk woord is al afgewogen door een leger aan persvoorlichters. Maar vandaag was het even anders, we zaten nog maar net of de wereldvoetballeider begon over mensenhandel. 'Tijd voor een transferrevolutie,' waarschuwde Gianni Infantino, terwijl hij met accurate bewegingen een slokje van zijn dure espresso nam in het Amsterdamse Okura. In ons notitieblokje vonden we later de woorden: 'Mensenhandel, bonanza, Wilde Westen.'

Dat was wel heel toevallig. Hij wilde een revolutie. Wij wilden een boek. Na matchfixing, clubeigenaars en de FIFA zelf waren we nog steeds niet toegekomen aan de machtige makelaars. Iets wat al lang op ons verlanglijstje stond. De Wolf of Wall Street is tegenwoordig te vinden in de skyboxen van de stadions waar een merkwaardig gilde van horecazonen, videotheekeigenaren en kerstbomenverkopers het ene na het andere miljoen binnentikt. De laatste jaren explodeerde de transfermarkt en telden we wereldwijd iets van 15.000 transfers per zomer. Er begon ons iets vreemds op te vallen. Sinds 2012 was FIFA de internationale transfercijfers gaan bijhouden en deze geheel in strijd met de hermetisch afgesloten voetbalwereld gaan publiceren. Nederland heeft volgens FIFA tussen 2012 en 2017 opgeteld 675 miljoen dollar winst gemaakt op de spelersmarkt, omgerekend ongeveer 580 miljoen euro. Mooi bedrag zou je denken. Maar vreemd genoeg bleek later uit de jaarverslagen van de clubs zelf dat hier nog niet de helft van overblijft. Na aftrek van alle aandelen voor spelers, makelaars, investeerders, consulenten, fondsen, adviseurs en ouders resteerde er met een beetje goede wil 200 tot 250 miljoen euro die netto naar de clubkassen stroomde. Als hier al zoveel geld verdampt, wat moet dat op wereldwijde schaal dan wel niet inhouden? We begonnen langzaam te begrijpen waarom er bij de top van de mondiale bond de laatste tijd zoveel drukte is over geld dat weglekt uit de voetbalsector.

In een tocht langs de skyboxen in Nederland was de ene na de andere bestuurder begonnen over de grote voetbalroof. Multimiljonair Frans van Seumeren bijvoorbeeld. De eigenaar van FC Utrecht is een van de vrije denkers in ons voetbal en bovenal financieel volkomen onafhankelijk. Hij had voor het interview zelf een boodschappenbriefje gemaakt, waarop de macht van de makelaars bovenaan stond. 'Ik heb vaak gedacht: hoe is het toch mogelijk dat een intelligente knul zich laat begeleiden door iemand die nog niet tot tien kan tellen? De eisen die ze stellen en de beloningen die ze vragen, staan in geen enkele verhouding tot het werk dat ze moeten doen. Het lijkt steeds erger te worden.'

Of Gaston Sporre. Ook al zo'n vent die carrière maakte buiten het voetbal en niet wist wat hij meemaakte toen hij als interim-directeur in het keurige Heerenveen eens met zijn trainer ging praten. Voormalig bondscoach Marco van Basten waarschuwde hem voor maffia-achtige circuits rond spelers, maar hij geloofde het pas echt toen makelaars hem begonnen te bellen met de mededeling dat ze konden helpen met de verkoop van topscorer Alfreð Finnbogason. 'Dan belde weer een man met een Slavisch-Duits accent die langs de snelweg wilde afspreken, dan belde weer iemand dat hij hem voor 10 miljoen kon verkopen waarbij er een miljoen naar hem moest. Hij begeleidde Finnbogason niet eens. Het enige wat de man had, was een contact bij de geïnteresseerde club. Die club konden wij niet rechtstreeks benaderen, de transfer kon alleen via hem. We hebben één minuut gesproken en toen vriendelijk bedankt. Een miljoen per minuut, dat wordt gewoon zonder enige gêne gevraagd.'

KNVB-voorzitter Michael van Praag sloot zich aan bij de heren: 'Neem nu weer Justin Kluivert die naar AS Roma vertrekt. Een jongen in ontwikkeling. Komt net kijken. Fantastisch als hij veel geld kan gaan verdienen. Dat gun ik iedereen. Maar ik voorspel je dat zijn carrière tot stilstand komt. Hij is veel te jong. Die komt in een prestatieklimaat terecht dat hij nu nog niet kan bijbenen. Met alle gevolgen van dien voor het Nederlands elftal. Gianni zegt dat hij iets revolutionairs gaat doen. Ik ben benieuwd. Ik denk dat de fees snel aan banden gelegd moeten worden zodat makelaars geen 20 procent meer in een transfersom kunnen krijgen. Anders komt de markt nooit meer in balans.'

Last but not least vertelde de succesvolle technisch directeur Marcel Brands voordat hij van PSV naar Everton verhuisde over het keurige Nederland: 'We kennen allemaal de verhalen over directeuren die geld aannemen bij transfers met bepaalde makelaars. Voor mij is dat ondenkbaar. Dan geef je je geloofwaardigheid weg. Bij RKC kreeg ik van een buitenlandse zaakwaarnemer een enveloppe in mijn handen gedrukt. Ik dacht in mijn naïviteit: dat zal wel een tegoedbon zijn of zo. Bleek er een pakketje geld in te zitten. Ik ben op de parkeerplaats achter die man aangerend en heb hem die enveloppe teruggegeven. In Brazilië is me ook geld geboden, als ik een speler naar Nederland zou halen. Dan zijn ze bij mij aan het verkeerde adres.'

Brands kon daar in Eindhoven prima meebabbelen met de gepensioneerde Philips-man Rob Westerhof, die als relatieve buitenstaander de skyboxen van de eredivisieclubs betrad. Westerhof zit nu bij het deftige Sparta en zag begin deze eeuw als voorzitter van PSV de verhoudingen veranderen. 'Als ik de bedrijfstak vergelijk met mijn komst in 2004, is niets zo explosief gegroeid als de inkomstenstroom van zaakwaarnemers. In mijn tijd bij PSV betaalden we 3 tot 6 procent commissie, terwijl de club de beste man nooit had ingehuurd. Daar verbaasde ik me al over. Nu vragen ze vaak een veelvoud daarvan. Hun macht is gigantisch geworden. De voetbalbonden zijn niet in staat geweest hierop een visie te geven. Er zijn enkele positieve uitschieters, makelaars die hun spelers goed begeleiden, maar in feite controleren zij de hele markt met miljarden aan spelerskapitaal. Gek genoeg is dat fenomeen relatief onderbelicht. Zaakwaarnemers hebben van de sport een veiling gemaakt, zo veel en zo snel mogelijk transfereren is een doel op zich geworden. Daar zou eens wat tegen ondernomen moeten worden.'

De Belgen zijn daar alvast mee begonnen via Operatie Propere Handen. Een gigantische bom ontplofte. De politie luisterde maanden telefoons af en viel in oktober binnen bij de topclubs. Allerlei kopstukken werden opgepakt en verhoord. Centraal in de dossiers staan een paar voetbalmakelaars die worden verdacht van matchfixing en malversaties. Spelers, clubbestuurders en zelfs journalisten en scheidsrechters bleken in hun greep. Volgens insiders zijn de Belgische invallen nog maar het topje van de ijsberg en zijn ze tekenend voor het integriteitsprobleem waarmee de voetbalsector kampt.

We hopen u in *Weekendmiljonairs* met onze zaklamp wat bij te kunnen lichten. Geen wetenschappelijk boek, maar hopelijk vormt de gekozen serie verhalen wel een bescheiden catalogus van deze bijzondere beroepsgroep waar het adagium '*Show me the money*' de norm is. Maakt u kennis met de vrije jongens achter de schermen.

Hoe het tot dusverre staat met de revolutie van Infantino? Ach, laten we het zo zeggen. De honden blaffen en de karavaan trekt verder. Desalniettemin hebben we met veel plezier geschreven aan dit werk over de wondere wereld van de weekendmiljonairs.

Veel leesplezier.

Tom Knipping & Iwan van Duren

1

MAKELAAR UIT MOKUM

Horloge Cor. De Smokkelaar. De bikkelharde schoonvader van Johan Cruijff is godfather van de makelaarsbranche. In de jaren zeventig verruilt hij de diamanten voor voetballers.

'Welk mens is zoveel waard?'

Nadat Feyenoord in 1970 als eerste Nederlandse club de Europacup I heeft gewonnen, is het Ajax dat drie keer op rij de beker met de grote oren naar Amsterdam heeft gebracht. De hele wereld kent de nummer 14 van de hoofdstedelingen, maar zijn eigen ploeggenoten willen hem niet meer als aanvoerder. 'Bel Barcelona maar,' briest hij tegen zijn schoonvader. Het is augustus 1973 en Johan Cruijff verlaat Ajax, de club waar hij vanaf zijn zesde voor heeft gespeeld. Het Spaanse Barcelona vindt hem 6 miljoen gulden waard. Daarvan is 3 miljoen voor Ajax en 3 miljoen voor de speler. Cruijff is in een klap de duurste voetballer ter wereld en meervoudig miljonair. De transfer zorgt voor een debat in de Tweede Kamer waarbij de vraag wordt gesteld welk mens zoveel waard is. Het is de opmaat voor een nieuw voetbaltijdperk, waar de sterren niet langer meer genoegen nemen met een sigarenzaak als maximale opbrengst van hun voetballoopbaan.

De man achter die revolutie is een diamanthandelaar. En allesbehalve een weekendmiljonair. Het verhaal begint vijf jaar eerder met een toevallige ontmoeting zoals een orkaan in Texas kan beginnen met het geklapper van de vleugels van een vlinder in Brazilië. Maar we hoeven niet naar Brazilië. Wel naar de receptie op de bruiloft van Piet Keizer. Uiteraard is zijn maatje Johan Cruijff ook aanwezig. De twee aanvallers van Ajax kunnen het goed met elkaar vinden en vullen elkaar goed aan. Met de contractbesprekingen bijvoorbeeld. 'Ik doe het praten en Piet kijkt de contracten na,' zegt de jonge Cruijff in zijn veel te grote pak. Hij heeft al een eigen auto. Dan weet je het wel. Dat hebben ze goed geregeld die twee. Als iemand vraagt naar wie hij zo staat te kijken, zegt hij: 'Dat is mijn vrouw.' Even later zal hij zich voor het eerst laten voorstellen aan het meisje dat Danny blijkt te heten en hem nooit meer zal verlaten.

Of het precies zo gegaan is, weten we niet. Maar als de overlevering het zo wil, wie zijn wij dan om dat mooie verhaal te negeren. Het is het begin van een ongekende voetbalrevolutie. Zoveel is zeker. Cruijff maakt in eerste instantie weinig indruk op Danny. Een slecht geklede, bleke jongen met een volks accent is nou niet bepaald wat het meisje dat zich volgens de laatste Franse mode kleedt en opgroeit in het duurste deel van Amsterdam zoekt. Als ze al moet zoeken, want ze staan voor haar in de rij. Maar Cruijff kletst er vrolijk op los en regelt toch een afspraakje. De rest is geschiedenis. Zoals dat nu eenmaal gaat in de wereld van de liefde.

Het zijn opwindende en spannende tijden. In Amsterdam broeit het. The Doors treden op. De hippies tarten de gevestigde orde. Studenten demonstreren. Vrije liefde, ban de bom. In 1968 is de wereld volop in beweging. De ongekende nederlaag van de Amerikanen in Vietnam houdt de wereld bezig, de Praagse Lente die wordt neergeslagen door 250.000 soldaten uit het Warschaupact, Martin Luther King wordt in Memphis vermoord, in Duitsland pleegt de Baader-Meinhof-groep aanslagen en in Parijs worden studentenrevoltes bloedig neergeslagen. De Apollo 8 vliegt rond de maan en achter het IJzeren Gordijn maakt de supersonische Tupolev Tu-144 zijn eerste vlucht. Nieuws dat in Engeland voor het eerst in kleur te zien is op televisie.

Het stormt in de wereld, Nederland volgt het nieuws vooral via de krant. De sportpagina's worden nog steeds gretig gelezen. Dat is een stuk leuker dan alle ellende in de wereld. We juichen voor Kees Verkerk en die dekselse Jan Janssen, die in de slottijdrit de Belg Herman van Springel uit het geel rijdt. Ergens in het jaar debuteert de jonge Willem van Hanegem voor Oranje. In de Eredivisie is Ajax weer kampioen geworden nadat het een jaar eerder al de dubbel heeft gewonnen. De Meer stroomt steeds voller om de ongelooflijke Johan Cruijff te zien. Een spichtig ventje, die dingen doet die nog nooit iemand heeft gezien en die ondanks zijn jeugdige leeftijd nu al de dirigent is van de Amsterdamse sterrenformatie. Mannen als Piet Keizer en Sjaak Swart verbleken naast zijn licht.

Cruijff is na clubgenoot Keizer nu al de tweede *full-prof* in Nederland en is daar maar wat trots op. Net zo trots als op zijn eerste contract van drie tientjes. Geld en voetbal zijn hobby's. Niet dat hij geld zo belangrijk vindt, 'maar het blijkt wel steeds dat je het nodig hebt'. Als een steenrijke Ajax-bestuurder hem duidelijk probeert te maken dat geld niet belangrijk is tijdens zijn eerste onderhandelingen, staat hij lachend op. 'Dat is mooi, jij wilt van je miljoenen af, en ik wil ze graag hebben.' Mondig is hij wel, maar voetballers hebben in die tijd vrijwel niets te vertellen. En hij mag niet klagen, al zegt hij het zelf. Vanaf zijn zesde is hij al lid van Ajax en nu verdient hij er zijn geld. Weinig mensen in Betondorp verdienen 15.000 gulden, laat staan jongens van zijn leeftijd. Hij heeft zelfs geld genoeg om in het Hilton te kunnen trouwen met Danny Coster. Er is een hele vleugel afgehuurd en als voetballer van het jaar mag hij ook nog een Porsche rijden.

De twee zijn dolgelukkig, Cruijff wil vier kinderen en heeft grootse plannen voor hen samen. Maar een bungalow kopen in Vinkeveen blijkt lastig. Zoveel geld heeft hij nou ook weer niet. Nog niet. Want zijn nieuwe schoonvader stelt dat Cruijff en zijn dochter miljonair kunnen worden met zijn talenten. Cor Coster is een echte Amsterdammer. De Smokkelaar. Zwarte Cor. Aan bijnamen geen gebrek voor deze vrije jongen, die regelmatig wordt beticht van verkeerde sympathieën in de oorlog. Een man die, zoals iedereen die ertoe doet in het dorp dat Amsterdam heet, bij Ajax aan de Middenweg komt. Niet vanwege het voetbal, maar om met een goede whisky te netwerken. Zo'n amicale oom, die iedereen op de schouder tikt, maar die ook zomaar met een opmerking de hele sfeer kan bederven. Een man die je niet tegen je moet hebben, daar is iedereen het wel over eens. 'Een bikkelharde jongen, die er steevast op uit is mensen een oor aan te naaien,' beaamt hij zijn imago maar al te graag. 'Ze moesten eens weten,' voegt hij er dan meestal nog even aan toe. Coster wordt al snel de man achter Cruijff.

God schiep Jezus Christus. Voor voetballiefhebbers in Nederland kwam de man die over water kon lopen eind jaren zestig voor het eerst in het vizier. Een schriel ventje uit Betondorp wiens moeder de kleedkamers van Ajax schoonmaakte. Het zijn de tijden dat je nog netjes dank je wel zegt als je een contract 'mag' tekenen bij Ajax of Feyenoord. Heren met dikke pakken en sigaren dwingen respect af. Nog wel. Door het jawoord aan Danny krijgt hij er gratis een schoonvader bij. Cor Coster dus. Terwijl Danny zorgt dat het straatschoffie zich eigentijds gaat kleden en wat vaker de kapper bezoekt, gaat ome Cor zijn zaken beheren. Want het gaat hier wel om zijn dochter natuurlijk, het meisje dat nooit wat tekortkomt en al jaren haar kleren in Parijs mag kopen. Tijd voor een goed gesprek van man tot man. Cruijff mag dan wel een beroemdheid zijn, uiteindelijk gaat het toch om de knaken.

Hij was bijna van zijn stoel gevallen toen hij eens voorzichtig had geïnformeerd naar de spaarrekening van zijn nieuwe schoonzoon. 'Spaarrekening? Die heb ik niet.' Dik 1.200 gulden per maand pakt hij. Johan is geen opschepper, maar ja, als je schoonvader het je zo vraagt, vertel je dat netjes. Gigantisch veel geld voor een jongen die het verschil tussen bruto en netto niet kent. Jopie pakt zo nu en dan ook nog een openingetje van een winkel. Rijdt hij even naar Groningen en pakt hij mooi 150 piek extra. Nee, over zijn schoonzoon hoeft mijnheer Coster zich geen zorgen te maken. Sterker nog, het zal Danny aan niets ontbreken. Coster tikt even mee op een rekenmachine. 'Dat was dus vijf uur heen en weer, een hapje eten, benzine. Dan hou je een paar tientjes over. En dat voor een topartiest.' En hoe kon het dat er mensen in zijn eigen bedrijf meer verdienden dan zijn schoonzoon voor wie het stadion volliep met betalende mensen en over wie de kranten vol stonden? Als de speler later het Ajax-contract aan zijn toekomstige schoonvader geeft, is Coster verbijsterd. Het was echt waar. Niet alleen heeft zijn schoonzoon een salaris van 15.000 gulden, hij had ook nog eens voor vier jaar getekend. 'Da's dan 60.000 gulden plus premies er dan nog bij, hè.'

De Cruijff-Coster NV is geboren. De jonge voetballer is ook niet gek. Die mijnheer Coster heeft een huis waar je in kunt verdwalen en weet veel van geld en handel. Hij kan zelf goed voetballen en wil niets liever dan meer geld en meer zekerheid. Maar hoe dan? Coster is al op oorlogspad. Ajax moet niet denken dat zijn schoonzoon nog lang voor 15.000 gulden zal voetballen. 'In mijn zaak zijn er genoeg mensen die meer verdienen,' briest hij bij de eerste de beste ontmoeting met de verbijsterde voorzitter Jaap van Praag. De vader van huidig KNVB-voorzitter Michael zou vanaf nu met de geslepen diamanthandelaar moeten gaan onderhandelen in plaats van met de zoon van de groenteboer. De sterspeler is er best blij mee, zo'n ervaren zakenman die voor hem in de bres springt. Maar Van Praag en penningmeester Henk Timman, in het dagelijks leven belastinginspecteur, hebben direct een hekel aan Coster, wiens invloed meteen merkbaar is. De Cruijff-Coster NV groeit uit tot een begrip in de bestuurskamers. Voor een vriendschappelijk duel meldt Cruijff zich ineens met de eis dat hij 10 procent van de recette wil hebben, omdat het publiek toch hoofdzakelijk voor hém komt. Dat is een heel andere Johan dan die jongen die netjes dank je wel zei bij zijn eerste contract.

De oude Coster is letterlijk van alle markten thuis en heeft al snel de telefoonnummers van de bestuurders in zijn rolodex. Als Ajax die zomer Dick van Dijk binnenhaalt, belt hij meteen wat rond om achter het salaris van de nieuwe aankoop te komen. Een telefoontje naar Enschede leert hem dat die Van Dijk 50.000 gulden zou verdienen, dat is veel meer dan zijn schoonzoon toucheert en de volgende dag hangt hij al aan de lijn bij Ajax. Balend wijzen ze de zaakwaarnemer terecht. Mijnheer Coster moet nou echt eens ophouden. Wie hij dan wel denkt te zijn? Er is al een contract. Coster gromt. Nou, daar komen ze dan nog wel achter. Vanaf nu is het waardering in keiharde guldens. Cruijff is loyaal aan zijn schoonvader en ziet tot zijn verbazing en vreugde hoe er ineens nieuwe, veel betere contracten op tafel komen.

De bestuurders van Ajax vinden de eisenpakketten van de bikkelharde diamantair geen stijl. Onderwijl regelt de zakenman ook nog even dat *De Telegraaf* flink gaat betalen voor de quotes van Cruijff. Na de wedstrijden krijgen ze hem even exclusief te spreken en kunnen ze een column maken van de korte vraaggesprekjes. Dat levert de nieuwe superster mooi 20.000 gulden per jaar op. Ook voor grote interviews mogen de media gaan betalen. Waarom zou iedereen rijk moeten worden over de rug van zijn schoonzoon?

Coster is gevormd door de straat en heeft lak aan mooie praatjes. Hij heeft zijn leven lang gevochten. Zijn vader liet zijn moeder in de steek en zij stuurde hem al op zijn twaalfde aan het werk als nageljongen in de haven en ijzerwerker op een scheepswerf. Hij scharrelde in zijn jeugd op het Waterlooplein rond om te kijken of er nog wat viel te verdienen. In de winter ging hij met pantoffels en overhemden langs de deur. 'Ik zorgde er steeds voor dat ik genoeg verdiende om weer een week rond te komen.' Als tiener reed hij al op de motor naar Zwitserland. Daar kocht hij horloges die hij in zijn benzinetank over de grens smokkelde en verkocht in kroegen op de Wallen en aan marktkooplieden op het Waterlooplein. Daarom kreeg hij in Amsterdam de bijnaam Horloge Cor. Later ging hij edelstenen verkopen en deed hij in onroerend goed. Coster handelde in alles, als hij er maar aan verdiende. Eind jaren vijftig had hij al een villa en reed hij in een Alfa Romeo door Amsterdam. 'Ik woonde tegenover de Brenninkmeijers en de Dreesmanns. Die waren helemaal niet zo blij met mijn komst en noemden me De Smokkelaar,' zei Coster in een van zijn weinige interviews.

Coster doet waar hij goed in is. Hoe meer weerstand hij krijgt, hoe harder hij het speelt. Het verschil met de hedendaagse zaakwaarnemers is dat hij al financieel binnen is als hij begint. Het verhaal gaat dat hij na acht uur 's avonds de telefoon niet meer opneemt als het over minder dan een ton gaat. Je moet hem niet tégen je hebben, dan kan hij genadeloos hard zijn en zelfs agressief worden. Zo merken ook de Ajax-bestuurders al snel. Gewend als ze zijn met jonge voetballers te 'onderhandelen', zit er nu ineens een keiharde zakenman tegenover ze. De gebruikelijke methodes worden ingezet om hem kalt te stellen. Via een verslaggever van *De Tijd* proberen ze Coster in een kwaad daglicht te zetten. Rinus Michels fluistert een bevriende journalist wat informatie in. De geldwolf Coster zou voor onrust zorgen en daarmee medeverantwoordelijk zijn voor spanningen in de selectie. De verloren Europacupfinale van 1969 is olie op het vuur. Coster merkt wat een impact de negatieve publiciteit heeft als hij overal wordt aangesproken eens even wat rustiger aan te doen. De achterban ziet hem als splijtzwam. Het stond allemaal in de krant, dus ontkennen had geen zin. Met dat gezeur over geld verstoorde hij de concentratie. Coster laat zich niet intimideren en lijkt soms meer tijd aan de zaken rond zijn schoonzoon te besteden dan aan zijn eigen zaken. Meteen slaat hij terug. Hij eist namens Johan een forse salarisverhoging. 'Coster wil Ajax kapotmaken,' fulmineert Van Praag. Maar dit is pas het begin. Als ze hadden gedacht dat Coster en Cruijff dankbaar zouden zijn voor de enorme contractverbetering, kenden ze Coster nog niet. Want de daaropvolgende contractverlenging blijkt allesbehalve een formaliteit. Bij Ajax vallen ze bijna van hun stoel als ze horen dat Coster doodleuk eens met Feyenoord is gaan praten over een overgang naar Zuid. De Rotterdammers zijn de beste van Europa en het geld klotst over de plinten aan de Maas. De partijen komen meerdere malen dicht bij een akkoord. Coster werkt zich een slag in de rondte en blijkt ook dan al een voorloper van de huidige generatie zaakwaarnemers. Hij bedenkt constructies waarbij Feyenoord bijvoorbeeld Cruijff huurt van een buitenlandse club. Ook Barcelona komt in beeld en als Ajax met Johan Cruijff in 1971 de Europacup I wint, moet er kleur worden bekend. Barcelona wil wel, maar de grenzen zijn nog niet open in Spanje.

Coster speelt op meerdere tafels tegelijk en weet precies hoe hij Ajax onder druk moet zetten. Ergens in de eerste week van juli 1971 zit hij weer bij Feyenoord. Dat nieuws lekt natuurlijk vanzelf weer uit. 'Als dat was doorgegaan hadden ze mijn huis afgebrand, dan had ik kunnen verhuizen.' Een interventie uit de rijke Ajax-achterban zorgt ervoor dat Coster zijn schoonzoon, en eigen dochter, financieel onafhankelijk maakt. Cruijff tekent voor zeven jaar. Met een basisjaarsalaris van 95.000 gulden, plus winstpremies van 1.500 gulden. Met de directie van

Koninklijke Bijenkorf Beheer wordt de deal gesloten dat dit bedrijf Cruijff zijn pensioen gaat verzorgen door vanaf zijn 31e tot zijn 65e jaarlijks een bedrag van 60.000 gulden te betalen. Destijds niet meer of minder dan de jackpot. De duivel zit 'm in de details. Coster denkt vooruit en zorgt voor een gelimiteerde transfersom, waardoor Ajax bij een toekomstige transfer niet zomaar alles kan vragen. Barcelona zit al op het vinkentouw en wacht tot de Spaanse grenzen opengaan voor buitenlandse voetballers. Dat gebeurt in 1973, en op 22 augustus wordt het contract ondertekend en verhuist Cruijff voor 6 miljoen gulden, waarvan 3 miljoen voor hemzelf, naar Barcelona. Door zijn transfer mag Cruijff zich de duurste voetballer aller tijden noemen. Zijn schoonvader heeft woord gehouden. Jopie uit Betondorp is miljonair. Meervoudig miljonair zelfs.

Dat is het moment dat er in de Tweede Kamer geroepen wordt: 'Wat is een mens waard?' Exact dezelfde teksten horen we 45 jaar later. Als Neymar voor omgerekend een half miljard gulden naar Parijs gaat. Of als er lachend 84 miljoen euro voor de modale Nederlandse verdediger Virgil van Dijk wordt neergeteld. Coster baant als zoonwaarnemer de weg voor een hele nieuwe beroepsgroep. De ene na de andere international vraagt hem of hij de zaken wil gaan regelen. Vandaag de dag weten de clubs niet beter en is een deal zonder zaakwaarnemer(s) niet meer mogelijk. 'Ik zag in dit glibberige terrein van de voetballerij een oerwoud waar nodig eens een boom moest worden gekapt,' zegt hij als hij een paar jaar later er niet alleen voor Cruijff een beter contract en een prachtige transfer uit sleept, maar zich ook inzet om Johan Neeskens naar Spanje te loodsen. Coster SportPromotions heet zijn bedrijf. Kritiek lacht hij weg. Bestuurders hebben wat hem betreft boter op hun hoofd: 'Alle spelers zijn zeker één keer door hun club belazerd.'

Coster heeft snel door dat er veel meer geld te verdienen valt. Hij ziet als eerste het gat in de markt en wil gaan uitbreiden. Met Piet Keizer en Maarten de Vos sticht hij Inter Football, het eerste makelaarsbureau dat op professionele basis spelers begeleidt. Bij Barcelona ziet hij hoe de club de hele investering in Cruijff al terugverdient door vriendschappelijke wedstrijden te spelen met de Nederlandse ster die in eerste instantie nog niet speelgerechtigd is. Dit is nog wat lucratiever dan de diamanthandel. VVCS-vakbondsleider Karel Jansen en de linkse pers spreken er schande van. Coster is een parasiet die geld onttrekt aan het voetbal. Jansen heeft er dan nog geen enkel idee van dat zijn zoon Rob decennia later in de voetsporen van Coster zal treden en een groot deel van de Nederlandse markt in handen zal krijgen. Laat staan dat hij er een idee van kon hebben dat tegenwoordig meer dan een miljard euro per jaar wegstroomt uit het voetbal via de meest creatieve constructies. Coster trekt zich later terug uit Inter Football en gaat als zelfstandig voetbalmakelaar door. Steeds meer grote spelers vragen hem, in 1974 bijna het gehele Nederlands elftal. Het betaalde interview, de betaalde column, de sponsorpot voor spelers. Geld voor stickeralbums. Gelimiteerde transfersommen. De clubs weten niet hoe ze het hebben. Een hele generatie voetballers gaat eindelijk goed geld verdienen. Tot dat moment was een eigen sigarenzaak tijdens en na de loopbaan zo'n beetje het hoogst haalbare.

Aan zijn schoonzoon verdient hij naar eigen zeggen geen cent. Zelfs de advocaten betaalt hij zelf. Toch krijgen ook Coster en Cruijff te maken met de donkere kanten van zaakwaarnemers. Van de weekendmiljonairs. In dit geval een Franse Roemeen met een enorme bontjas, die met zijn cabriolet het leven van Danny en Johan in Barcelona binnen komt rijden. Net als Johan alleen nog maar voor de lol wil voetballen en al afscheid heeft genomen met de historische 0-8-nederlaag tegen Bayern München. Het geld van die wedstrijd gaat grotendeels naar een goed doel. Johan heeft miljoenen bij elkaar gevoetbald en hoeft zich nooit meer zorgen te maken. Danny valt als een blok voor de mooiste man van Spanje. Ene Michel Georges Basilevitch. Met jachten, mooie auto's en bakken charisma. Een oplichter die zo uit de bioscoop lijkt weggelopen. Het is in de tijd dat iedereen in de aandelen gaat en mannen elkaar op verjaardagsfeestjes goede tips geven. Coster is nu de loopbaan van zijn schoonzoon voorbij is, vooral druk met andere voetballers en Johan vindt het tijd zijn vleugels op zakelijk gebied zelf eens uit te gaan slaan. Voetbal en geld hebben hem altijd gefascineerd en hoe leuk is het niet om zelf eens in zaken te gaan. Zal zijn schoonvader van opkijken straks als hij zijn enorme vermogen even verdubbeld heeft. De rijke Roemeen blijkt ook niet te beroerd hem wat tips aan de hand te doen. In een paar maanden tijd krijgt hij Danny en Johan zover dat ze hun volledige vermogen investeren in bedrijven waar ze totaal geen verstand van hebben. Want Johan en varkensfokkerijen? Cruijff is niet de eerste en zeker niet de laatste voetballer die door de verkeerde manager binnen de kortste keren al zijn geld kwijt is. Het is de eerste keer in lange tijd dat Cruijff zaken heeft gedaan zonder ome Cor daarbij te betrekken. Het is meteen ook de láátste keer: 'Het enige wat Johan zonder mij mag doen, is pissen.' Van stoppen is geen sprake. Jopie moet nog een tijd doorgaan met voetballen wil hij een zorgeloze toekomst tegemoet gaan met zijn vrouw.

Het verhaal met de adviseur is niet iets waar later nog graag over wordt gepraat. Maar sprookjes bestaan nu eenmaal niet. Zelfs niet als je de beste voetballer ter wereld bent. De Roemeen leefde nog lang en gelukkig, zou je zo zeggen. Hij leek ook wel van de aardbodem verdwenen. Leek, want hoewel de hele voetbalwereld wist van zijn malversaties met de familie Cruijff, kon hij gewoon verder in het wereldje waar vrijwel alles achter de schermen geregeld wordt. Twintig jaar later blijkt de man nog steeds actief als hij opduikt in een persbericht van de FIFA, die hem in 1997 officieel persona non grata verklaart. Als illegale spelersmakelaar is hij betrokken bij vuile zaakjes. Als de vertegenwoordiger van Auxerre tracht hij een Nigeriaanse international te slijten aan Italiaanse en Spaanse clubs. De coach van Auxerre wordt berispt vanwege het afleggen van valse verklaringen en de makelaar krijgt een geldboete. Namens de Franse international Thierry Henry komt de makelaar op stiekeme wijze een contract overeen met Real Madrid. Zowel de club als de speler moet een boete betalen voor het samenwerken met de zwendelaar. Saillant detail daarbij is dat de transfer van Henry nooit doorging. Maar goed. Daar had Cruijff niets aan. Zelfs hij liet zich op het verkeerde been zetten door een makelaar.

Ome Cor kan na het echec weer helemaal opnieuw beginnen, Cruijff ook. 'Hoeveel poen heb ik?' zou Cruijff gevraagd hebben na alles opgebiecht te hebben. Coster is snel klaar met tellen: 'Nada.' Er zit niets anders op dan met het oude lijf weer te gaan voetballen. De reis gaat naar Los Angeles, naar Washington en met de dollars die hij in die twee jaar verdient kan hij in elk geval zijn schulden in Spanje afbetalen. Daar speelt hij op recettebasis nog wat wedstrijden voor het nietige Levante alvorens hij in 1981 terugkeert in De Meer. Net zo arm als dat hij er ooit begon. Coster sluit links en rechts nieuwe contracten af en maakt zijn schoonzoon, inmiddels een gevorderde dertiger, voor de tweede keer miljonair. Het laatste kunstje vertoont Coster in 1983, als Ajax-voorzitter Ton Harmsen tijdens de contractbesprekingen bromt dat Cruijff zijn beste tijd heeft gehad en dat hij, Harmsen, de hoofdprijs niet meer gaat betalen. Nog dezelfde middag neemt Coster contact op met Feyenoord-voorzitter Gerard Kerkum en tekent Cruijff twaalf jaar na de laatste onderhandelingen alsnog voor de concurrent. Het contract is vuistdik met als opvallendste onderdeel dat de opbrengst van alle toeschouwers boven de 22.000 gemiddeld in zijn zakken zal vloeien. Feyenoord verovert ondanks een 8-2-nederlaag in Amsterdam dat seizoen de dubbel. De foto van een uitgemergelde en dodelijk vermoeide Cruijff na afloop vertelt veel meer dan het verhaal van een zwaar seizoen. Het heeft hem zes jaar gekost om die ene domme fout met die ene slimme makelaar recht te zetten.

Coster voelt zich als pionierend zaakwaarnemer miskend. ‘Er is een complot gaande tegen het genre makelaars waartoe ik behoor.’ Bij zijn vertrek in 1981 zegt Coster in *Het Parool*: ‘Ik heb me door mijn gebrek aan opleiding altijd meer moeten inspannen dan de tegenpartij. Altijd in m’n uppie met een paar jaar lagere school opboksen tegen die echte studiehoofden, dát vreet aan je, echt waar.’ Coster laat het werk over aan jongere vertrouwelingen en is nog betrokken bij transfers van mannen als Gullit en Kieft maar verdwijnt steeds meer uit de periferie van het voetbal. Een nieuwe lichting makelaars neemt de markt over. Mannen als Rob Jansen die ook een scherpe tong en een bikkelharde mentaliteit hebben, nemen bezit van de nieuwe werkelijkheid die Coster in de voetbalwereld heeft gerealiseerd.

Maar ome Cor blijkt zelfs in zijn nadagen een man die van zich af weet te bijten. Als hij met zijn MINI Cooper in de binnenstad van Amsterdam tegen een andere auto aanrijdt moet de rechter eraan te pas komen om een oordeel te vellen. Coster betuigt spijt voor de rechter. Het valt niet mee voor een oude man zich staande te houden in het drukke verkeer. De stress is hem te veel geworden, het zal niet meer gebeuren. De rechter knikt begrijpend naar de oude grijze man. Als Coster de schade in onderling overleg wil regelen, wordt de zaak geseponeerd. De oude Coster belooft de rechter deemoedig het in orde te maken. In de hal duwt de Amsterdammer de verbouwereerde tegenpartij een briefje van honderd in handen en sist hem dreigend toe de kop van diens romp te rukken als de man nu nog moeilijk zou doen.

Coster overleed op 87-jarige leeftijd en zelfs tien jaar na dato woedt er nog steeds een bittere strijd over zijn nalatenschap.

Duurste spelers ooit

speler	jaar	nieuwe club	afkoopsom
Neymar	2017	PSG	€ 222 miljoen
Kylian Mbappé	2018	PSG	€ 135 miljoen
Phillipe Coutinho	2018	Barcelona	€ 120 miljoen
Cristiano Ronaldo	2018	Juventus	€ 117 miljoen
Ousmane Dembélé	2017	Barcelona	€ 105 miljoen
Paul Pogba	2016	Manchester United	€ 105 miljoen
Gareth Bale	2013	Real Madrid	€ 101 miljoen
Cristiano Ronaldo	2009	Real Madrid	€ 94 miljoen
Gonzalo Higuaín	2016	Juventus	€ 90 miljoen
Romelu Lukaku	2017	Manchester United	€ 85 miljoen

2

'WE ZIJN ALLEMAAL HOEREN'

We treffen de openhartige makelaar achter het pseudoniem De Facebookheld. Hij geeft ons een spoedcursus inclusief de vijf gouden regels om succesvol te zijn. We leren dat alleen verstandelijk gehandicapten in dit wereldje geen miljonair worden.

Door de striemende regen komt vanuit de verte een stipje dichterbij. Een man op een racefiets. Nu ja. Het is weer eens wat anders dan een Ferrari. Vlak voor de ophaalbrug van Abcoude knijpt hij in de remmen. Hij parkeert tegen de gevel van café De Eendracht en loopt met uitgestoken hand op ons af. 'Sorry,' zegt voetbalmakelaar André Gieling, wijzend naar zijn natte trainingspak. 'Ik heb zo'n sportkarretje, maar dat staat bij mijn ouders.'

Binnen ploft de Amsterdammer neer in een houten stoel en bestelt 'thee met van die blaadjes erin'. André Gieling behoort in zijn beroepsgroep tot een minderheid die niet is behangen met goud, zilver of diamanten. Hij draagt geen Breitling, rookt geen cubanen en zelfs zijn smartphone komt niet op tafel. Mogelijk dat een van zijn collega's, die smaalde dat André Gieling op badslippers naar onderhandelingen komt, er niet helemaal naast zit. Toch heeft Gieling vele transfers gedaan. 'Wel meer dan honderd, schat ik.' Al sinds 1990 leeft hij van voetbaldeals. Een wereld die hij 'schimmig en surrealistisch' noemt, maar die ook zo zijn voordelen heeft. 'In die periode heb ik voldoende muntjes gepakt.'

Als een langbenige dame even later muntthee serveert voor de verkleumde makelaar, vuurt die al zijn eerste anekdotes af. Johan Derksen noemde André Gieling ooit een vermakelijk bluffertje. Veel vakgenoten denken daar anders over. Waar zij zich de blaren op hun tong praten om het beeld van de inhalige profiteur bij te stellen, schetst Gieling een rauw beeld van een verrotte bedrijfstak waarbij graaiende bankiers verbleken. 'Bij sommige transfers pak je een miljoen of meer.'

In een kwart eeuw wheelen en dealen ontwikkelde Gieling een kritische kijk op de voetbalsport. Veel hoef je volgens de Amsterdammer tegenwoordig niet te kunnen om te slagen als voetbalmakelaar. 'Sommigen weten niet eens hoe ze hun eigen belastingformulier moeten invullen.' Al in 2000 schreef hij de frustratie van zich af in *Adrenaline! Bedrog op de grasmat*. Een boek over gokfraude en gerommel bij transfers. Voor alle zekerheid had hij de namen aangepast. Dat was wel zo prettig voor de clubdirecteur die op een buitenlandse trip was gefotografeerd tijdens een heftig triootje. Ook de scouts die steekpenningen hadden aangenomen, konden opgelucht ademhalen.

Tegenwoordig klikken makelaars met enige bezorgdheid zijn Facebookpagina aan. Onder het pseudoniem De Facebookheld publiceert André Gieling regelmatig magnifieke avonturen uit de makelaarsjungle waar het geld als fonteinen uit de grond lijkt te spuiten. Daarbij schroomt hij niet om hebberige collega's bij naam te noemen. Op het eerste oog lijkt zijn Facebook-account een grap. Het is althans geen alledaags visitekaartje voor een voetbalmakelaar. Vaak presenteren die zich op social media als de zon waar alle andere voetbalplaneten omheen draaien. Een selfie op de eretribune van een groot voetbalstadion, lunchend met een beroemde speler, in maatpak bij een contractondertekening. Veelal staan ze garant voor een spervuur aan duimpjes-omhoog bij posts die je niet snel zou associëren met mannen van middelbare leeftijd, maar eerder met de tieners en twintigers die zij vertegenwoordigen. Gieling gooit het over een andere boeg. Zijn huidige beroep is terroristen oppakken, hij studeerde aan Harvard en onder het kopje 'Info over André' vinden we het motto 'Het was, is en wordt niets'. Verder treffen we nauwelijks foto's van voetballers, maar veel Alpendecors met Gieling in wieleroutfit of baantjes trekkend in een zwembad ergens aan de Méditerranée. Tweehonderd kilometer trapt hij zo weg en er is geen bergtop te hoog. Werken zien we hem nooit. Laat staan met een glas bubbels in zijn hand in een bestuurskamer. Nerveuze collega's maken van deze ludieke presentatie dankbaar gebruik om gaten te schieten in zijn onthullingen, al is er nog geen makelaar opgestaan die de sappige anekdotes van Gieling openlijk ontkent. 'Ik wil niet zeggen dat er heftig wordt gereageerd, maar ze volgen het wel. Laatst bleek dat nog, toen ik bij SEG op bezoek was.' SEG is de Sports Entertainment Group uit Amsterdam, de firma die deze eeuw uitgroeide tot marktleider in Nederland. Het in 2000 opgerichte bedrijf overvleugelde alle bestaande kantoren en heeft nu Robin van Persie, Memphis Depay en nog een handvol internationals als pronkstukken. 'Daar zitten ze te genieten als ze die stukken lezen. "Het klopt wel wat je schrijft," zeiden ze. Ja, natuurlijk klopt het.'

Gieling schetst geen verheffend beeld van de beroepsgroep waarin een achtergrond als oplichter een pre lijkt. 'Een nauwelijks nog serieus te nemen professie,' schrijft hij. 'Bemoeizuchtige broers, hebzuchtige vaders, uitgenaste ooms, uitgekookte patatboeren, louche advocaten en de opportunistische slager op de hoek: iederéén is tegenwoordig voetbalagent.' Voetbalmakelaars kwalificeert hij als 'over het algemeen aalgladde, verachtelijke en extreem hebberige mensen' die actief zijn in 'een wereldje dat bol staat van zowel afgunst als argwaan'.

De man achter deze teksten roert door zijn thee. Zelf noemt hij zich echter geen spelersmakelaar. 'Ik maak clubdeals en participeer in investeringsmaatschappijen die transfers regelen.' Daar heeft hij afgaande op zijn internetpagina een glimmende Porsche en opmerkelijk veel tijd om te wielrennen aan overgehouden. Maar dat is niet zo vreemd volgens Gieling. 'Je moet wel een enorme mongool zijn wanneer je als zaakwaarnemer na het Bosman-arrest geen miljonair bent geworden.'

Zelf was hij decennia geleden een van de eersten die profiteerde van de exploderende transfermarkt. In de jaren tachtig maakte Gieling furore in de jeugdopleiding van Ajax. Daar leerde hij makelaarspionier Cor Coster kennen. De beruchte schoonvader van Johan Cruijff die eind jaren zestig als eerste de commerciële waarde van voetballers zag. De bikkelharde juwelier gaf de voetballers een stem. Het bleek een gat in de markt. Coster, begonnen als ongeschoolde havenarbeider, was gevreesd bij de clubs, maar geliefd bij de sterren. Al snel begeleidde Coster de beste internationals. Cruijff, Neeskens, Rep, en later Gullit, Rijkaard en Van Basten. 'Coster zou ook mijn manager worden. Maar op mijn zeventiende raakte ik ernstig geblesseerd. Later, toen ik was gestopt met voetballen, zat ik eens bij hem achter in de auto. Cruijff achter het stuur, hij op de bijrijdersstoel. Coster vroeg Cruijff of ik er wat van kon. Cruijff zei dat ik nu bij Barcelona had kunnen zitten. Toen gleed ik bijna van die bank af. Het heeft me pijn gedaan. Je kunt wel muntjes hebben, maar alle muntjes zou ik inleveren voor een jaar topvoetbal. Dat is een gemis. Een groot gemis. Ik speelde in een legendarisch goed elftal. Dennis Bergkamp, Frank en Ronald de Boer, Marciano Vink, Richard Witschge, Bryan Roy. Glenn Helder werd afgevoerd omdat hij niet goed genoeg was.'

Na een kortstondige carrière als interviewer bij *Het Parool* trad André Gieling in de voetsporen van Coster. Een temperamentvolle Jordanees. 'Als journalist wilde ik wat weten over een talent van Feyenoord. Die jongen zat bij Coster. 's Avonds belde Coster me op. "Wat moet jij nou?" Dat werd me een bonje. Uiteindelijk planden we een etentje om het uit te praten. Daar kwam de serveerster met een flesje wijn. Ze maakte de fout om die niet aan tafel open te maken. Die ouwe ging helemaal uit zijn dak. Vlak ervoor had hij ook al ruzie gehad toen hij met zijn compagnon naar PSV ging. Waren ze onderweg afgesneden door een vrachtwagenchauffeur. Zijn compagnon was een goede kickbokser. Die ouwe zelf was ook nergens bang voor. Toen ze bij PSV arriveerden, heeft hij zijn overhemd moeten wassen, want daar zat allemaal bloed van de vrachtwagenchauffeur op.'

Een licht ontvlambaar type kortom. Maar het bluffertje Gieling kon Coster wel waarderen. 'Ik had een klik met hem.' En zo belandde het afgekeurde voetbaltalent in de spelersmakelaardij. Vijf wijze lessen kreeg hij mee:

1 'Geen geld uitlenen.'
2 'Nooit borg staan.'
3 'Geen personeel nemen.'
4 'Niet trouwen.'
5 'Zo snel mogelijk uitschrijven uit Nederland.'

Grotendeels heeft hij zich eraan gehouden, op het geld uitlenen na dan. 'Ik ging de mist in. Ik heb nog een hoop tegoed.'

In 1992 was hij betrokken bij zijn eerste buitenlandse transfer, toen Ajacied John van 't Schip voor 5 miljoen gulden naar Genoa verkaste. 'Dat ging nog bijna mis ook. Daar zat zo'n maffiose voorzitter. Die kwam aanrijden in een limousine. Coster is tijdens de besprekingen nog weggelopen.'

Samen trokken Coster en Gieling lovend en biedend door de bestuurskamers. Al snel kreeg Gieling te maken met een van de moeilijkste facetten van het vak: het gebrek aan loyaliteit bij spelers. 'Vaak wordt negatief gesproken over makelaars, maar spelers zijn geen haar beter.' Midden jaren negentig werd hij voor het eerst belazerd door een speler. Destijds groeide het makelaarslegioen langzaam maar gestaag. Meerdere haaien cirkelden om de prooien. Gieling bemachtigde het Marokkaanse talent Tarik Oulida. Adviesje van Cruijff die vond dat Oulida meer potentie had dan Clarence Seedorf en Patrick Kluivert. 'Hij was een van mijn eerste jonge spelers die ik als een soort Jerry Maguire avant la lettre begeleidde. Contact over alles. Vijftien ruggetjes regelde ik voor een Nike-contract terwijl hij nog in het tweede zat. Samen gingen we op vakantie in Amerika. We waren bij de bekerfinale in Portugal, daar zaten we in de kleedkamer naast Luís Figo. Twee weken later waren we bezig met een transfer naar Sevilla. Hij moest iets van 2 miljoen gulden kosten. Sevilla wilde het liever buiten ons om doen, want dat was voor de club goedkoper. Op een zeker moment kreeg ik een fax van een advocaat binnen: Oulida zit niet meer bij je. Ik had mijn carrière gemist, mijn hele ziel en zaligheid gooide ik op zo'n gozer. Als hij scoorde, scoorde ik ook. En dan word je zo in de steek gelaten. Was ik hem op dat moment tegengekomen, dan had ik hem doodgereden. Daarom ga ik nooit meer een vriendschap aan met een speler. Geef je een voetballer veel aandacht, dan willen ze alles. Dan bellen ze nog als de wc stuk is. Ik had dat met Bobby Petta. Die belde mij 's avonds om elf uur drie kwartier op. Had hij opgehangen, dan belde zijn vader weer. Ik werd gek. Je zult zestig van die gasten hebben. Tuurlijk verdien je goed met die types en pak je muntjes, maar geld is nooit mijn drijfveer geweest. Ik heb niet eens een horloge om.'

Na Oulida bleek ook Ali El Khattabi niet zo eenvoudig te transfereren. Hij kon van Sparta naar Heerenveen. 'Ik kon hem 250.000 gulden laten verdienen. Voorzitter Riemer van der Velde wilde heel graag een deal doen met Coster. Ik zat achter het stuur, Coster naast me. El Khattabi en zijn vader zaten achterin. Toen zei vader El Khattabi: "Ja, maar wij moeten nog wel nadenken over het contract." Nadenken? Wat nou nadenken? Over een kwart miljoen? Uiteindelijk zijn we uit Friesland vertrokken zonder een contract te tekenen. Die Van der Velde was helemaal over de rooie. Coster ook. Tussen Heerenveen en Lelystad zei Coster: "Gooi ze eruit!" Toen heb ik Pavarotti maar wat harder gezet. Drie weken later heb ik de deal nog kunnen redden, maar Coster wilde hen niet meer zien.'

Nadat hij vervolgens zijn handen vol had aan de losbandige linksbuiten Yassine Abdellaoui, die in één seizoen drie auto's total loss reed, keek Gieling wel uit. 'Al komt de nieuwe Maradona voorbij, ik zal nooit meer een Marokkaanse speler begeleiden. Ze hebben allemaal wat.'

Gieling vond de spelers zo onbetrouwbaar dat hij de traditionele begeleiding inruilde voor de rol van clubmakelaar. Hij wilde niet meer afhankelijk zijn van labiele jongens die volgens hem 'de werkelijkheid allang uit het oog verloren zijn en van gekkigheid soms zeven auto's op de oprijlaan hebben staan'. Bovendien had hij geen zin om te knokken om de gunsten van dertienjarigen. 'Dan moet je concurreren met een paar honderd vage figuren die betrekkelijk weinig geduld hebben, mensen die elke trots overboord gooien op jacht naar een vette managementfee.' Collega's die jonge pubers paaien met cadeaus, in de hoop er in de toekomst een slaatje uit te slaan, noemt hij 'zielige figuren'. Het kost nog een hoop geld ook. 'Want het gaat om tenenkrommend geronsel middels spelcomputers, scooters en niet misselijke onderhands betaalde bedragen.' Dan kun je beter aanpappen met clubvoorzitters, die jou vervolgens inhuren om bepaalde transfers te regelen.

Maar dan nog ligt het mes in de rug continu op de loer. Soms kost dat een mooie commissie. Gieling overkwam dat met de Limburger Boudewijn Zenden, over wie De Facebookheld een vlammend betoog schreef. 'Het was 1998. Zenden zat bij PSV en was rijp voor een transfer. Wij hadden het Italiaanse mandaat bemachtigd. Bij Internazionale hadden wij bijzonder goede contacten. Daar had ik een salaris voor hem geregeld, echt geweldig. 1,8 miljoen dollar per jaar, exclusief premies. Daarnaast zou Zenden 1,5 miljoen dollar tekengeld krijgen. Elk jaar een nieuwe Chrysler. Een gratis woning. Na Ronaldo werd hij de bestbetaalde speler. Daar zijn Cor Coster en ik een halfjaar mee bezig geweest. We waren rond.'

De voorzitter van Inter moest het alleen nog even bekrachtigen. Hij bezocht beroepsmatig olievelden in Iran, en Inter speelde ook nog een Europese finale. Daarna zou alles worden getekend. 'Maar ook het WK 1998 stond voor de deur. Zenden wilde per se voor het WK zekerheid. Op een dag zat ik in Málaga op een terrasje. We kregen witte rook van Inter. Ik belde Zenden op. Wat denk je? Had hij een dag eerder een voorcontract bij Barcelona getekend voor 1 miljoen dollar per jaar. Hij kon niet langer wachten. Daar ging onze fee van 1,5 miljoen dollar. Dat was voor Coster, toen 77 jaar, de aanleiding om te zeggen: ik kap met die kolerehandel.'

Coster was afgetroefd door de voormalige vakbondsman Rob Jansen die behoorlijk aan de weg timmerde. 'Rob Jansen had het Spaanse mandaat en had Zenden overgehaald uiteindelijk dus voor een veel lager salaris te tekenen. Zenden kwam ik tegen in het teamhotel van Oranje, op die rots in Zuid-Frankrijk. Hij vond het klote. Zei dat hij stom was geweest. Er waren wel wat meer oorzaken waarom Coster wilde stoppen. Ulrich van Gobbel. Wat een rotzak. Die speelde bij Southampton, maar daar was hij ook alweer een beetje vadsig geworden. Ik had een heel goed contact bij Deportivo La Coruña. Die club wilde een snelle en wendbare verdediger. Coster ging erheen om te onderhandelen. Het kwam rond. Van Gobbel verdiende toen een tonnetje of drie, vier. Wij hadden een contract dat boven het miljoen was. Ik belde Van Gobbel op. Zei hij: "Toch maar niet." Kon ik die ouwe weer bellen.' Vervolgens kon Van Gobbel naar Dubai. 'Daar had ik een aanvraag voor een speler. Zwart, snel en een beetje naam. Dat had hij allemaal. Ze wilden acht ton betalen. Netto. Plus huisje, autootje. Ticket geregeld. Maar hij kwam gewoon niet opdagen. Hij was zijn paspoort kwijt, zei hij.'

Al was het niet eens de meest bizarre afwijzing. De overtreffende trap maakte Gieling mee in 2017 toen FC Utrecht-topscorer Sébastien Haller doodleuk een bod van 23 miljoen euro netto uit China afwees, omdat hij zijn sportieve loopbaan belangrijker vond dan geld. Vanuit Houston had clubeigenaar Frans van Seumeren zijn zegen al gegeven voor een afkoopsom van 15 miljoen euro. 'De man die al zoveel eigen geld in FC Utrecht had gestoken kon eindelijk wat terugverdienen. Ware het niet dat uitgerekend zijn spits waarschijnlijk als enige man op aarde 23 miljoen netto zomaar achteloos wegwuift. De meest krankzinnige afwijzing in bijna dertig jaar voetbalmakelaardij. Soms lijkt het wel een slechte film. Ik heb er maar een stukje over geschreven.'

Inmiddels is Gieling trouwens zelf ook wel klaar met de afdeling China. Hij werkte samen met een in Engeland woonachtige Chinees die hij vanwege zijn wijnvlek 'Gorbatsjov' noemt. Gorbatsjov wordt voor transfers ingeschakeld door Chinese clubs, die de afgelopen jaren honderden miljoenen in het voetbal pompten. Gieling werd eind 2017 gevraagd om een coach te regelen voor Tianjin Quanjian FC. De makelaar opperde Ruud Gullit en de Chinese tussenpersoon liet even later weten dat de clubeigenaar, een miljardair, akkoord was. Er was nogal wat haast bij. 'De Chinese hoofdinkoper wilde onmiddellijk naar Amsterdam komen om de deal met Roedi rond te maken.' Gieling huurde snel een sporthal. 'De zeer attente eigenaar had, om de privacy van de ontmoeting te waarborgen, speciaal de hal geopend en een vrouwtje met een taxi laten komen om wat drankjes te serveren.' Gieling monsterde de Chinees en zijn omgeving en vroeg zich even af of hij niet in *Bananasplit* zat. Maar ja, de beste man was wel schatrijk. De zaakwaarnemer van Gullit en de assistent van de Chinees zaten allebei met hun laptop opengeklapt. Gieling realiseerde hoe ver het huidige onderhandelen afstaat van de beginjaren met Coster en kon het niet laten er een opmerking over te maken. 'Zijn jullie soms een potje Zeeslag aan het spelen?' Nadat de Chinezen hadden gegarandeerd dat Gullit absoluut eerste keus was en er over en weer bedragen waren neergelegd, nam Gieling de Chinezen mee naar het Amsterdamse restaurant Dynasty. Alles zou snel rondkomen. De miljardair zou elk moment zijn fiat geven. Een paar dagen na de spoedafspraak bleek Gullit toch keus nummer twee en werd er een Portugees aangesteld. Het was niet de enige keer dat Gieling van opportunistische Chinezen voor niks het verzoek kreeg om Jan en alleman op te trommelen. Het blijft verleidelijk om telkens op die ene krankzinnige deal te gokken, maar er zijn grenzen. 'Als ik de volgende keer met een vent als Gullit bel, dan denkt hij terecht: daar heb je die grappenmaker weer.' Uiteindelijk trok hij de stekker uit de samenwerking met Gorbatsjov. Al zal de Chinees vast snel weer een nieuwe partner hebben gevonden. 'Ondanks de nadrukkelijke aanwezigheid van deze clowns, heeft de gekte van exorbitante voetbaltransfers nog lang niet zijn hoogtepunt bereikt.'

André Gieling schetst een beeld van een cowboystad zonder sheriff. Iedereen is in de goudkoorts op zoek naar dat ene klompje, dat zijn leven kan veranderen. Hij stipte al even aan hoe weinig loyaal spelers zijn. Andersom, spelers die een loer worden gedraaid door hun makelaar, gebeurt ook. Gieling adviseert zijn Facebook-artikel over Wesley Sneijder maar eens te lezen. In 2013 werkte Gieling aan een transfer van Sneijder naar Manchester United. 'Samen met een Joodse zakengroep in Londen en de personal assistant van Sneijder.' Die laatste bleek vooral bezig met 'het opruimen van de bende die veroorzaakt was door de vorige zaakwaarnemer van Wesley: Søren Lerby'.

We volgen het advies van Gieling op en scrollen naar de anekdote:

> De tragiek is dat er voor dergelijke lui, in deze jungle, altijd een vette boterham blijft te verdienen. Naast Lerby en zijn gemanipuleerde hulpjes zijn er in de huidige spelershandel namelijk nog duizenden van dit soort laaielichters actief. Het zijn de voetballers en hun ouders die met het volle verstand voor deze notoire nietsnutten kiezen. Pas als ze na een paar jaar het bedrog achter de schone schijn doorzien, verbreken ze het contact met hun agent om... dikwijls weer een volgende zakkenvuller (die het zogenaamd wel allemaal kies en keurig regelt) te bevredigen.

En even verderop lezen we over Wesley en Yolanthe die voor veel geld de boot in gingen met een buitenlands appartement dat ze te duur kochten:

> Daarvoor schakelden ze Lerby in. Wat Sneijder toen nog niet wist was dat Lerby en de huisjesmakelaar onder één hoedje hadden gespeeld.

Dat zijn verhalen die we niet lezen in de kranten. Reageren de hoofdrolspelers nooit? Gieling haalt zijn schouders op. 'Wat zouden ze moeten zeggen? Ik schrijf gewoon op wat binnen het wereldje allang bekend is.' Zakendoen in het voetbal heeft van hem een cynicus gemaakt. Waar Coster aanvankelijk nog bezig was met de begeleiding van carrières, kwamen in de loop der jaren vriendjespolitiek en zakkenvullen centraal te staan. Een jaar voor het overlijden van Coster, in 2008, adviseerde Gieling de club Sevilla om doelman Ronald Waterreus te contracteren. 'Maar de technisch manager had een bevriende makelaar, die eveneens een keeper in de aanbieding had. Een gozer uit Uruguay. Die was niet half zo goed als Waterreus. Maar Ronald had als begeleider Kees Ploegsma uit Eindhoven. Die zat niet in het pakket. Dan ben je kansloos. Het gaat in deze wereld vaak om persoonlijk contact. Dat gaat bij Real Madrid zo, maar ook bij pakweg FC Utrecht.'

In Nederland zijn we niet roomser dan de paus, volgens Gieling. 'Zelf heb ik het meegemaakt met de speler Serginho Greene. Die kon naar AZ en Feyenoord. Ik had een gesprek met Martin van Geel, die was toen nog directeur bij AZ. Over zijn aanbod was ik niet echt enthousiast. Op de terugweg belde Van Geel op. "De voorzitter zegt dat je 150 kunt krijgen." Als je daaraan gaat beginnen, is het einde helemaal zoek. Ik wilde nog wel een beetje ethiek. Nog nooit heb ik onderhandeld over een managementfee zonder dat de speler zijn beslissing had genomen. Dat zie je heel vaak andersom. Bij Sigi Lens bijvoorbeeld. Die wilde zelfs een premie voor het wegbrengen van Mounir El Hamdaoui.'

De Ajax-directie was in 2012 woest toen makelaar Lens geld eiste om El Hamdaoui, die in het tweede speelde, te transfereren. Makelaars verdienen een fee over het salaris van de speler. Maar daarnaast eisen ze bij vrijwel elke transfer een bonus. Ajax bracht naar buiten dat Lens 900.000 euro voor El Hamdaoui en 600.000 euro voor zichzelf eiste. Anders zou El Hamdaoui bij Ajax in het tweede blijven voetballen. De Amsterdammers vonden dat chantage. Lens ontkende en noemde Ajax een amateuristische bende. 'Toen ik het las, dacht ik: nu wordt het wel heel erg. Al moet ik zeggen dat Lens er voor de spelers wel veel uit haalt. Ik heb eens een salarisoverzicht gezien van Barcelona. Daaruit bleek dat de spelers van Rob Jansen aanmerkelijk minder kregen dan die van Lens. Frank de Boer verdiende een vierde van wat Kluivert verdiende.'

Zelf gaf Gieling eens een gouden horloge weg aan de voorzitter van Bolton Wanderers, die zo vriendelijk was om de IJslander Eidur Gudjohnsen na twee jaar blessureleed de kans te geven op een rentree. Maar dat was kinderspel vergeleken met de peperdure een-tweetjes achter de schermen. Soms vraag je je af hoe het kan dat de spelersprijzen maar blijven stijgen, terwijl bijna alle clubs verlies maken. Gieling heeft daarvoor een simpele verklaring. 'Bedragen worden kunstmatig opgepompt. Als ik bij de Engelse manager Harry Redknapp een transfer wilde doen, dan vroeg hij gewoon een aandeel. Stel dat de managementfee 300.000 was. Dan moest er 175.000 naar hem, de rest kregen wij. Anders geen transfer. Letterlijk.'

In de boekhoudingen is van deze herenakkoorden uiteraard niets terug te vinden. De bedragen worden cash betaald of naar een geheime eilandrekening gestuurd. Volgens Gieling worden clubs structureel benadeeld door hun eigen werknemers. 'Cvitanich, die destijds bij Ajax is mislukt, kon voor 2 miljoen dollar worden opgehaald bij Boca Juniors. De Ajax-scout ging naar Buenos Aires, samen met een medewerker van het kantoor van makelaar Søren Lerby. Waarom? Tja... Uiteindelijk is Cvitanich voor 6 of 6,5 miljoen naar Ajax gegaan. Dit was een relatief kleine transfer. Als je in het groot denkt...'

Ook daarvan heeft Gieling een voorbeeld. 'Die Pepe van Real Madrid kostte 7 of 8 miljoen euro toen hij van FC Porto kwam. Zijn prijs was algemeen bekend. Uiteindelijk ging hij voor bijna 30 miljoen euro naar Real. Als je weet wie daar allemaal van meegesnoept hebben... Daar heeft collega Rodger Linse nog een leuke investering in Zwitserland aan overgehouden.'

Zelden lekt uit hoeveel geld er weglekt bij transfers. Neymar die achteraf 30 miljoen duurder bleek dan Barcelona na zijn komst naar Europa had vermeld, was een uitzondering. Komt het vaak voor? 'Ja joh, dat is in de loop der jaren alleen maar erger geworden. Er gaat zoveel geld in om. Vroeger had Arie Haan de naam. Maar nu... Op Louis van Gaal na doet iedereen het. Ik zal je een voorbeeld geven. Dan praat je over een heel klein facet van de voetbalsport: de scouts. Die willen muntjes. Bij de president van een club hoef je niet aan te komen over smeergeld, want je hebt het over zijn centen. Maar scouts hebben een belangrijke stem in het aankopen van nieuwe spelers. Die mensen willen een beloning voor het aanprijzen van jouw speler. Ik ging eens op bezoek bij het makelaarskantoor SEG in Amsterdam. Daar kwam ik een scout tegen van Ajax. Die kwam even langswippen. In principe heb je daar als scout niets te zoeken. Hij kwam er eigenlijk om verkapt te vragen waar hij het beste zijn centjes kon stallen in bv-vorm. Nou ja. Hoe kun je dan nog objectief spelers van dat bureau beoordelen?'

Afgezien van sponsors en gemeenten die regelmatig moeten optreden als reddende engel voor clubs die in de problemen zijn gekomen, wordt iedereen er financieel beter van. Wie zegt er nee als hij in de positie komt om een stuk van de taart te bemachtigen? 'Laatst had ik voor een Schots clubje een speler in de aanbieding van zeventien jaar, een jongen die al interlands voor Congo heeft gespeeld. Door mijn contact kon ik die gratis naar Europa halen. Die man, een topscout daar, geef ik dan tien rooitjes natuurlijk. Echte toppers raak je altijd wel kwijt, maar voor de categorie eronder verkoop je geen spelers zonder wat te ritselen.'

Gieling zelf is ook geen heilige, geeft hij toe. 'Ik doe het samen met een Engelsman. Die vroeg mij de transfersom. Dan zeg ik een ruggetje of vijf. Soms moet je ook wel een beetje aan jezelf denken. Ik heb eens wat bij een Sloveense club gedaan, gewoon gratis. Maar in principe kost het dan alleen maar geld. Via mijn netwerk haal ik zo'n speler binnen en als hij gedijt kan hij zomaar een paar miljoen euro opleveren. Dan vind ik een vergoeding redelijk. Maar wat ik niet redelijk vind is dat een scout van een club zijn eigen werkgever in de vingers gaat snijden, terwijl hij een prima topsalaris heeft.'

Wie wil slagen als makelaar, moet bereid zijn het spel mee te spelen. Zonder wat enveloppen onder de tafel kom je niet ver. Om nieuwe hemelbestormers, die beweren volledig betrouwbaar en open te werken, kan hij alleen maar lachen. Zo schreef hij over voormalig misdaadjournalist Peter R. de Vries die samen met de inmiddels overleden Piet Keizer zijn eigen bureau begon: 'De Facebookheld kan haast niet wachten op het moment dat Peter R. (uiteraard met verborgen camera in zijn das verstopt) zijn aanstaande Zuid-Europese gesprekspartners gaat uitleggen dat hij en zijn speler absoluut geen zwart geld willen ontvangen en dat Peter R. zijn speler vervolgens met droge ogen moet gaan vertellen dat de zekere deal niet doorgaat, maar dat ze wel over een brandschoon alibi beschikken.'

Geen wonder dat deze wereld waar wit en zwart geld mengen tot een grijs circuit geliefd is bij de georganiseerde misdaad. Al in 2009 verschenen de eerste rapporten over de spelershandel en witwassen. Gieling knikt. 'Weet je wat het is? Het is allemaal met elkaar verweven. De voetbalwereld trekt veel louche figuren aan en er wordt geschoven met enorme bedragen, waar maar weinig controle op is. Er zitten niet voor niks mannen tussen die eerder actief waren in de handel met verdovende middelen.'

Maar stoppen in het wereldje waar ondanks alle vuile streken het geld voor het oprapen ligt, overweegt Gieling niet. 'Ik kan niks anders dan voetbal.' Ironisch genoeg gingen zijn voormalige onbetrouwbare klanten

Van Gobbel, Oulida en Abdellaoui na hun voetbalcarrière zelf opereren als makelaar. Die laatste ging in hongerstaking, omdat hij van het Openbaar Ministerie een schadevergoeding eiste nadat hij was vrijgesproken van witwassen. Gieling haalt er zijn schouders over op. 'Puntje bij paaltje zijn we simpelweg allemaal hoeren. Duizenden kilometers fietsen is een uitstekende remedie om deze ontnuchterende wetenschap te relativeren.'

3

DE MAN ACHTER RONALDO

Op een dag ontmoette de nachtclubbaas een keeper. Twintig jaar later kreeg de voormalige ijsco-inpakker een Grieks eiland cadeau van Cristiano Ronaldo. Nu heeft Jorge Mendes (52) voor een miljard aan transfers op zijn naam staan.

Een winteravond in Utrecht. De wind giert door Stadion Galgenwaard. De wintermarkt is net gesloten. Alweer een recordmaand met een rituele paniekpiek in de laatste 24 uur. PSV stond voor niks te wachten op Schiphol. De beoogde versterking uit Ghana zat niet in het vliegtuig. Op het ereterras van FC Utrecht wenkt een zaakwaarnemer. Ook zijn firma had een hectisch laatste etmaal. In noodgang volgt een verhaal over vliegtuigen, hotels, onderhandelingen en een transfer die uiteindelijk werd geblokkeerd. 'Jahaa, er zijn collega's met complete clubs onder controle.' De man hoopte een van zijn talenten onder te brengen bij Wolverhampton Wanderers. Ware het niet dat die club net is besprongen door een dominante Portugees die furore maakt als 's werelds megamakelaar. Voor een talent uit Nederland was even geen plaats in zijn fonkelnieuwe etalage waar ineens heel veel Portugezen worden uitgestald. 'Een waanzinnig verhaal! Daar zit een boek in! Dit zijn PlayStation-transfers!'

'Great men are not born great, they grow great.'
– Mario Puzo, *The Godfather*

Misschien speelt u of een van uw kinderen weleens een voetbalgame op de spelcomputer. Door middel van de *management mode* kunt u de hele voetbalwereld naar uw hand zetten. U kiest uit waar u zaken wilt doen, met wie en voor hoeveel. Vanuit virtuele bestuurskamers schuift u zo de sterren in het rond. Maar voor sommigen is dat geen spelletje. In de echte voetbalwereld bestaan ook mensen die achter de knoppen zitten. Zogenaamde superagenten die zowel spelers als clubbazen in hun zak hebben zitten. Lachend declareren ze de verliesgevende voetbalwereld arm. Jorge Mendes is zo iemand. De voormalige videotheekhouder ging in spelers en groeide in twintig jaar uit tot de machtigste makelaar ter wereld. Altijd keurig gekleed in maatpak. Tomeloze energie. Zelden wordt de kleine Portugees gefotografeerd zonder zijn zwarte oordopjes in. Volgens cliënt Cristiano Ronaldo belt Mendes 'twintig uur per dag'. Elke minuut is geld waard. Op een achternamiddag kan hij een miljoen verdienen. Nergens gaat hij heen zonder zijn drie telefoons die hij 'een verlengstuk van mijn lichaam' noemt. Zelfs joggen doet hij met de onophoudelijk trillende smartphones tegen zijn oren. Spelersnamen en bedragen vliegen over de gsm-netwerken. 'De onzichtbare hand van de spelersmarkt' wordt hij ook wel genoemd. Waar fans vaak nog in de veronderstelling zijn dat coaches en voetbaldirecteuren de bewegingen op de transfermarkt bepalen, zijn het mannen als Mendes die de handel regisseren. Kind aan huis bij Chelsea, Real Madrid en AS Monaco. Hofleverancier van voetballers aan zowel FC Porto als Atlético. Cristiano Ronaldo en José Mourinho zijn de bekendste namen uit zijn indrukwekkende stal met bijna honderd spelers en trainers. Tevens zien we de workaholic uit Lissabon terug in tal van financiële vertakkingen die via een ondoorzichtig woud leiden naar de skyboxen van de clubs. Met zijn perfecte kostuums en excellente omgangsvormen zit de zongebruinde Portugees vaak snel op hetzelfde level als de tycoons die tegenwoordig de clubs besturen, al zal zijn rondborstige eega Sandra ook de nodige indruk maken. Gekscherend wordt gezegd dat hij ontbijt in Madrid, luncht in Londen en dineert in Milaan.

Geboren in Lissabon. Getogen in een flatgebouw. Gevormd op straat. Letterlijk werkte hij zich op van zero tot hero. Geen enkel familielid had durven dromen dat het jongetje dat in de weekenden strooien hoeden verkocht op stranden en op vlooienmarkten om een zakcentje te verdienen, zich zou ontwikkelen tot een superster met een eigen boek en film. Zoals veel makelaars rolt hij in de jaren negentig per toeval de voetbalwereld in. Het Bosman-arrest is net van kracht. De prijzen van spelers schieten omhoog. Mendes heeft al diverse baantjes gehad. Als inpakker van Cornetto-ijsjes. Als deejay. Hij opent van zijn gespaarde geld een videotheek. Investeert in een toeristisch resort en nachtclubs. Dat laatste pakt goed uit. In zijn bar ontmoet Mendes een keeper. Ene Nuno. Het klikt. Het is 1996, Nuno wil een transfer. Niemand kent Mendes dan nog. Ambitieus, positief en volledig overtuigd van zichzelf gaat hij aan de slag. Dat was al zo in de Cornetto-fabriek waar hij zichzelf achteraan de fabrieksband neerzette om de hoorntjes op te vangen. 'Want daar was ik de belangrijkste man.' Vol zelfvertrouwen was hij ook toen hij een videotheek opende in een desolaat, totaal uitgestorven winkelcentrum, zo spookachtig dat mensen hem vroegen of hij gek was geworden. 'Er is in elk geval voldoende parkeergelegenheid,' reageerde een montere Mendes. Met zijn nachtclub Luz do Mar als uitvalsbasis ruikt hij ook nu weer kansen. Zijn discogast keept bij Vitória Guimarães. Eerst moet hij de vraagprijs van 5 miljoen dollar omlaag zien te krijgen. Mendes gaat naar het appartement van Nuno, gooit in het wilde weg spullen op de grond en vraagt de keeper om te doen alsof hij stomdronken is. Dan nodigt Mendes de clubvoorzitter uit. Een onderuitgezakte Nuno mompelt wat, staart glazig voor zich uit, en de wit wegtrekkende preses vestigt al zijn hoop op de dan nog onbekende voetbalmakelaar. 'Neem hem alsjeblieft mee, en zorg dat ze hem nergens op testen...' De prijs zakt naar 1 miljoen. Dat is alvast geregeld. Vanuit de kustplaats is het driehonderd kilometer rijden naar La Coruña in Spanje. Daar hebben ze bij de club Deportivo een keeper nodig. 'Espresso?' vraagt hij aan de corpulente president als die zijn kantoor uit komt stommelen voor zijn dagelijkse honderd meter naar het aanpalende restaurant. Brommend stemt hij toe, ze maken een praatje. De zware Spanjaard weet niet wat hij ziet als de gesoigneerde Mendes de volgende dag opnieuw komt voorrijden. 'Espresso?' En die dag daarna weer. 'Espresso?' Meter voor meter pakt Mendes, die uiteindelijk doordringt tot de bestuurskamer. De president van Deportivo wordt gek van de espresso's, maar Mendes slaat wel de goede toon aan. De dikke clubbaas stemt uiteindelijk toe. Bijna filosofisch vraagt hij zich jaren later af wie er eerst was geschapen. 'Mendes met aan hem vast een telefoon, of een telefoon met daaraan vast een mens genaamd Mendes.'

Champagne! Het is feest op de burelen van zijn net geopende firma Gestifute. Dat is dan nog een blokkendoos in Porto, gelegen in de Rua do Paraíso. Paradijsweg. Prima straatnaam. Want een paradijs lijkt dat voetbal zeker. Na zijn eerste transfer, die je afgaande op de vier duels die Nuno uiteindelijk speelt voor Deportivo niet echt succesvol kunt noemen, wordt Mendes geleidelijk wegwijs in de donkere steegjes van de spelersmarkt. Het onderhandelen blijkt in zijn bloed te zitten en clubmensen verzuchten al snel dat alleen onderhandelen over het vrijlaten van gijzelaars vermoedelijk intensiever is dan de besprekingen met de vasthoudende Portugees. Binnen de kortste keren babbelt hij zich naar de status van miljonair. Zonder slag of stoot gaat zijn opkomst niet. De sterren worden begeleid door een beperkt aantal bureaus. Daar kom je als nieuweling niet zomaar tussen. Op de luchthaven van Lissabon komt het zelfs tot een vuistgevecht met de agent van sterspeler Luís Figo. Nadat de twee de businessclass van een lijnvlucht uit Milaan hebben verlaten, rollen ze ruziënd over de glimmende terminalvloer. De scène is symptomatisch voor de harde strijd om territorium. Het zal allesbehalve de laatste keer zijn dat Mendes wordt beschuldigd van spelersroof.

Zoals altijd wanneer entrepreneurs zo snel opkomen, zijn er ook veel vragen. Niet lang na zijn entree komt hij al op de radar bij FIFA. Zijn werkwijze lijkt niet helemaal te passen in de reglementen die zeggen dat er geen sprake van belangenverstrengeling mag zijn. Het valt op dat de kleine Portugees erg actief is in de bestuurskamers. Mendes loopt nog net niet hand in hand met de voorzitters door de skyboxen van Porto en Lissabon. Werkt hij nu voor de clubs? Of voor de spelers? Soms verdient hij meer aan de transfer op zich dan aan het begeleiden van de speler. Voor het eerst wordt dat duidelijk met Deco. FC Porto haalt de creatieve middenvelder binnen, waarbij 35 procent van Deco's transferrechten worden overgekocht van Mendes. Zijn Gestifute krijgt daarvoor een slordige 3,5 miljoen euro.

Zo zijn er meer voorbeelden van zaakwaarnemers die samen met clubs investeren in transferrechten. De Portugese competitie wordt bepaald niet zwakker van de innige samenwerking met makelaarsconsortia. De kosten worden gedeeld en zo kan een vereniging als FC Porto duurdere spelers kopen dan bijvoorbeeld Ajax. FC Porto wint in 2004 zelfs de Champions League. Een dubbelslag voor Mendes. Of zeg maar tripleslag. Iedereen verdient goudgeld. Voorzitter blij, speler blij, Mendes blij. Zijn investeringsobject Deco heeft gescoord in de finale en hij wil hem nu voor 15 miljoen gaan slijten aan FC Barcelona. Mendes onderhandelt met de president in de auto. Op weg naar het hotel staat een cd op. Gezang van FC Porto-fans.

'Deco, de nieuwe Pelé!
Het is Deco, allez
Deco! Deco! Deco!'

Mendes zingt enthousiast mee. Zijn hoofd beweegt fanatiek van links naar rechts. De cd blijft zich maar herhalen. Eén keer, twee keer, drie keer... elf keer, twaalf keer, dertien keer. Een verbaasde voorzitter van Barcelona begint op zeker moment ook zachtjes mee te zingen en gaat akkoord. 'Na twintig keer dat liedje moest ik wel,' aldus de gehersenspoelde bijrijder. Direct is ook verklaard waarom Deco met rugnummer 20 gaat spelen.

Diezelfde zomer beleeft Mendes in Londen zijn doorbraak. Eerder bracht hij Cristiano Ronaldo al naar Manchester United. Maar de bedragen die hij daarmee verdiende zijn kinderspel vergeleken bij de mogelijkheden nu de Russische oliebaron Roman Abramovich Chelsea heeft gekocht. Achter de schermen is dat geregeld door Pini Zahavi, een voormalig sportjournalist uit Israël, die net als Mendes veel meer is dan spelersmakelaar alleen. Ook een spin in het web. Ook iemand die zelf spelers koopt. Ook iemand die een centrale rolt speelt in de geldstromen. Ze kennen elkaar wel. Zahavi adviseert Mendes om een volmacht van José Mourinho te regelen. Want Abramovich wil Mourinho. Dat klinkt Mendes als muziek in de oren. Tuurlijk kent hij die! Hij is immers huismakelaar van FC Porto, waar Mourinho dan nog werkzaam is. Iemand om wie hij voortdurend hyperactief heen zoemt. Als een vleesgeworden blikje Red Bull. Mendes is iemand die in één dag op en neer vliegt tussen Portugal en Mexico om daar de tweede helft van een wedstrijd mee te pakken. Sommigen noemen dat gedrag 'gestoord', maar Mendes heeft het altijd zo gedaan. Had hij vroeger een feestje in zijn nachtclub, dan prikte hij de hele nacht onvermoeibaar posters op elke boom die hij tegenkwam. 'Dat zit in mijn natuur.' Zijn tomeloze werklust betaalt zich vaak uit. Ook op dit project stort hij zich weer bijna obsessief. Er zijn al twee agenten actief die de markt uitkammen voor Mourinho. Zonder scrupules schakelt hij hen uit. Een gouden zet. The Special One pakt direct twee titels in Londen en blijkt tevens de smeerolie van Gestifute. Via het informele circuit bezorgt hij de firma vele sterspelers.

Mendes heeft nu de jackpot te pakken. Zahavi hoort daarna steeds minder van Mendes. Met Mourinho bij Chelsea en Ronaldo bij United heeft Mendes niemand meer nodig. Twee perfecte breekijzers. Hij is binnen in Engeland. De rijkste competitie ter wereld. Steeds vaker verschijnt hij in de sportkaternen, met koppen als 'superagent' en 'dealmaker'. Andere zaakwaarnemers zien machteloos toe hoe de Portugees met zijn tandpastaglimlach continu in handgemaakte maatpakken de show steelt. Sommigen gaan de strijd aan. De ex-makelaar van Nani, een pittige zakenvrouw, reclameert dat ze is bestolen door Mendes. Vlak voor de overgang naar Manchester United nam hij ineens haar speler over en verkocht hem voor 25 miljoen. Ze klaagt hem aan, maar kan niet bewijzen dat Mendes Nani daadwerkelijk welkom heette met een Mercedes en een Rolex. Maar de hele zaak zorgt wel voor wat imagoschade. Ook de zaakwaarnemer van Bebé is woest. Bebé stapt in 2010 opeens over naar Mendes die hem zes dagen later voor 9 miljoen aan United verkoopt. Een verhaal dat later ook nog belandt in een politiedossier, aangezien bij deze deal een bedrag van dik 3 miljoen naar Gestifute vloeit. De ex-makelaar van Bebé wordt door een anticorruptieeenheid in Lissabon drie uur doorgezaagd. Hij is verbijsterd dat Bebé, die hij van de semiprofessionals begeleidde naar de Portugese eredivisie, hem in de steek liet. De man dient ook een klacht in bij FIFA. Mendes haalt zijn schouders op over zulke incidenten. 'Er zijn makelaars die contracten tekenen in de hoop dat er op een dag een Mendes tevoorschijn komt. Ze willen onderdeel worden van een operatie zonder dat ze zelf ooit iets gedaan hebben om deze te promoten.'

De code van de transferkluizen kraak je niet zonder confrontaties. De meeste conflicten bereiken de buitenwereld nooit. Maar Mendes komen we op weg naar zijn meesterstatus toch nog een derde keer tegen in een geldruzie. En niet zo'n kleintje ook. Het managementbureau Formation is laaiend. Beide partijen denken in 2002 nog dat ze elkaar sterker maken. Formation is in die tijd een solide speler op de Engelse markt. Met in de stal Wayne Rooney om maar eens iemand te noemen. Mendes heeft vriendschappelijke contacten bij de Portugese topclubs. Daar zit altijd talent. Ze slaan de handen ineen. Samen spelers transfereren naar de oneindig rijke Premier League. De commissies worden fiftyfifty verdeeld. Prima plan.

Samen met Formation verdient Mendes zijn eerste munten in Engeland. Eerst gaat er een speler voor 10 miljoen naar Newcastle United. Formation komt met de club, Mendes levert de speler. De commissie, drie ton in ponden, wordt eerlijk verdeeld. Allebei anderhalve ton. Voor Mendes is het zijn eerste majeure internationale deal. Later gaat er een tweede speler via het samenwerkingsverband naar Glasgow Rangers. Wie niet kan delen, kan ook niet vermenigvuldigen. De mannen gaan Ronaldo promoten. Formation regelt een ontmoeting met Arsène Wenger bij Arsenal dat een miljoen of acht voor hem overheeft. Maar uiteindelijk gaat de achttienjarige Ronaldo voor het dubbele naar United. Daar doet Mendes de besprekingen alleen. Met succes. 'Champagne,' zegt Mendes tegen een euforische Ronaldo, die zijn makelaar de rest van de avond niet meer terugziet. Die is alweer druk bellend bezig met de volgende zaken. Hij belt ook Formation en legt uit dat hij voor deze deal vier ton krijgt van United. Fiftyfifty lijkt hem wat overdreven, gezien de geringe inbreng van Formation. Een tonnetje moet genoeg zijn. De reacties zijn woest als later blijkt dat United niet vier ton, maar 1,5 miljoen aan makelaarskosten heeft gemaakt voor Ronaldo. Maar de bom barst pas echt als Mendes samen met Mourinho bij Chelsea binnenkomt. Direct worden Carvalho, Tiago en Ferreira voor een miljoen of vijftig aangetrokken. Formation krijgt niks en overlegt de rechter stukken waaruit blijkt dat Chelsea enorme bedragen betaalt aan Mendes. De makelaarsfees van 150.000 euro per speler zijn fooien vergeleken bij de aanvullende 2,45 miljoen die Mendes toucheert voor een groot pakket aan services, zoals het ervoor zorgen dat het drietal tijdig op de trainingen verschijnt. Gestifute beweert niets te hebben ontvangen. 'Schaamteloze leugens,' reageert een van de Formation-mannen woedend tegenover journalisten. 'Tweeënhalf jaar van mijn leven heb ik gegeven aan Mendes. Ik werkte non-stop. Toen hij eenmaal iedereen kende, ging hij zijn eigen weg.'

Zonder succes is die weg niet. Mendes zetelt inmiddels in een fonkelnieuw kantoor aan de Praceta do Bom Sucesso. Plein van het Goede Succes. Nu wel met lift en airco. De huizenhoge huur is geen probleem. Razendsnel loopt de transferteller op. Honderd miljoen, tweehonderd miljoen, driehonderd miljoen. Het halve Portugese elftal zit bij hem. De American Dream in Portugal krijgt steeds meer vorm. Maniakaal is hij bezig met het bereiken van de top. De voormalige videotheekhouder heeft voor een filmpje pakken nooit meer tijd, zegt hij met enige spijt. Zelfs een cd'tje luisteren in zijn Ferrari 599 GTO lukt niet. 'Want ik ben altijd aan de telefoon.'

Hij lijkt wel de non-fictieve versie van Jerry Maguire. De filmklassieker waarin Creative Artist Agency (CAA)-klant Tom Cruise het grote publiek in de jaren negentig kennis liet maken met de wereld van sportmakelaars. Jerry Maguire is de charmante workaholic die samen met een talentvolle honkballer druk telefonerend de wereld verovert. Zijn beroemde oneliner 'Show me the money' werd tevens een populair credo achter de schermen van het voetbal. De symboliek is helemaal compleet als Mendes ook daadwerkelijk in zee gaat met het Amerikaanse CAA. Waarom ook niet? Voetbal globaliseert, spelers worden idolen. Imagorechten van coaches en de spelers vermeerderen in waarde. Gezichten als Mourinho en Ronaldo zijn gewild. Hollywood-gigant CAA weet wel hoe je sterren moet vermarkten. Film, televisie, computerspellen, reclamespots. 'Deze nieuwe samenwerking kan een grote betekenis hebben voor de spelers,' reageert een verheugde Ronaldo. Wat heet. CAA zet het merk CR7 in de markt waarin de megaster al zijn marketingactiviteiten onderbrengt, van kinderkleding en ondergoed tot parfum. Wat lijkt het lang geleden dat wereldsterren een sigarenzaak openden. Ronaldo knipt de linten door van twee CR7-kledingwinkels, runt twee CR7-hotels en momenteel is de RoboCop-speler bezig met een CR7-restaurantketen in Brazilië (met recepten van de moeder van Ronaldo). Hij zou er de rest van zijn leven vijftigeurobiljetten als servetten kunnen neerleggen. Op zijn geboorte-eiland Madeira verrijst een CR7-museum met een gigantische bronzen Ronaldo en twee Ronaldo-wassenbeelden, en het huwelijk met CAA werkt als een vliegwiel voor zijn online legioen dat op Instagram, Twitter, Facebook en YouTube inmiddels uit meer volgers bestaat dan het inwoneraantal van de Verenigde Staten. Kortom: de samenwerking met de Amerikanen is een doorslaand succes. Het merk raakt zo ingeburgerd dat astronomen zelfs een nieuw ontdekt melkwegstelsel dopen tot CR7. De commerciële inkomsten van CR7 benaderen zijn salaris dat hij opstrijkt met voetballen. Ook bij deze succesvolle, door Mendes geregelde deal komen weer de nauwe banden met de *decision-makers* in de bestuurskamers aan het licht. Heel toevallig duikt bij CAA ineens een oude bekende op. De man dankzij wie Mendes miljoenencommissies kon veiligstellen bij United en Chelsea. Peter Kenyon was bij beide clubs directeur toen Mendes daar voor vier spelers een kleine 4 miljoen euro pakte. Kenyon gaat nu voor diezelfde Mendes spelers promoten. Het wordt nog schimmiger als er verhalen komen dat Kenyon voor CAA een investeringsfonds in voetballers aan het opzetten is. FIFA vindt dat er een luchtje aan zit. Vrijwel direct nadat zijn betrokkenheid uitlekt, stopt Kenyon. Volgens CAA heeft dat niks te maken met het lopende onderzoek, waarvan we na het afzwaaien van Kenyon trouwens nooit meer iets horen. Met zijn fulltimejuristen is Mendes FIFA weer te slim af. Zoals altijd.

De vijfvoudige vader is al doorgedrongen tot de vijftig rijksten van Portugal. Dat doe je niet met hier en daar een percentage pakken over het salaris van de spelers. Hij investeert zelf in voetballers en kan deze dankzij goede relaties in de skyboxen ook altijd met winst kwijt. Hoewel hij bonje had met een aantal collega's, is er nooit een clubbestuurder negatief over hem. Spelers adoreren de regelneef die zelfs een eigen dokter heeft geregeld bij wie de spelers en hun familieleden 24/7 terechtkunnen. Met zijn gave om enerzijds razend populair te zijn terwijl hij anderzijds clubs en spelers miljoenen afhandig maakt, vergeleek het bestuur van FC Barcelona hem al met de illusionist David Copperfield die het Vrijheidsbeeld in New York liet verdwijnen. Mendes lijkt hem naar de kroon te steken met ook een spectaculaire verdwijntruc die aan het licht komt dankzij Football Leaks, een klokkenluidersplatform dat terabytes aan voetbalcontracten onderschept en een deel daarvan publiceert. Wereldberoemde Mendes-klanten onder wie Ronaldo en Mourinho hebben meer dan 100 miljoen euro voor de belastingdienst verborgen gehouden en worden aangeklaagd. 'Verraderlijke, respectloze, bedreigende' aantijgingen volgens Mendes, die tevreden vaststelt dat de fiscaal getinte artikelen al snel weer van de voorpagina's worden verdrongen door een volgende hattrick van Ronaldo. Deze affaire brengt Mendes niet echt in verlegenheid. Binnen de voetbalwereld lijkt zijn modus operandi eerder goede reclame. 'Stel je voor dat ik Mendes als manager had gehad,' verzuchtte de in het slop geraakte Maradona eens, 'dan was ik nu koning Juan Carlos.'

Met open armen wordt hij ontvangen op de ereterrassen. Mendes steekt veel energie in relaties met managers en vooral eigenaren. Zij hebben geen netwerk in het voetbal, maar willen wel altijd nieuwe aankopen.

Mendes springt in het gat. Iemand uit Singapore koopt Valencia? Dan duikt Mendes binnen de kortste keren op met bijvoorbeeld Ronaldo. De meneer uit Singapore is dolgelukkig dat Ronaldo met hem en zijn vrouw op de foto wil. Tuurlijk wil de meneer uit Singapore eens lunchen met Mendes. De meneer uit Singapore koopt vervolgens Mendes-klant Enzo Pérez voor veel te veel geld, namelijk 25 miljoen euro, van Benfica. De meneer uit Singapore vindt het een uitstekend idee om een goede vriend van Mendes aan te stellen als trainer. Zo, ook die club is weer onder controle.

Zo zijn er veel voorbeelden van korte lijnen met de tycoons die in rap tempo het voetbal overnemen. Een steenrijke Rus die AS Monaco opkoopt? Mendes strikt zijn Hermès-stropdas en is er als de kippen bij. Hij plaatst er een technisch directeur. Vervolgens verkoopt hij drie jongens tegelijk aan de multimiljardair die naast zijn duizelingwekkende banksaldi vooral bekendheid geniet dankzij een minstens zo indrukwekkend libido en de duurste echtscheiding ooit. Falcao, Rodríguez, Moutinho. Alle drie komen ze van FC Porto, 130 miljoen euro in één klap. Alle drie zijn ze aangesloten bij de voormalige Cornetto-inpakker Mendes. Die steekt in één zomer voldoende commissiegelden in zijn zak om de rest van zijn leven met een harem te kunnen rentenieren op het Griekse eiland dat hij van Ronaldo cadeau kreeg voor zijn bruiloft. Voor de goedkope Moutinho alleen al ontvangt hij een keurige 3,1 miljoen.

Objectieve cijfers van zijn totale imperium zijn er niet, want de exacte betalingen aan makelaars worden met Vaticaan-achtige allure geheimgehouden voor de fans. Hoe Mendes scoort ten opzichte van andere meestermakelaars als Pini Zahavi en Mino Raiola weet niemand, maar in de beperkte marktonderzoeken tot dusverre wordt hij meestal genoteerd als de nummer één. Zijn stal vertegenwoordigt een geschatte marktwaarde van een miljoen of 700. De rest van de wereld volgt op gepaste afstand.

Grommend ziet de concurrentie hoe Mendes, zoon van een conciërge, hen vanuit de duurste skyboxen uitschakelt. Volgens een glimmende folder, waarin Mendes geldschieters warm maakt om via Gibraltar te investeren in voetballers, is hij verantwoordelijk voor 68 procent van al het transfergeld dat in tien jaar binnenkwam bij Sporting, Porto en Benfica. Maar of hij altijd een sportief traject voor ogen heeft? Neem Falcao. In de zomer van 2014 wordt Mendes gespot in een zwarte 4x4-terreinwagen met Louis van Gaal die namens Manchester United zowel Ángel Di María als Falcao van hem afneemt, maar niet lang daarna bekoelt de relatie. Mendes klaagt in de pers over Van Gaal. Zijn Falcao speelt weinig. 'Een briljante voetballer die bij elke andere club altijd negentig minuten zou spelen.' Dan is het toch op z'n minst vreemd dat deze 32-jarige superster onder zijn begeleiding nog geen dertig Champions Leaguewedstrijden speelde.

Clubmakelaar/investeerder zou misschien beter passen op zijn visitekaartje. Hij zit centraal in de netwerken die als een onderaards wortelstelsel onder het voetbal liggen. Naar schatting zijn er een stuk of twintig supermakelaars als Mendes. Vele fans kennen deze mensen niet of nauwelijks. Ze schuiven met spelers als pionnen over een spelbord. Tot grote frustratie van de bonden die machteloos staan. De Engelse bond verbood deze vorm van spelershandel waarbij niet de club, maar de makelaar (deels) eigenaar is van de voetballer. De Franse ook. Maar waar speelde Falcao de afgelopen jaren? Juist, in Monaco. In 2015 maken de FIFA en UEFA met een verbod een einde aan de omstreden investeringsconstructies. 'Het is slavernij die niet meer van deze tijd is,' reageren de bonden. 'We leven toch niet meer in 1800 of 1700?'

Maar daar heeft Mendes uiteraard weer een antwoord op. Zijn magnum opus krijgt steeds meer vorm als de president van China aanmoedigt om meer te gaan investeren in voetbal. Mendes staat direct klaar om nieuwe miljardairs te helpen. Hij gaat in zee met een van de rijkste Chinezen. Die koopt aandelen van Gestifute en in 2016 lanceren ze samen een marketing- en voetbalbedrijf tijdens een evenement in Shanghai. Met de bepalende bestuurders van Benfica en Monaco als eregasten. Volgens de website van Gestifute is het een bijeenkomst met een 'enorme impact in China' waar Mendes wordt gezien als 'een zeldzaam geval van succes'. Intussen zoekt Mendes voor diezelfde Chinees naar clubs met potentie en identificeert Wolverhampton Wanderers. De drievoudige kampioen uit de jaren vijftig noteerde sinds 1992 slechts twee korte optredens in de Premier League en snakt naar nieuwe successen. Via een holdingbedrijf op de Britse Maagdeneilanden koopt de Chinees de Wolves die dan uitkomen op het tweede niveau in Engeland. De Chinees heeft nu aandelen van zowel de club als van het toonaangevende makelaarsbureau.

Vervolgens is het kassa. Mendes heeft er weer een etalage bij om zijn waar in uit te stallen. Binnen een maand landen de eerste nieuwelingen: de Portugees Ivan Cavaleiro (gekocht van AS Monaco), de Portugees João Teixeira (gehuurd van Benfica) en de Portugees Silvio (overgenomen van Atlético Madrid). Tijdens de winterstop gaan de transferrecords opnieuw aan diggelen voor de Portugees Hélder Costa die overkomt van, heel verrassend, AS Monaco. En dat is nog slechts het begin. Nadat de eerste spelers zijn overgenomen van bevriende clubs, arriveert ook coach Nuno. De keeper aan wie hij zijn carrièreswitch te danken heeft door hem als nachtclubbaas spectaculair onder te brengen bij Deportivo La Coruña. Inmiddels is Nuno voetbaltrainer en Mendes schuift zijn voormalige barbezoeker soepel tussen de clubs in zijn pakket: Rio Ave, Valencia, FC Porto en nu dus Wolverhampton. Al wordt dat natuurlijk nooit gezegd tijdens de perspresentaties. Nuno gaat naar Wolverhampton ‘vanwege de geweldige faciliteiten’.

Nog geen jaar na de overname van Wolves heeft Mendes de cruciale posities bezet. Hij is adviseur van de eigenaar en hij heeft een coach die uiteraard dolgraag werkt met de spelers van Mendes. Meer Portugezen worden ingevlogen. Zo komt Diogo Jota van Atlético Madrid en tot verbijstering van de voltallige concurrentie duikt ineens ook Rúben Neves van FC Porto op. Als jongste aanvoerder ooit in de Champions League en Europees Kampioen met Portugal in 2016 zonder meer de man met het meest spectaculaire cv in de tweede divisie van Engeland. Met 15 miljoen pond is het niet alleen de duurste transfer ooit in de lagere divisies, maar ook de vreemdste overgang van die hele Europese transferzomer. Behalve voor Neves zelf. Hij vindt het heel normaal om een etage lager te gaan voetballen. ‘Ik hou van de stad,’ zegt de in het bruisende Porto opgegroeide voetballer over het industriegebied in de West-Midlands.

Als ook nog de Portugezen Roderick Miranda (Rio Ave), Rúben Vinagre (AS Monaco) en José Xavier (Chaves) volgen, worden de vermoedens van oneigenlijke inmenging zo groot dat de rest van de league oproept tot een onderzoek. Ze sturen samen een brief naar de bond. De eigenaar van Leeds United twittert dat de competitie op deze manier ‘niet legaal en niet fair’ meer is. Volgens de clubs gaat het hier gewoon om een variant van de omstreden beïnvloeding die de FIFA en UEFA hebben verboden. In plaats van aandelen in spelers nemen zaakwaarnemers nu gewoon hele clubs in hun greep. Op deze manier ontstaat er een voetbalcompetitie tussen managementkantoren in plaats van clubs. De Engelse bond bestudeert de papieren, maar grijpt niet in. Nergens staat geschreven dat Mendes formeel betrokken is bij de club… En zo is de supermakelaar iedereen weer te slim af. Het Mendes-model krijgt groen licht en groeit zo uit tot het lichtende voorbeeld voor zaakwaarnemers over de hele wereld. Verbijsterd ziet de concurrentie hoe Wolverhampton in de lente van 2018 met een straatlengte voorsprong promoveert naar de Premier League. Neves is de ster van het seizoen.

'Als een schaker die zijn stukken over het bord schuift,' zei de directeur van Atlético Madrid eens bewonderend over de succesvolle werkwijze van de meestermakelaar. In het Mendes-systeem staan allang niet meer de spelers centraal, maar grote en kleine clubs verspreid over heel Europa, die formeel en informeel advies bij hem inwinnen. Hij werkt niet in de markt. Hij creëert zijn markt. Zijn invloed blijkt maar weer als hij in de zomer van 2018 tot ieders verrassing Ronaldo voor 100 miljoen van Madrid naar Turijn loodst. Door dagenlange geruchten gaan de aandelen van Juventus door het dak. Was de wereldster serieus op weg naar de lager aangeschreven Serie A? Het blijkt echt waar. Op de dag van de WK-finale landt zijn CR7 Gulfstream op Aeroporto di Torino. Werknemers van medeclubeigenaar Fiat zijn laaiend en gaan in staking als ze na jarenlange bevriezing van de lonen horen dat de 33-jarige Ronaldo 30 miljoen per jaar gaat verdienen. Overigens moet Ronaldo wel een stuk langer werken voor zijn miljoenen dan zijn makelaar. Het beursgenoteerde Juventus meldt voor deze ene deal '12 miljoen aan additionele kosten', waarmee ongetwijfeld de gepeperde factuur van Mendes wordt bedoeld.

Alle transfers van Mendes samen hebben al ruimschoots het miljard overschreden. Als je nagaat dat hij van veel van de verkochte spelers ook de transferrechten bezit, zijn de berichten in de roddelbladen dat hij het jacht wil overkopen van de Spaanse koning niet eens meer zo vreemd. Meer conservatieve schattingen gaan uit van rond de 700 miljoen aan transfers. Cijfers waar hij trots op is. De kleine Mendes is niet de meest pretentieloze van de makelaarswereld. Heel bescheiden meldde Gestifute al eens: 'Mendes uitgeroepen tot beste zakenman ter wereld.' Die kan Bill Gates in zijn zak steken. Voorlopig lijkt het er nog niet op dat Mendes klaar is met het uitbouwen van zijn indrukwekkende heerschappij. Inmiddels riep hij de Oscarverkiezingen voor beste makelaar in het leven, de zogenaamde Globe Soccer Awards in Dubai. De eerste vijf edities won hij allemaal, zoals in geuren en kleuren wordt vertoond in zijn eigen documentaire, waarin hij in smoking een bliksembezoek brengt aan zijn oude buurt waar hij voor draaiende camera's flatbewoners in de armen valt. Inmiddels kwam in Portugal ook zijn eigen boek op de markt. De titel? Een verwijzing naar Mourinho. *The Special Agent*. Een titel die de lading dekt, mogen we wel zeggen.

Duurste wedstrijden ooit

datum	wedstrijd	waarde basiselftallen
06/05/2018	Barcelona-Real Madrid	€ 1,43 miljard
08/04/2018	Real Madrid-Atlético Madrid	€ 1,17 miljard
04/03/2018	Barcelona-Atlético Madrid	€ 1,16 miljard
14/02/2018	Barcelona-PSG	€ 1,15 miljard
14/03/2018	Barcelona-Chelsea	€ 1,14 miljard
01/05/2018	Real Madrid-Bayern München	€ 1,15 miljard
20/02/2018	Chelsea-Barcelona	€ 1,10 miljard
15/04/2018	Bayern München-Real Madrid	€ 1,08 miljard
14/04/2018	Tottenham Hotspur-Manchester City	€ 1,04 miljard
02/04/2016	Barcelona-Real Madrid	€ 1,04 miljard

4

INSIDE-INFORMATION

De emoties van de Nederlandse international blijven verborgen achter een grote zonnebril als zijn ex-makelaar het bonnetje inlevert. Dat is dan 4,55 miljoen euro. Maar dat is nog niet alles. Zijn eigen moeder en de vader van Wesley Sneijder spannen samen met de premiejager uit Zutphen.

Glimmende bolides met getinte ruiten draaien het KNVB-terrein aan de Woudenbergseweg op. Vanaf de parkeervakken die amper breed genoeg zijn voor de oversized uitvoeringen, is het een wandeling van honderd meter naar de rechtszaal, langs de beeldentuin met Johan Cruijff, de eerste Nederlandse speler met een zaakwaarnemer. Hier lopen de volgelingen van Cor Coster.

Tien zaakwaarnemers, advocaten en adviseurs omringen de voetballer, die later vandaag 'virtuele spaarpot' genoemd zal worden. Terence Kongolo loopt voorop. Hij draagt een grote zonnebril en een zwarte DSquared2-muts van Milanese makelij. Zijn handen heeft hij diep weggestopt in de zakken van zijn Italiaanse regenjas van 475 euro.

De arme Kongolo is ingevlogen vanuit Engeland. Hij moet eigenlijk voetballen, alleen deze week al drie wedstrijden in de FA Cup en Premier League. Maar nu loopt hij hier met een horde volwassen mannen die ruzie hebben over geld. Waar anders over dan geld. Bij het passeren van de schuifdeuren knikt de tengere verdediger van Huddersfield Town koel naar de kleerkasten met een zilveren V op hun borst. Op het programma staat de eerste arbitragezaak ooit waarvoor de KNVB beveiliging heeft ingehuurd.

Zijn elftal, met als aanvoerder de goedgebekte meestermakelaar Rob Jansen uit Den Haag, duikt direct rechts een hoek in van de centrale zaal waar morgen een van Jansens klanten zal worden gepresenteerd als de nieuwe bondscoach, maar die nu fungeert als wachtruimte. Het is net geen elf tegen elf vandaag. De tegenpartij is Team Stellar, dat zich helemaal aan de andere kant van de aula heeft opgesteld achter een plant, bestaande uit zes zaakwaarnemers. Een geduchte tegenstander; het Britse bedrijf wordt gerekend tot de machtigste managementbureaus ter wereld. De bebrilde oprichter nipt van een kartonnen beker automatenkoffie. Vaak laat de Bentley-berijder zich niet zien in Nederland. Kennelijk is dit een voorname kwestie voor Jonathan Barnett, de man die in 2013 historie schreef. Als eerste makelaar ooit slechtte hij de 100 miljoen euro-grens. Met Gareth Bale had hij drie jaar het wereldrecord in handen. Iemand die vol bravoure Ronaldo uitdaagde door te zeggen dat Bale niet naar Real Madrid kwam 'om het meeste ondergoed te verkopen'.

Vol zelfvertrouwen monstert Barnett ook nu zijn rivaal. Vanuit zijn zeezichtvilla in de heuvels van Cannes zou hij bij helder weer het jacht van Rob Jansen kunnen zien dobberen. Net als Jansen behoort Barnett tot de makelaars van het eerste uur. Sinds hij in 1992 samen met een vastgoedontwikkelaar de Stellar Group lanceerde, groeide het bedrijf uit tot een multinational met zes kantoren in Europa en de Verenigde Staten. Met als hoofdkwartier een hagelwit victoriaans herenhuis in hartje Londen, maar ook een winkel aan de Herengracht in Amsterdam. Voetballers bleken blijkbaar nog wat lucratiever dan vastgoed. Wat begon met een paar cricketspelers groeide uit tot een klantenkring van honderden topsporters. Naar eigen zeggen is Stellar nu 'de grootste ter wereld'.

Zo machtig als Barnett is op de Britse markt, zo prominent is Rob Jansen op de Nederlandse. Een voormalige vakbondsman die commercieel ging. Gedreven, eerzuchtig, autoritair. Afkomstig uit een PvdA-familie bouwde hij een Trumpiaans voetbalimperium. Een kwart eeuw telefoneerde, reisde en onderhandelde hij zich naar een imponerende clientèle die uiteindelijk werd opgekocht door het Californische Wasserman. Vanuit een vijfsterrenhotel in de ambassadewijk van Den Haag begeleidt hij nu in Amerikaanse dienst nog altijd tientallen coaches, internationals en de tv-persoonlijkheden René van der Gijp en Jack van Gelder. Een 'sociaal-dictatoriale dealmaker' noemt hij zichzelf.

Bijna 25 jaar opereerden ze vreedzaam naast elkaar. Vanuit verschillende skyboxen, met verschillende netwerken en verschillende klantenbestanden. Maar allebei met hetzelfde resultaat. Ze resideren in huizen als paleizen en verplaatsen zich in glimmende showroommodellen ter waarde van eengezinswoningen. Energiek bewegen ze over de ereterrassen van het mondiale voetbal waar ze clubbazen het ene na het andere miljoen ontfutselen. Beide onvermoeibare workaholics uit de jaren vijftig denken nog lang niet aan een afscheid van privéjets, gouden hotellobby's, premium luchthavenlounges, sterrenzakendiners en viptribunes. Waarom zouden ze ook? Voetbal is een groei-economie waarin makelaars een steeds centralere rol spelen. Ze maken in elk geval meer winst dan de hele Eredivisie. Territoria uitbreiden is dan ook het devies. Waar Jansen opging in een groot Amerikaans kantoor, zocht Barnett naar nieuw jachtgebied in Nederland. Exportland bij uitstek. Groeibriljantjes te over. Dankzij een opleidingscultuur die altijd goede en vooral winstgevende talenten voortbrengt. Zijn entree bleef vooral in Amsterdam en Rotterdam niet onopgemerkt. De naam Stellar viel ineens opvallend vaak in de kleedkamers, waar jongens tijdens het omkleden niet alleen praten over meisjes en de nieuwste spelcomputers, maar ook opscheppen over hun zaakwaarnemers. 'Ik zit bij de zaakwaarnemer van Bale, en jij?'

Barnett is geen man die op safe speelt, maar eerder iemand die de grenzen opzoekt. In 2006 haalde hij de voorpagina's met een langdurige schorsing. Achter de rug om van Arsenal had hij een speler naar een geheime onderhandeling gestuurd met Chelsea. Een illegale contractafspraak in een negentiende-eeuws boetiekhotel. Het lekte uit en de Engelse voetbalbond verhoorde hem twee dagen over zijn rol in het hotel, dat zo eens op andere wijze de publiciteit haalde dan met de collectie antieke olieverfschilderijen. Anderhalf jaar mocht Barnett zijn vak niet uitoefenen. 'Ik ben zondebok gemaakt.' Achteloos tikte hij de 100.000 pond boete af die er nog bovenop kwam.

De opleiders van Ajax en Feyenoord stonden versteld. Zoemend als bijen om de honingpot dingen dagelijks tientallen makelaars naar de gunsten van middelbare scholieren, maar stuk voor stuk vielen die ineens voor de Londense charmes. Niet alleen Terence Kongolo ruilde zijn Nederlandse makelaar in voor een Engels begeleidingsteam. Met Kyle Ebecilio, Timothy Fosu-Mensah, Javairo Dilrosun, Jean-Paul Boëtius, Tonny Vilhena en Tahith Chong kozen ook andere tienertalenten massaal voor het Britse bureau. Hoe kon dat? In de kleedkamers was het allang bekend, maar in opdracht van hun makelaars hielden de boys hun mond. Een tipje van de sluier werd opgelicht tijdens een zaak voor de civiele rechter, in 2016. Hoofdrolspeler in dat verhaal is voetbalvader Ebecilio. Zijn zoon Kyle was een kind van Varkenoord dat sinds de F'jes speelde in de Feyenoord Academy, maar uiteindelijk net als zovelen geen seconde noteerde in De Kuip. Na het bereiken van de tekengerechtigde leeftijd (16) verhandelde Stellar hem aan Arsenal. Toevallig waren vader en moeder Ebecilio een paar maanden eerder de gelukkige aandeelhouders geworden van een fonkelnieuw Brits bedrijf genaamd Quickstar Limited. Deze firma sloot weer een contract met Soccer Network, een dochterbedrijf van Stellar. Als directeur van Quickstar ging Ebecilio senior scouten voor Soccer Network. Doel was om Nederlandse, Deense en Zweedse talenten te vinden die interessant waren voor de Engelse competitie. Daarvoor kreeg hij een vergoeding van 50.000 pond per jaar. Als de makelaars met een van zijn vondsten een contract afsloten bij een club, had pa Ebecilio recht op 25 procent van de managementfee.

Aan de familie Ebecilio beleefde Stellar uiteindelijk weinig plezier. Tussen de vader en de makelaars ging het helemaal mis. Ze kregen ruzie over een lening van 40.000 pond. Goudmijn Kyle bleek een kopermijn. Hij kwam nauwelijks aan voetballen toe en de ontworteling zorgde ervoor dat het grote talent nooit tot wasdom kwam. Hij mislukte, tot overmaat van ramp werd een zenuwaandoening geconstateerd en kwam hij na FC Twente, Nottingham Forest en ADO Den Haag als 23-jarige zonder contract te zitten. Lonender waren de investeringen in andere voetbalgezinnen. Behalve Quickstar ontstonden de afgelopen jaren ook bedrijven als Mensah Services Limited en Dilroson Goals Limited. Met ook daar ouders van talentvolle jeugdspelers als de bedrijfsleiders. Supertalenten als Timothy Fosu-Mensah en Javairo Dilrosun gingen allebei op hun zestiende van Ajax naar Manchester. De een naar United, de ander naar City.

Ondanks de Brexit is het ineens erg druk met Nederlandse ondernemers op de Britse markt. Al deze bedrijven zijn opgericht door dezelfde tussenpersoon. Al deze bedrijven staan ingeschreven op hetzelfde adres. Al deze bedrijven zijn even later tienduizenden ponden rijker. In de handelsregisters lijkt een blauwdruk voor een jeugdtransfer verscholen te liggen. Zo stuiten we bij een *quick scan* ook op de familie Chong. Met als stralende middelpunt alweer een tienertalent. Tahith Chong speelde tot zijn zestiende bij Feyenoord en was het kroonjuweel van de stadionclub. Maar ineens emigreerden de Chongs naar Manchester, niet alleen om te tekenen bij United, maar ook om de trotse eigenaren te worden van C&C Manchester Limited. Chong werd in het seizoen 2017-2018 uitgeroepen tot grootste talent van Manchester United.

Kortom. Veel is veranderd sinds de beginjaren van het vak toen Jonathan Barnett nog door Engeland croste in een gedeukte Honda, die hij voor afspraken met spelers stiekem om de hoek parkeerde. Toen hengelde de voormalige pr-medewerker gewoon met zijn vlotte babbel de ene na de andere vijftienjarige binnen. Die goede oude tijd. Door de snelle waardestijgingen van voetballers muteerde de puberacquisitie in de loop der jaren naar hard en grimmig. Ook door ouders die langs de lijnen andere vaders en moeders ineens zien profiteren van hun nieuwe weelde en beseffen dat ze met hun talentvolle zoon de jackpot te pakken hebben. Bij Feyenoord werken ze met standaardbedragen, daar valt verder niet over te onderhandelen. Met een goed verhaal en een glimmende folder nemen ze geen genoegen meer. Heus niet alleen Stellar introduceert nieuwe lokmiddelen in de keiharde strijd om wannabe-Ronaldo's. Meer bureaus beseffen dat een exclusief visitekaartje met UV-spotlak weinig indruk meer maakt. Het 'show me the money'-concept des te meer. Wat nog relatief klein begon met een scooter als welkomstcadeau of een nieuwe keuken als bedankje, is nu uitgemond in financiële plaatjes voor complete gezinnen. Kapitaalkrachtige ondernemingen als Stellar zitten eerste rang. Hardwerkende makelaars met eenmanszaken en keurige voetbalondernemers met evenwichtige loopbaantrajecten zien tot hun afgrijzen dat ze nauwelijks nog een poot aan de grond krijgen tegen de steenrijke slokops die in hele families beleggen. Zo laafden ook de Kongolootjes zich aan de Londense pondenregen.

Bij Feyenoord kan de directie nog gillend wakker worden van de gesprekken. Vlado Lemić en Mino Raiola bleken een stuk prettigere gesprekspartners dan de familie Kongolo. Afkomstig uit het op een na armste land ter wereld, Congo, hebben pa en ma Kongolo een gezin met drie jongens te onderhouden. Als oorlogsvluchtelingen kwamen ze eind jaren negentig naar Europa. Terence is hun oudste zoon. Geboren in Zwitserland en als baby naar Rotterdam verhuisd. Een gespierde spijker met uitschuifbare stelten. 'Het been', noemen ze hem bij Feyenoord, omdat hij altijd uit het niets zijn been weer voor de bal krijgt. Een speler met zoveel sprongkracht dat hij moeiteloos zou meekunnen in de eredivisie basketbal. Een *sniper* noemt hij zichzelf. Iemand die zijn neus ophaalt voor Messi en Ronaldo, maar juicht voor de genadeloze verdedigers die hen uitschakelen. '*Destroyers* die met een *shotgun* schieten' vindt hij het mooist. Zijn eigen killersmentaliteit bracht hem naar de Coolsingel waar hij met 130.000 fans het eerste kampioenschap in achttien jaar vierde. Dan woont hij al lang alleen in het ouderlijk huis, want zijn vader woont in Congo en Terence is niet de enige troef van de familie. Nog veelbelovender is zijn broertje, Rodney, een controlerende middenvelder met veel atletisch vermogen. Die was dan ook al eerder weg. Ook hij speelde bij Feyenoord en ook hij viel in handen van Stellar, dat prompt een buitenlandse club in de aanbieding had. Sjeikclub Manchester City in dit geval. Tot ergernis van de Feyenoord-directie bleek Rodney in tegenstelling tot Terence niet geïnteresseerd in een contract. Na jarenlang investeren bleven de Rotterdammers achter met een schamele opleidingsvergoeding waarvoor een beetje makelaar zijn bed niet uitkomt. Teleurgestelde supporters scholden de familie uit op het jeugdcomplex. Amper zestien jaar oud emigreerde hij samen met moeder en zijn jongste broer naar Manchester en ging daar op de met zes zwembaden uitgeruste campus voetballen. Zoals gebruikelijk was even verderop, buiten de schijnwerpers, ook in het handelsregister weer een transfer geregistreerd:

Bedrijfsnaam:	Avonvale Limited
Bedrijfsnummer:	08776710
Bedrijfsdirecteur:	Editha Kongolo

Zo leek Stellar de hele familie onder controle te hebben. Leek. Totdat Terence ineens opzegde. Balend veronderstelde Stellar dat hiervoor maar één oorzaak kon zijn: een rovende collega. En jawel. Kongolo was gesignaleerd op het hotelkantoor van Rob Jansen, waar hij misschien wel onder de indruk was geraakt van de enorme bokaal van geborsteld goud die de Nederlander won bij de verkiezing Beste Makelaar Ter Wereld in Dubai. Zo kruisen nu de wegen van de twee makelaarsmastodonten in een direct gevecht om Terence Kongolo. Stellar versus Wasserman. Allebei willen ze oogsten met de voormalige Feyenoorder, die in 2017 voor 15 miljoen euro werd verkocht aan AS Monaco en in 2018 alweer voor 20 miljoen werd doorverkocht aan Huddersfield Town. Geruzie over spelers komt vaak voor in deze bijzondere industrie, die Jansen ook wel omschrijft als 'een jungle met bijpassende roofdiermentaliteit'. Waar iedereen probeert te overleven ten koste van de ander. Stellar beschuldigt Wasserman van spelersroof, Wasserman beticht Stellar van valsheid in geschrifte. Eerder is er al een duel geweest voor de integriteitseenheid van de KNVB, waar Jansen zich bedreigd voelde door zijn opponenten. Terwijl iemand die ooit met bodyguard en kogelwerend vest naar Turkije vloog voor een perspresentatie van een van zijn spitsen toch wel wat gewend is. Hoe dan ook: nadien stuurde Stellar deurwaarders naar De Kuip en naar het Hilton-kantoor van Wasserman om daar beslag te leggen op de administratie. Gezien de lange voorgeschiedenis en de vijandige sfeer, heeft de KNVB-arbitragecommissie voor deze zitting niet alleen uitsmijters gehuurd, maar ook maar liefst zes uur uitgetrokken.

Niet voor het eerst is Rob Jansen hoofdrolspeler in Zeist. Hij slijt hier inmiddels meer tijd dan hem lief is. In 2016 vocht hij voor dezelfde arbitragecommissie ook al een verbeten strijd uit met FC Twente. Jansen eiste een miljoen, hij kreeg een paar ton. Wat bleef hangen was niet eens zozeer dat Wasserman fraaie commissies opstreek over drie modale spelers, maar vooral dat met het clubbestuur tevens een consultancyovereenkomst 'voor commerciële diensten' ter waarde van circa een miljoen euro was afgesloten. Het speelde allemaal in de tijden dat FC Twente een gooi wilde doen naar landskampioenschappen. Makelaars lieten Feyenoord en PSV links liggen en gingen met hun waar naar Enschede waar een nieuwe goudader leek aangeboord. De bestuurskamer van de Grolsch Veste leek op een eenvoudig te kraken bankkluis. Volgens Jansen is goed onderhandelen een kwestie van toeslaan als een predator. Dat was in Enschede uitstekend gelukt. Tussen 2011 en 2016 declareerde de Hagenaar in Enschede 2,6 miljoen euro. Inclusief btw, dat dan weer wel. Uiteindelijk eisten de twee partijen geld van elkaar. Jansen wilde geld omdat niet alles was uitbetaald, de nieuwe bestuurders van Twente wilden geld retour omdat zij onduidelijk vonden welke werkzaamheden Jansen had verricht voor het consultancycontract. Aan het eind van die zaak had Jansen emotioneel gesteld dat de confrontatie met de Twentenaren 'beschamend voor zijn reputatie en bedrijf' was. Nu staat hij er alweer.

Mannen in maatpakken werpen blikken op hun Zwitserse horloges. Bijna tijd. Advocaten sjouwen dikke dossiermappen naar de zaal, waar Kongolo aan de arbitragecommissie vraagt of hij zijn zonnebril tijdens de zitting mag ophouden. 'Bacteriële ooginfectie.' Dat mag. De komende vijf uur, tot het moment dat hij de zitting vroegtijdig verlaat om zijn vliegtuig te halen, zal hij zijn gelaatsuitdrukking verbergen achter donkere designglazen. Geflankeerd door Rob Jansen en hun gezamenlijke advocaat blijven zijn emoties onzichtbaar voor de tientallen belangstellenden: sportjournalisten, KNVB-functionarissen en een enkele medewerker van een concurrerend makelaarskantoor.

Barnett neemt plaats op rij twee. Niet uit bescheidenheid. Zelfs Nelson Mandela was onder de indruk van zijn successen en invloed, valt te lezen op de website van Stellar. De 68-jarige makelaarsbaas opereert bij voorkeur achter de schermen. Hij is geen type dat nog zelf achter spelers aanjaagt. Aan socializen met de getatoeëerde Instagram-generatie heeft hij al helemaal geen behoefte. Barnett is nu een man van de grote lijnen. We kunnen ons moeilijk voorstellen dat deze stuurs kijkende senior nog klanten escorteert naar trendy kappers die met gasmaskers en rookeffecten inspelen op de behoeften van de hedendaagse voetballer. Voor veldwerk heeft hij overal zijn mannetjes rondlopen. Zo werd Kongolo gestrikt door een zekere Erkan Alkan, een meneer uit Zutphen die voor Stellar werkte en tegenwoordig zelfstandig opereert vanuit een wellness- en saunacentrum aan het Bronsbergenmeer. Toen mijnheer Alkan in 2010 voorzitter werd van de Gelderse volksclub Zutphania, haalde hij nog de krant als knuffelturk, maar dat is niet het beeld dat vandaag naar voren zal komen.

Erkan Alkan komt vandaag 4,55 miljoen euro eisen. Hij wil geld van Kongolo, Rob Jansen en Feyenoord. Ooit waren ze heel close, Erkan Alkan en Terence Kongolo. Het was in de periode waarin Kongolo alleen was achtergebleven in het vrijstaande familiehuis in Barendrecht. Zijn moeder en broers zaten in Manchester, zijn vader vloog fanatiek op en neer naar Congo. Kongolo regelde een schoonmaakster en huurde een fulltimekok die vis en groente kookte. Hij doodde de uren met basketballen in de betegelde achtertuin, bidden in zijn Bijbelclubje en chillen met zijn aardige nieuwe zaakwaarnemer. Ze tekenden samen een contract. Alkan (lees: Stellar) was daarmee de makelaar van Kongolo en onderhandelde voor hem bij Feyenoord. Voor dat werk ontving hij een commissie over het salaris van Kongolo. Betaald door Feyenoord. Zo werkt dat in Nederland waar door regelgeving niet de spelers, maar de clubs opdraaien voor de makelaarskosten. Feyenoord honoreerde de knuffelturk met 100.000 euro. Maar dat niet alleen. Verheugender was nog dat de Feyenoord-directeur hem alvast een riante 10 procent van een toekomstige transfersom cadeau gaf. Een vakantiehuis op een tropisch eiland leek ineens heel reëel. Met drie interlands en zelfs WK-minuten onder Louis van Gaal op zijn cv, lag Kongolo immers goed in de markt. Zo iemand vertrekt zelden nog voor een bedrag onder de 10 miljoen.

Swansea City en AS Monaco hadden interesse. De verkennende gesprekken waren al gestart. Maar toen kwam er een briefje. Kongolo schreef dat hij de relatie beëindigde. Hij was ontevreden over Alkan die maar geen serieuze interesse kon wekken van buitenlandse clubs. De wereld van Erkan Alkan stortte in. Weg hoofdprijs. Met de finish in zicht leek de oude vos Rob Jansen er met de buit vandoor te gaan. Furieus diende Alkan een klacht in bij de KNVB. Jansen zou zijn speler hebben weggelokt door hem te verleiden met Everton, een club uit Liverpool waarmee Jansen warme banden onderhoudt. Hij begeleidde daar coach Ronald Koeman en had tegelijk de bijzondere rol om het bestuur van Everton te adviseren over transferzaken. Alkan puzzelde verder en zag een steeds groter complot ontrollen. Hij vermoedde dat Jansen alle registers had opengetrokken en ook zijn speler Leroy Fer had ingezet om Kongolo te bewerken. Met Fer haalde Kongolo brons op het WK in Brazilië. Zelfs de aanstelling van de broer van Fer als spelersbegeleider bij Wasserman behoorde volgens hem tot een samenzwering om Kongolo weg te kapen. Maar bewijzen? Die kon Alkan niet aan de KNVB overleggen. Jansen ontkende alles en had een heel andere lezing. Hij was juist door Feyenoord ingehuurd om de markt te verkennen en geïnteresseerde clubs te zoeken die Kongolo wilden kopen. Toevallig betrof dat net de wegloper van Alkan. Met Kongolo zelf had hij verder niks te maken. De speler die eerder nog begeleidingsbureaus versleet als schoenen, regelde nu zelf zijn contracten die hij liet controleren door een advocaat. Het was een welles-nietesverhaal waar de aanklager van de KNVB geen energie in wilde steken. Knarsetandend zag de Zutphenaar vervolgens zijn voormalige beleggingsfonds voor 15 miljoen euro verkassen naar het belastingvrije prinsendom Monaco.

Had Alkan die transfer gedaan, dan had hij dankzij de 10 procent-regeling 1,5 miljoen euro kunnen declareren bij Feyenoord. En, zo rekende hij verder, wie heeft voor Kongolo een salaris onderhandeld bij AS Monaco? Niet zomaar een vereniging, maar een steenrijke club in handen van een Russische miljardair, niemand minder dan de wereldrecordhouder alimentatie, die naast buitenechtelijke bikinimeisjes over het algemeen ook erg close is met zaakwaarnemers. Welke makelaar streek daar de commissie voor op? Ook Jansen? Alkan vermoedde van wel. Gedreven ging hij achter het geld aan. In de juridische loopgravenoorlog die volgde over de Kongolo-cash werd het allemaal nog veel vreemder. Zo kwamen ineens nieuwe papieren boven water met financiële afspraken tussen Alkan en Kongolo. De voetbalmakelaar zwaait nu niet met één, maar met twee Kongolo-overeenkomsten. Allebei ondertekend door de meervoudige international. Contract 1 is een standaardmakelaarscontract, contract 2 leest als een standaardwurgcontract. Contract 1 ging keurig naar de KNVB, contract 2 verdween in de eigen kluis. Zo bleef verborgen hoe de zaakwaarnemer zijn speler omklemde:

- In contract 2 staat dat Kongolo contract 1 niet zomaar mag opzeggen.

- In contract 2 staat in tegenstelling tot contract 1 dat hij zichzelf niet meer mag vertegenwoordigen, dat exclusieve recht is voorbehouden aan Alkan.

- In contract 1 staat dat Kongolo niets betaalt aan Alkan, in contract 2 staat dat Kongolo van zijn aandeel in de transfersom (20 procent) de helft moet afgeven aan Alkan.

– Wanneer Kongolo zich niet aan de afspraken in contract 2 houdt, legt zijn zaakwaarnemer hem een boete op: 50.000 euro.

Zo snoept Alkan aan alle kanten bij een transfer. Behalve de 10 procent van Feyenoord, wil Alkan nu ook zijn 10 procent van Kongolo. Dat is dus al twee keer 1,5 miljoen euro. Dubbel zoveel als Kongolo dan zelf zou overhouden aan de transfer. En dat allemaal voor een transfer die hij niet eens heeft gedaan. Maar we zijn er nog niet. Boven op deze 3 miljoen eist Alkan nog eens 1,5 miljoen op basis van zijn vermoedens dat Monaco dit als courtage heeft betaald aan Rob Jansen. O ja, en dan noteren we ook nog even de halve ton boete die Kongolo moet betalen voor het overtreden van de regels in contract 2. Dat maakt dan samen 4,55 miljoen euro. Alkan levert zijn bonnetje in alsof hij drie bier in de kantine bestelt. Mag ik even vangen? Laat het wisselgeld maar zitten. We beginnen langzaam te begrijpen hoe het kan dat zoveel geld van een transfersom nooit de clubkas bereikt.

Kongolo vertrekt geen spier, ook niet als zijn advocaat hem typeert als levend spaarvarken. Volgens Kongolo is contract 2 vals. In elkaar geknutseld door zijn ex-makelaar. Hij kent alleen contract 1 dat hij tekende aan zijn keukentafel in Barendrecht. Een flagrante leugen volgens Alkan die beweert dat Kongolo beide contracten tekende in de hotelbar van Hilton Amsterdam. En wel in de nacht na een interland. Niet zomaar een interland trouwens. Het gebeurde eind 2015 na de ontluisterende kwalificatienederlaag tegen IJsland waardoor het Nederlands elftal voor het eerst in dertig jaar zijn EK-kansen vergooide. Na deze historische deceptie vergaderden Kongolo en zijn makelaarsteam tot in de kleine uurtjes over de verdeling van miljoenen. Echt gebeurd, laat Alkan weten. Alsof het een moordzaak betreft wordt om zijn verhaal te bekrachtigen een ooggetuige ingezet. Het is Barry Sneijder, de vader van Wesley. Barry heeft de mannen daar die nacht zien beraadslagen en een verslag opgesteld dat nu onderdeel uitmaakt van de keiharde aanval op Kongolo en Rob Jansen. Samen met zijn Amsterdamse raadsman betoogt Erkan Alkan een uur over 'de coup van Rob Jansen om Kongolo weg te kapen'. Met de noppen naar voren zetten ze de ene na de andere tackle in:

'Wat Kongolo, Jansen en Feyenoord hebben gedaan, kan juridisch en moreel niet door de beugel.'

'Alkan kreeg een salarisindicatie van Monaco van 1,5 tot 2 miljoen netto voor Kongolo. Jansen heeft voor Kongolo 900.000 euro salaris bedongen. Een matig salaris voor Monaco-begrippen. Waar het verschil in die bedragen is gebleven, laat zich raden.'

'Hier kunnen Kongolo en Jansen niet mee wegkomen.'

'De toekomst van Jansen als intermediair staat op het spel. Iemand die zich groot presenteert in de media, maar iemand is van leugens, listen en het overtreden van de KNVB-regels.'

'Rob Jansen denkt dat hij alle regels aan zijn laars kan lappen.'

Tegenover documentairemaker Fons de Poel omschreef Jansen de wereld waarin hij zich beweegt ooit als 'een soort *warzone*' en dat lijkt niet eens overdreven. Het luchtafweergeschut van kamp-Jansen staat eveneens scherp afgesteld:

'Geïnsinueerd wordt dat Jansen met een vrachtwagen vol scooters en Rolexen naar Barendrecht is gereden. Maar Kongolo en Jansen hadden elkaar nog nooit gesproken. Kongolo is op eigen initiatief naar Wasserman gegaan.'

'Het is schieten met een kalasjnikov en men ziet wel of er een bommetje raak is. Maar het was een waterpistool en er zat niet eens water in.'

'Het ging Alkan puur om de handtekening van Kongolo. De tweede overeenkomst was onbekend bij de KNVB, Kongolo en Feyenoord. Want hij is namelijk vals.'

'Bladzijde 2 van de eerste overeenkomst is precies hetzelfde als bladzijde 4 van de tweede overeenkomst. Oftewel: hij is toegevoegd. Later. De tweede overeenkomst deugt niet. Knip- en plakwerk.'

'Met Swansea is er een worst voorgehouden die een knakworst was.'

'De getuigen die zeggen dat ze Kongolo overeenkomst 2 hebben zien ondertekenen, komen allemaal uit de kring Stellar Group. Die hebben vermoedelijk financieel belang bij de uitkomst van deze zaak. Zelfs de grote baas is hier en hij zal hier niet zijn omdat hij te vroeg is voor de Keukenhof.'

Als twee gorilla's staan Jansen en Alkan tegenover elkaar. Ruziënd over geld dat bij elkaar is gevoetbald door Kongolo. Hoewel de speler onbewogen oogt, zal deze marathonzitting hem toch niet onberoerd laten. Zeker niet als de tegenpartij ineens begint te schermen met informatie van zijn moeder. Een bizarre en treurige wending. Ze is niet aanwezig, maar leverde wel een brief aan Team Stellar waarin ze zegt dat Rob Jansen recht had op een 10 procent-transferaandeel van Feyenoord en dat hij dit zou doorgeven aan de familie. 'Heel erg dat Rob dat niet is nagekomen.' Ook neef Kongolo en vader Kongolo reppen in schriftelijke verklaringen over geschonden financiële beloftes, al is volgens Terence wel opvallend dat zijn vader dat doet in het Engels. 'Hij spreekt alleen Congolees en Frans.'

Er zitten niet alleen brieven van familieleden in het dossier. Maar ook e-mails uit zijn computer. Aangezien Terence Kongolo niet zelf gevoelige informatie zal hebben gemaild naar de mannen die hem willen beroven, is zijn computer mogelijk gehackt. Aannemelijker is een andere, nog beroerdere conclusie: dat een familielid dat zijn wachtwoord kent de mails heeft doorgespeeld aan het kamp Alkan/Stellar. Pas nu beseft Terence Kongolo dat de tegenstand niet alleen bestaat uit Erkan Alkan en zijn Stellar-mensen, maar ook uit de vader van Wesley Sneijder, zijn ouders en zijn neef. Zijn naasten hebben een transfer gemaakt naar de tegenpartij. Zo zie je maar weer. Het leven van een voetbalmiljonair gaat niet alleen over playmates en sportwagens.

In het Brits-Nederlands-Turkse makelaarskamp wordt driftig geknikt en gegesticuleerd. Aha! Zie je nou wel! Volgens Alkan bewijzen de familieverklaringen dat Rob Jansen een vuil spel heeft gespeeld waarin hij naast de riante 10 procent van Feyenoord ook geld heeft gepakt van Monaco. Hún geld. Immers, zo luidt de theorie van de Stellar-boys, wie anders dan Monaco betaalde Jansen als hij het aandeel van Feyenoord al had weggegeven aan de familie? 'Als je de rekensom maakt zou Jansen dan nul euro hebben overgehouden aan deze transactie en beslommeringen.'

Zo langzamerhand wordt het zelfs voor de knappe koppen in de arbitragecommissie steeds moeilijker nog wijs te worden uit het gegoochel met provisies, contracten, betalingen en percentages. Het is een zeldzaam kijkje achter de schermen. Na de beweringen van familieleden is iedereen het spoor behoorlijk bijster. En het is nog lang niet afgelopen. Hupsakee, daar duikt het volgende contract alweer op. Nu komt het kamp-Jansen met een nieuw papier tevoorschijn, om te bewijzen dat de zaakwaarnemer geen enkele toezegging heeft gedaan aan de familie. Niet Jansen zou op basis van deze overeenkomst 10 procent moeten betalen aan zijn moeder, maar... zijn zwijgende buurman Terence Kongolo zelf.

Zo draaien de schijnwerpers ineens naar de speler voor wie deze beproeving inmiddels zwaarder zal voelen dan die van amper 48 uur geleden, toen hij voor 75.000 mensen Romelu Lukaku moest bedwingen. De voorzitter van de arbitragecommissie zucht even. Er is heel wat sterke koffie nodig om deze miljoenenbrij te ontrafelen.

Arbitragecommissie: 'U kent deze overeenkomst, meneer Kongolo?'
Advocaat Kongolo/Jansen: 'Deze overeenkomst heb ik net aan de heer Kongolo laten zien.'

Arbitragecommissie: 'U moet niet antwoorden voor meneer Kongolo. U kent die overeenkomst?'
Kongolo: 'Mijn moeder, ja.'

Arbitragecommissie: 'En dat zijn afspraken die u met uw moeder hebt gemaakt?'
Kongolo: 'Nee, er zijn geen afspraken gemaakt. Het is een voorbeeldcontract.'

Arbitragecommissie: 'Van wanneer is dit stuk, weet u dat?'
Kongolo: 'Nee.'

Arbitragecommissie: 'Had u het eerder gezien of net pas?'
Kongolo: 'Ik had het eerder gezien.'

Arbitragecommissie: 'Maar had u aan kantoor Wasserman gevraagd om zo'n stuk te laten maken?'
Kongolo: 'Voor mijn moeder?'

Arbitragecommissie: 'Ja.'
Kongolo: 'Nee.'

Arbitragecommissie: ‘Het is een overeenkomst tussen u en uw moeder.’
Kongolo: ‘Maar die is sowieso niet getekend.’

Arbitragecommissie: ‘Maar op wiens verzoek is die gemaakt? Op verzoek van uw moeder of op verzoek van u?’
Kongolo: ‘Niet op mijn verzoek en ook niet op mijn moeders verzoek.’

Advocaat: ‘Het beste kan meneer Jansen dit vertellen.’
Arbitragecommissie: ‘Meneer Jansen?’
Jansen: ‘Op verzoek van de moeder is die gemaakt.’

Arbitragecommissie: ‘Weet u wanneer ongeveer?’
Jansen: ‘Nee. Dat moet ik nakijken.’

Arbitragecommissie: ‘Maar was dat voordat meneer naar Monaco ging?’
Jansen: ‘Ja.’

Arbitragecommissie: ‘Ervoor?’
Jansen: ‘Ja, ver ervoor. Op haar verzoek is dat gemaakt, om dat op te nemen met Terence en zijn neef en dan de overeenkomst te bekrachtigen dat van de transfer een percentage naar de familie ging.’

Arbitragecommissie: ‘Van het percentage dat meneer Kongolo zelf zou krijgen?’
Jansen: ‘Correct.’

Arbitragecommissie: ‘Maar dat is verder niet meer afgewikkeld?’
Jansen: ‘Dat is mijn zaak niet. Zij vraagt om een document voor de familie.’

Arbitragecommissie: ‘U weet verder niet wat daarmee is gebeurd?’
Jansen: ‘Nee.’

Arbitragecommissie: ‘En u wel, meneer Kongolo?’
Kongolo: ‘Nee, volgens mij is het zo gebleven.’

Arbitragecommissie: ‘Ik kijk even naar meneer Kongolo, want hij moet zo naar Schiphol. Is er iets wat u nog over de zaak wilt zeggen?’
Kongolo: ‘Ik ben geschrokken van het bericht van mijn moeder, mijn neef en mijn vader.’

Arbitragecommissie: ‘Dat was voor u helemaal nieuw?’
Kongolo: ‘Ja.’

Arbitragecommissie: ‘Hebt u nog goed contact met de familie?’
Kongolo: ‘Ja, maar nooit over dit. Ik zag het blaadje wel op tafel liggen. Ik vroeg haar: “Wat is dit?” Ze zei dat ze het naar Rob Jansen ging sturen.’

Arbitragecommissie: ‘Met dit blaadje doelt u op de verklaring…’
Kongolo: ‘Van mijn moeder.’

Arbitragecommissie: ‘Die niet naar meneer Jansen ging, maar naar meneer Alkan. Tenminste, ik neem aan dat u hem niet ook hebt gekregen?’
Jansen: ‘Nee.’

Arbitragecommissie: ‘En de verklaring van uw vader?’
Kongolo: ‘Wist ik ook niet. Heb ik nooit met ze over gesproken. Ik had al een afspraak met ze gemaakt dat ik 10 procent zou betalen. En nu ik dit allemaal zie...’

Arbitragecommissie: ‘U had een afspraak gemaakt dat u van úw aandeel…’
Kongolo: ‘Ik probeer het allemaal op te lossen. Maar nu ik dit allemaal zie, dit werkt allemaal tegen mij. Ze kiezen voor de andere partij. Ze steunen mij niet.’

Arbitragecommissie: ‘Ze zijn niet hier in de zaal, hè?’
Kongolo: ‘Nee.’

Arbitragecommissie: ‘U bent welkom om hier te blijven zitten, maar het is kwart voor acht, dus ik zou u adviseren om richting Schiphol te gaan.’
Kongolo: ‘Fijne avond.’

En weg is Kongolo. Zijn advocaat is intussen druk bezig om duidelijk te maken dat Rob Jansen niets zou doorbetalen aan de familie en hem ook niet heeft geholpen met zijn nieuwe contract in Monaco. ‘Jansen heeft niks van Monaco ontvangen.’

Het duizelt de vierkoppige arbitragecommissie inmiddels. ‘U mag alles verklaren,’ vraagt een van de voetbalrechters bijna wanhopig met de brieven van de vader, moeder en neef voor zich, ‘maar er wordt hier toch geschreven dat de Feyenoord-commissie aan de familie zou worden afgestaan?’ Jansen schudt zijn hoofd. ‘Dat is niet zo. Mensen kunnen toch iets verklaren wat niet waar is? Het is niet waar!’

Arbitragecommissie: ‘Zijn alle drie verklaringen gebaseerd op een misverstand? Hebben ze het verkeerd verstaan?’
Jansen: ‘Het klinkt misschien eigenaardig. Maar we willen heel voorzichtig omgaan met de familie Kongolo uit respect voor Terence. Er zitten media in de zaal. We kunnen precies vertellen waarom de familie dit heeft gedaan. De familie weet heel goed dat het niet zo is. Ze zijn

altijd financieel betrokken bij hun zoon die daar structureel gehoor aan geeft. We hebben twee besprekingen gehad over wat ze wilden hebben en het werd hun ook toegezegd. Dat is een familieaangelegenheid. Van begin af aan hadden zij geen geld, zoals zij dat zeggen. De familie zegt ook weleens: "Het maakt niet uit waar het geld vandaan komt. Als het maar komt."'

Het notarissenbureau Loyens & Loeff zou gaan helpen met de fiscale verwerking van de schenking. Jansen: 'Hun werd toegezegd dat ze er hulp bij zouden krijgen. Tuurlijk weten ze heel goed dat dit niet klopt. Alle drie. Maar ze hebben andere belangen. Ze hebben ook continu contact gehouden, getuige, laten we zeggen, het zogenaamde hacken van de computer en het doorsturen van apps en berichten aan de partij Alkan. Dat is al een tikje eigenaardig. Men gokt op twee paarden in de race, om het maar een beetje plat uit te drukken. Wie gaat er winnen?'

Gezien deze uitleg van Jansen mikt de familie Kongolo dus op de verdubbelaar: 10 procent van hun zoon en 10 procent van Jansen. Dat maakt dan samen 3 miljoen.

Achter de tafel beginnen de vier voetbalrechters steeds glaziger te kijken. Slotvraag. Hoe zit het met het hacken van de computer? Jansen: 'Uit de computer van Terence in Monaco zijn stukken gehaald tegen zijn wil, tegen zijn wens en tegen wat gewoon is, en deze zijn doorgestuurd naar meneer Alkan. Dat is een zeer discutabele handeling geweest van de familie. Die heeft dat gedaan. Er zijn maar vier mensen met het wachtwoord. Die vier mensen met het wachtwoord zijn familie, onder wie deze drie. Er is een heel spel op de achtergrond dat moeilijk bewijsbaar is, maar de mensen die ermee bezig zijn, met inbegrip van Terence, weten wel degelijk wat er aan de hand is. Het is een gestuurd proces. Dit is gecreëerd.'

Blijft over de rol van Feyenoord. De toenmalige landskampioen die kennelijk Rob Jansen inschakelde om Terence Kongolo te transfereren en nu wordt meegezogen in het moeras. Op een dag stonden een hulpofficier van justitie, een deurwaarder, een politieagent en een IT-specialist voor De Kuip om alle Kongolo-administratie in beslag te nemen. Namens Feyenoord is Joris van Benthem aanwezig. De clubjurist. Hij werkt er al sinds begin deze eeuw. Over zijn ervaringen met voetbalmakelaars zou hij een boek kunnen schrijven. Al heel wat maakte hij mee. Van een makelaar die met een vervalste handtekening van de voorzitter Dirk Kuijt kwam opeisen, tot een zwendelende tussenpersoon die de complete club wilde opkopen en uiteindelijk vanuit de gevangenis een kerstkaart met excuses stuurde. Zelfs de doorgewinterde clubman zegt geschrokken te zijn van contract 2 dat 'in barretje Hilton' is getekend. Een sjoemelcontract 'zonder nietjes' noteert de schertsende Rotterdammer die er met zijn hoofd niet bij kan dat een spelersmakelaar in het holst van de nacht contracten met deze verregaande impact laat tekenen. 'Na middernacht zijn dus drie mannen van Stellar naar het Hilton gekomen voor een reguliere bespreking.'

'Weet u,' verzucht de Feyenoorder, 'het liefst werken wij helemaal niet met intermediairs.'

De hoofden van de commissieleden schieten omhoog. Alert. Geïnteresseerd. Zo langzamerhand zijn de vier, in het dagelijks leven ervaren rechters en advocaten, toch ook nieuwsgierig geworden naar de werking van het bijzondere transfersysteem. Zelfs na een marathonzitting met de hoofdrolspelers is nog steeds onduidelijk hoe deze op het oog simpele voetbaltransfer tot stand is gekomen en hoe de geldstromen precies lopen. Geen wonder dat supporters vaak geen idee hebben waar het geld blijft. Veelal lezen zij op internet dat eredivisieclubs goudgeld hebben verdiend met een spelersverkoop. Twintig, dertig, veertig miljoen. Reikhalzend kijken ze uit naar nieuwe aankopen, maar die vallen meestal bitter tegen. Vreemd genoeg blijkt later vaak dat clubs nog geld tekortkomen ook. Transferwinsten lijken in rook op te gaan. Gezien het praktijkvoorbeeld Kongolo is dat ineens niet meer zo vreemd. Rekent u maar mee. In de pers verschijnt dat Feyenoord Kongolo voor 15 miljoen verkoopt. Nu blijkt dat 20 procent naar de speler gaat en 10 procent naar Rob Jansen. Daarmee is al 30 procent verdwenen. Dat is dus geen 15 miljoen voor Feyenoord, maar 10 miljoen.

In de huidige markt is Kongolo een dertien-in-een-dozijntransfer. Stel dat dit maatgevend is voor alle transfers. Dan is het ineens niet zo vreemd meer dat miljarden aan transfergeld weg zijn gelekt naar privébankrekeningen. En dan hebben we het nog niet eens over allerlei ongunstige fiscale regelgevingen in Nederland waardoor er van deze transfer maar 8 tot 9 miljoen overblijft.

Arbitragecommissie: 'Ik hoor u zeggen dat Feyenoord het liefst helemaal geen intermediairs erbij betrekt. Waarom hebt u dan met Alkan in 2015 een commissieovereenkomst gesloten voor een transfer?'
Van Benthem: 'Je schat per geval in wat nodig is. In november 2015 werd Kongolo vertegenwoordigd door Erkan Alkan. Die komt aan tafel bij Feyenoord. Als je dan het contract van Kongolo wilt verlengen, zul je met die persoon namens de speler moeten onderhandelen. Onderdeel van die onderhandelingen kan zijn: Kongolo heeft internationale ambities. Wil naar het buitenland. Hoe gaan we dan met elkaar om? Dat kun je maar beter aan de voorkant vastleggen. En ook dat als de speler weggaat bij zijn zaakwaarnemer, zijn rechten dan vervallen.'

Arbitragecommissie: 'Is die commissieovereenkomst dan onderdeel van de vergoeding die de heer Alkan krijgt voor het adviseren van Kongolo bij Feyenoord?'

Van Benthem: 'Nee, je maakt eigenlijk afspraken voor als hij wordt getransfereerd. Op dat moment doe je dat al.'

De telefoon trilt. Het is @terencekongolo94. Op Instagram zien we toch nog een laatste woord verschijnen:

Everyone is for sale – if the price is right. The only thing is some people have a price tag on them, and others establish their own worth. #OnlyGodKnows #Godisincontrol

In Zeist is de arbitragecommissie in control. Feyenoord ligt op de grill. Waarom gaf Feyenoord uitgerekend Wasserman – het kantoor dat met Alkan/Stellar in de clinch lag over de rechten op Kongolo – de opdracht om de transfer van Kongolo te regelen?
Van Benthem: 'Omdat je per geval inschat of een intermediair nodig is om de transfer tot stand te brengen. Soms verkoop je een huis en schakel je een makelaar in. In dit geval is de inschatting gemaakt dat de speler zou kunnen transfereren voor een goede som, maar wel door tussenkomst van een intermediair.'

Arbitragecommissie: 'De speler heeft die voorwaarde niet gesteld?'
Van Benthem: 'Dat klopt. Het is een besluit van de club. Rob Jansen heeft wel contact opgenomen.'

De Feyenoorder legt uit dat enkele maanden voor de transfer het contract van Kongolo eerst nog werd verlengd. Hij was toen al weg bij Alkan. 'Rob Jansen gaf aan dat hij Kongolo op kantoor had gehad. Kongolo wilde zijn contract wel verlengen, maar hij ging dat zelf niet afwikkelen. "Ik ga dat niet doen, er is tumult en er loopt een klacht. Om dat af te wikkelen kan er contact worden opgenomen met advocaat Harro Knijff." En zo geschiedde. Je schat vervolgens per situatie in: gaat hij getransfereerd worden? En heb je daarbij een intermediair nodig of niet? In dit geval schatten wij in dat we die wel nodig hadden. En we wisten dat hij goede contacten had met Jansen en dat hij daar goed in het pulletje viel. Dus dan besluit je om die intermediair te gebruiken, maar wel voor jou en tegen jouw voorwaarden.'

Arbitragecommissie: 'Doet Feyenoord dat vaker?'
Van Benthem: 'Eh... ja. En meerdere clubs doen dat.'

Arbitragecommissie: 'Waarom kiest u dan voor een intermediair die eigenlijk zelf aangeeft: er is mij te veel gedoe?'
Van Benthem: 'Voor die speler ga ik nu niet optreden, heeft hij aangegeven. Maar ik kan wel voor jullie optreden. Dan ga je dus met elkaar een transferstrategie bepalen.'

Arbitragecommissie: 'Maar u kiest dan een intermediair die zich uitgerekend terughoudend opstelt vanwege alle tumult.'
Van Benthem: 'Terughoudend ten opzichte van het spelerscontract van die speler. Dat is wat anders dan zeggen: ik doe helemaal niets meer.'

Arbitragecommissie: 'Vanuit deze redenering had u misschien iets minder verbaasd kunnen zijn dat u hier aan tafel zit.'
Van Benthem: 'Het tumult ging over een contract en de spelersverhouding, niet over een transfer van maanden later.'

Je zou bijna vergeten dat Feyenoord een technisch directeur in dienst heeft om transfers te regelen. Na zes uur en twee minuten maakt de arbitragecommissie een einde aan het inkijkje in de transferwereld. Zonder elkaar de hand te schudden druipen de voetbalmakelaars af. De nieuwste modellen smartphones kunnen weer aan en direct begint het overal te trillen en te piepen. Bij de kapstokken lopen we de baas van Stellar tegen het lijf.

‘Hallo meneer Barnett, hebt u er iets van verstaan vandaag?’

Barnett: ‘Geen woord.’

‘Dank u wel.’

En weg is de makelaar. Op naar de volgende transfer.

(Naschrift: De KNVB-arbitragecommissie deed uitspraak en gaf Terence Kongolo, Rob Jansen en Feyenoord gelijk. Erkan Alkan had geen recht op geld.)

5

DE MILFMAKELAAR

Wie wil er nu geen weekendmiljonair worden? Honderden gelukszoekers bestormen het handelsregister. De condoomdealer achter Bigdik en Harddik verkoopt nu ook spelers.

Als sportjournalist kom je doorgaans in alle stadions in Nederland, en doe je het goed, mag je de wereld over. Je komt nog eens ergens. Maar ook een makelaarsboek opent weer geheel nieuwe vergezichten. Als paddenstoelen groeien ze onder het ecosysteem van de voetbaljungle. We besluiten er zomaar eens een paar uit te plukken. Zo komen we deze dag eerst in Leiden terecht. Lounge 54 heeft op het eerste gezicht weinig te maken met voetbaltransfers. Het is een roze en blauw verlicht koffiehuis met op tafel shisha's. Nu niet direct het kloppende hart van een managementbureau met continu rinkelende telefoons en secretaresses die privévliegtuigen boeken naar de voetbalhoofdsteden van Europa. Op de inrit geen sportbolide, binnen geen flessen Dom Pérignon in ijsemmers om mee te proosten op nieuwe contracten. Maar volgens het handelsregister zit de bareigenaar wel degelijk in de voetbaltransfers, naast eetcafés en de exploitatie van speelautomaten overigens. Horecabaas Mehmet Demirbag is een van de pakweg driehonderd voetbalmakelaars die in elk geval nog de moeite hebben genomen om zich bij de KNVB te laten registreren. Aanmelden bleek een makkie. Een verklaring van goed gedrag en 544 euro en 50 cent is genoeg. Dan ben je zaakwaarnemer. Wie niet schiet, kan ook niet scoren wist Johan Cruijff al. 'In de zomer had ik de kans om een leuke transfer te doen, helaas ging die uiteindelijk niet door.'

De uitbater van het koffiehuis raakte enthousiast door de krantenkoppen die hem steeds opvielen. Mino Raiola die iets van 50 miljoen kreeg voor een transfer, Rob Jansen die een miljoentje declareerde bij FC Twente. Dat klonk goed. 'Ik wil al heel lang de voetbalindustrie in. Voetballer ben ik niet geworden, dus misschien dat het zo kan. Er gaan in die wereld rare bedragen om. Als je toevallig een keer op de goede plek staat, dan kun je leuk verdienen.'

Meneer Demirbag kent zijn klassiekers. Was Jorge Mendes ook niet begonnen als kroegbaas? Zelf heeft de aspirant-makelaar de sportpagina's nog niet gehaald. Wel heeft hij in de krant gestaan vanwege boze buurtbewoners die zijn kroegvergunningen voor alcohol en speelautomaten ongedaan willen maken. Maar dat is een heel ander verhaal natuurlijk. 'Vrienden van mij zijn profvoetballer en ik heb connecties in Turkije. Wie weet.' De kansen op onbezorgd rentenieren op de Bahama's zijn zo een stuk groter dan via een avondje Holland Casino. Een tonnetje lijkt snel verdiend. Maar hij stelt zich bescheiden op: 'De helft zou ook al leuk zijn.'

Er zijn nu al meer zaakwaarnemers dan spelers. Nu de transfermarkt records blijft breken staan de dealmakers volop in de schijnwerpers. Samen met getatoeëerde spelers vliegen ze in eigen jetjes naar Madrid of Milaan, zoeven ze in geblindeerde limousines door de centra van Londen en Lissabon, of worden ze gespot in vijfsterrenhotellobby's, vaak met hun dollartekenogen verborgen achter designerzonnebrillen. Een enkeltje voetbalhemel lijkt binnen handbereik zoals de hoofdprijs in een grijpautomaat op de kermis. Vakantie in Rio in plaats van Renesse. Een paar juiste manoeuvres, een mazzeltje hier, een contactje daar en hupsakee, je kunt een gouden creditcard afhalen bij de afdeling Private Banking. Een quick scan van het handelsregister levert dan ook een virtuele zaal vol zzp'ers op die hopen snel aan te meren in een Zuid-Franse jachthaven. Zo zetelt aan de rand van de Veluwe het bedrijf met de exotische naam Sultan Holding. Het swingt echter nog allerminst bij de sultan. Opererend vanuit een woonwijk handelt een Turkse meneer in zonnepanelen, windturbines en voetballers. In Zaandam vinden we ondernemer Carlos die een kledingwinkel 'voor de excentrieke modebewuste mannen die anders durven te zijn' combineert met de verkoop van woonaccessoires, een taxidienst en... handel in voetbalspelers. Ook in Heemskerk treffen we een multifunctioneel eenmansbedrijf, van een man uit Ludwigshafen die naast spelers ook Turkse broodjes verkoopt. Onder de namen Bigdik en Harddik is hij trouwens eveneens actief in de online condoomverkoop.

Zo moeilijk is het niet om voor voetbalmanager te spelen. Opleidingen en diploma's zijn niet nodig. In een middag ben je makelaar. Gewoon even visitekaartjes bestellen en een website lanceren met plaatjes van bekende stadions, Messi, Ronaldo en een KNVB-logo. We zien veel homepages met draaiende wereldbollen en luchtfoto's van Wembley en Bernabéu. Allemaal werken ze samen met de beste notarissen, advocaten en perschefs en allemaal hebben ze min of meer hetzelfde verhaal: uniek concept, topscouts, persoonlijke ontwikkelingstrajecten. We zien prachtige namen voorbijkomen zoals Goldplayers en Jaguar, maar de creativiteitsprijs gaat afgetekend naar Diemen. Daar zetelt het managementbureau met de illustere naam Rommel Gezocht. Dani en Tess, het Roemeens-Nederlandse koppel achter Rommel Gezocht, zijn trouwens ook in te huren voor verbouwingen en de aankoop van tweedehandskleding. 'Hebt u een zolder vol met spullen en geen idee wat u ermee moet? Wij helpen u graag. U blij. Wij blij.'

Dit is nog maar een kleine greep uit de uitdraaien die we opvroegen bij de Kamer van Koophandel. Talloze bijklussers belegeren de velden waar ze met de makelaars van het eerste uur mengen tot een merkwaardige doch kleurrijke beroepsgroep. Met zoveel jagers en zo weinig prooien is de concurrentie moordend. Je moet je onderscheiden en geen middel uit de weg willen gaan. *Play hard.* Vanuit de Verenigde Staten dienen de nieuwste trends zich alweer aan. In de Amerikaanse basketbalwereld onthult een scout dat zogenoemde milfmakelaars met moeders het bed in duiken om hun dunkende zonen aan boord te krijgen. Zover gaan wannabe-zaakwaarnemers in het Nederlandse voetbal voor zover bekend nog niet. Maar dat we te maken hebben met een leger bonte avonturiers kunnen we wel stellen. Dat daarbij regelmatig de randen van de wet worden opgezocht, is ook duidelijk. Vraag maar aan Luc Castaignos die als speler van FC Twente slachtoffer werd van een faketransfer naar Tottenham Hotspur. Geregeld door drie ambitieuze figuren die op pad waren met een nepmandaat. 'Ik wilde Tottenham gewoon helpen,' stamelde een van hen na de ontmaskering.

In de stoet met paradijsvogels die we in een kleine twintig jaar als verslaggevers van *Voetbal International* aantroffen langs de lijnen, willen we u een kleurrijk exemplaar niet onthouden. Zijn naam is Harry Lulofs. Een voormalige fietsenverkoper die in spelers ging. Eerder werkte hij ook bij Fiat waar hij naar eigen zeggen *salesman of the year* werd. Zo op het oog een aimabele kerel die naam maakte als kamikazemakelaar. Zijn carrière in het voetbal begint rond de eeuwwisseling. Lulofs heeft de rijwielbranche vaarwelgezegd en signaleert dat er in een wereldje vol onbetrouwbare voetbalmakelaars behoefte is aan een deugdzaam man als hij. De groothandel in tweewielers leverde hem ook al goed geld op. In het RTL-programma *Miljonairs Only* praat hij in 2001 met goeroe Emile Ratelband en plastisch chirurg Robert Schoemacher over de lusten en lasten van zijn vermogen. De in Winschoten geboren Lulofs rijdt rond in een glimmende Porsche. 'Als ik in een roestig kevertje bij de stadions kom aanrijden, gaan voetballers denken: die kan nooit wat zijn, die heeft z'n eigen zaakjes niet eens voor elkaar.'

Het werkt wel. De Bulgaarse spits van het inmiddels bankroete BV Veendam is onder de indruk. Lulofs belooft hem een sportwagen als hij elke wedstrijd blijft scoren. De spits reageert na elk doelpunt met brrroemm-brrroemm. Van de sportwagen komt het nooit, ook omdat de aanvaller hem in de steek laat voor een andere makelaar. Lulofs is niet uit het veld geslagen en verdient zijn eerste centen aan ene El Idrissi uit Frankrijk. Weggestuurd bij FC Groningen. Niet echt een goudmijntje. De dertienvoudige eredivisiespeler maakt vooral indruk met het doormidden trappen van een reclamebord. El Idrissi wil stoppen met voetbal en terug naar zijn vaderland. In zijn Nederlandse pensioenpot zit intussen 73.000 euro die hij goed kan gebruiken. Kan dat worden uitbetaald? Nou en of. Harry Lulofs is niet voor niets begeleider en zal dat wel even regelen voor zijn cliënt. Hij vertrekt direct naar Gouda waar het pensioenfonds voor voetballers is gevestigd. Het plan is om 73.000 euro te laten storten op de rekening van Lulofs, die dat bedrag periodiek zal doorbetalen aan de speler. El Idrissi zit met zijn zonnebril op, verstaat geen Nederlands en tekent de papieren. Hij zal uiteindelijk maar een duizendje of acht ontvangen.

Woedend gaat de speler met een jurist dan ook op jacht naar zijn geld. De speler zegt dat hij is bestolen, Lulofs beweert dat zijn cliënt hem bedreigt en mailt de halve voetbalwereld dat hij alles zal openbaren als hem ook maar iets overkomt. De gevierde Fiat-verkoper adviseert iedereen om zich 'te distantiëren van dit persoontje' die volgens hem kampt met gokschulden en een belastingachterstand van twee ton. Lulofs vindt dat hij na alle inspanningen voor El Idrissi recht heeft op het spaarfonds en levert een bonnetje in. Voor bellen, faxen en een cv rondsturen rekent

Lulofs 3.200 euro. Verder declareert hij onder meer een openstaande rekening bij een modezaak, autoschade en kosten voor diners en hotels die zijn gemaakt om de speler ergens onder te brengen. In totaal wil de rijwielkoning 71.439 euro en 14 cent van de matige middenvelder.

Lulofs verslijt intussen het ene na het andere managementbureau en wordt overal nog sneller ontslagen dan Donald Duck. 'Scheiden is wat anders dan trouwen,' aldus een montere Lulofs die verwijst naar het eerste huwelijk van Wesley Sneijder, nog uit het pre-Yolanthe-tijdperk. 'Ik reed laatst nog mee met René Froger. Ik zie hem nog staan bij het huwelijk van Sneijder: *This is the moment*. Dat is nu ook anders, schat ik zo in.'

Met zijn prima babbel kletst hij zich bij steeds weer een nieuw kantoor naar binnen. Zelfs makelaarsmiljonair Søren Lerby trapt er even in. Maar overal laat Lulofs binnen no-time een spoor van vernieling na. Bij FC Utrecht en Vitesse belandt hij op de zwarte lijst. Lerby breekt met Lulofs. En ook zijn volgende werkgever, een kantoor genaamd GR8, heeft al snel ruzie met de voormalige student Duits. Binnen de kortste keren verandert Lulofs van manager in schuldeiser. Tegenover *Quote* laat de directeur van GR8 zijn emoties de vrije loop. 'Helaas zijn we slachtoffer geworden van een oplichter uit de voetbalwereld.'

Hoe ver je in deze wereld kunt komen met een gelikte presentatie bewijst de spookrijdende ondernemer. Lulofs is nog niet met slaande deuren vertrokken bij GR8 of hij gaat alweer in zee met een Gelderse barbecue-verkoper. Die heeft een vader als scout bij Vitesse en is vanuit zijn kelder net een spelershandeltje begonnen. De grillmaster is aardig bezig en heeft al een handvol talenten gestrikt en samen gaan ze een stuk of twintig spelers begeleiden. Voor hij het in de gaten heeft is zijn nieuwe compagnon er met de stal vandoor. Een succesvolle roof van Lulofs met als groeibriljant Ajacied Vurnon Anita. Lulofs brengt zijn kroonjuweel slim onder in een bv waar vader Anita een mooie rol gaat spelen, zodat die zijn baan in een autoverenfabriek vaarwel kan zeggen. Op papier wordt de negentienjarige Kim Lulofs de baas van het spelersimperium. Even later staat Harry champagne drinkend op de foto met de directie van Ajax. Zijn met stomheid geslagen collega staat met lege handen en lijkt zelf wel geroosterd op de barbecue. Tot zijn verbijstering ploft even later een claim op zijn mat van een van de overgelopen klanten, een verdediger van Vitesse. Die eist als eerste speler in de vaderlandse betaaldvoetbalgeschiedenis een ton van zijn makelaar, omdat de barbecueman een foutje zou hebben gemaakt in zijn contract. Alweer raakt Lulofs verzeild in een juridisch steekspel en alweer typeert een ex-kompaan hem als 'een goudzoeker' die zich louter bezighoudt met 'pure geldzoekerij'.

Lulofs zou Lulofs niet zijn als hij niet alweer pijlsnel een nieuwe partner vindt: deze keer slaat hij de handen ineen met een ambitieuze advocaat die is gevestigd aan de lommerrijke Wakkerendijk in het mooie dorpje Eemnes. Hun bedrijfje heet Perfect Assist. De assists blijken toch niet zo perfect als de fonkelnieuwe firma meteen opduikt in een ruzie over plakplaatjes. Alweer laat Lulofs een enorme stofwolk achter. Deze keer is aanvaller Rydell Poepon de dupe. Een spelerscontract is tegenwoordig geen abc'tje meer. Bedrijven willen meeliften op de populariteit van voetballers en zelfs een modale spits van De Graafschap krijgt tegenwoordig te maken met imagorechten en sponsoring. Supermarktketen C1000 lanceert op zeker moment de stickerserie 'Stars of Football' waar Poepon zal schitteren met sterren als Wesley Sneijder en Arjen Robben. Hij krijgt er een paar duizend euro voor en stemt toe. Van hem verschijnt het plaatje 'Rydell The Thinker Poepon'. Even later vinden we hem terug in een album met 'Robin The Predator van Persie'. De grote denker ziet echter maar geen geld op zijn rekening komen. Als er een run ontstaat op de stickers waagt hij er eens een telefoontje aan en blijkt er 5.950 euro te zijn overgemaakt naar Perfect Assist. De wanhopige speler begint dan maar een rechtszaak. Daar komen ineens allerlei vage papieren naar voren met zijn parafen. Een verbouwereerde Poepon laat weten dat zijn handtekening is 'gemanipuleerd door Lulofs', die ook in deze rechtbank weer het onderspit delft.

Intussen wint ook de van zijn pensioen bestolen El Idrissi de ene na de andere rechtszaak. Maar naar zijn geld kan hij fluiten. Het bedrijf van Lulofs dat het pensioengeld inde, blijkt overgeheveld naar een spookadres vlak over de Duitse grens bij Nijmegen en staat daar geparkeerd onder de holding Het Pannenkoekenpaleis BV. We rijden er voor de grap eens naartoe. Op het adres is geen pannenkoek te vinden, maar wel een vervallen grenskantoor omgeven door weilanden. Binnen in het verlaten pand stikt het van de brievenbussen. Achter Het Pannenkoekenpaleis blijkt een bende faillissementsfraudeurs schuil te gaan. De FIOD rolt later de hele boel op. Allemaal weer puur toeval volgens Lulofs. 'Natuurlijk is het zeer ongelukkig als je je oude auto verkoopt aan een autohandelaar en later blijkt dat ze er een bankoverval mee hebben gepleegd.' De pensioenspeler is zo boos dat hij een deurwaarder naar huize Lulofs in Laren stuurt. Die maakt driftig aantekeningen van het stenen boeddhahoofd, de elektrische gitaar, de vleugel van Kipp, de twee kroonluchters, de crèmekleurige bankstellen en de stereo van Bang & Olufsen. Helaas voor El Idrissi gaat de veiling niet door omdat de hele inboedel al blijkt verpand aan een bank. Lulofs verhuist uiteindelijk naar Manchester, waar hij tegenwoordig kantoormeubelen verkoopt en een met Ritz- en Rolex-logo's uitgeruste website in de lucht heeft van zangeres Kimm, die verrekt veel lijkt op de voormalige spelersmakelaar Kim Lulofs. Al snel komen er weer telefoontjes binnen over de man, die dan volgens landgenoten in Manchester nu via vriendinnetjes van jeugdspelers regelmatig het trainingscomplex van de rijkste club ter wereld weet te penetreren.

Als we op een dag Lulofs zelf confronteren met zijn spoor van vernieling noemt hij de pensioenspeler 'een gezwel' en dat hij nooit meer zakendoet met 'Franse Marokkanen die alleen voor het geld komen'. Hij stelt voor dat de eerste zonder zonde de steen maar moet werpen en dat hij als nieuwe makelaar in de eerste honderd meter van alle kanten is beschoten. Zijn eindconclusie: 'Het voetbal is een jungle vol mooie planten en dieren.'

Tja. Wat dat laatste betreft kunnen we niet ontkennen dat Lulofs toch eens de waarheid sprak.

Duurste Nederlanders ooit

speler	jaar	nieuwe club	afkoopsom
Virgil van Dijk	2017	Liverpool	€ 84 miljoen
Marc Overmars	2000	Barcelona	€ 40 miljoen
Arjen Robben	2007	Real Madrid	€ 35 miljoen
Memphis Depay	2015	Manchester United	€ 34 miljoen
Robin van Persie	2012	Manchester United	€ 31 miljoen
Ruud van Nistelrooij	2001	PSV	€ 30 miljoen
Davy Klaassen	2017	Everton	€ 27 miljoen
Wesley Sneijder	2007	Real Madrid	€ 27 miljoen
Klaas-Jan Huntelaar	2008	Real Madrid	€ 27 miljoen
Jaap Stam	2001	Lazio Roma	€ 25 miljoen

6

VAN SPARERIBBEZORGER TOT SUPERMAKELAAR

Pizzakoerier, koffiejongen, sportjournalist, kerstbomenverkoper. De avonturier uit Den Haag verzamelde nog meer baantjes dan Donald Duck. Toen kwam ene Van Nistelrode voorbij.

We zitten op een vrijdagavond in Den Bosch. Het is eind augustus en de Keuken Kampioen Divisie is net begonnen. Op speeldag twee staat de Brabantse derby FC Den Bosch-RKC Waalwijk op de rol. Veel Brabanders staan er niet in het veld bij de thuisclub. De supporters kijken met het programmaboekje in hun hand speurend naar de spelers op het veld. Ergens op de hoofdtribune staat een hok met daarin de nieuwe eigenaar van de plaatselijke FC. Een Georgische snotneus van 24 jaar heeft een paar miljoen neergeteld en meteen in zijn eerste week een speler of acht gehaald. Op één dag kwamen alleen al twee Argentijnen en een Oostenrijker. De naam is Kahki Jordania. De aanhang op de vermolmde tribunes zingt enthousiast 'Knakie, Knakie, we worden kampioen'. Trainer Wil Boessen is al blij dat hij de namen kent van de aankopen, die uit alle windstreken werden ingevlogen. Onze gedachten gaan automatisch naar een voormalig collega, die een jaar of twintig geleden ook nietsvermoedend naar een potje van FC Den Bosch in de eerste divisie ging kijken. Het zou zijn leven ingrijpend veranderen.

Als je het hebt over weekendmiljonairs, is het verhaal van Rodger Linse natuurlijk de droom van iedere makelaar in spe. Zo rijd je als gesjeesde journalist en voormalig kerstbomenverkoper richting Adelaarshorst en zo vlieg je financieel onafhankelijk de wereld over als gevierd spelersadviseur. Hoe mooi kan een verhaal zijn? We schrijven ergens halverwege de jaren negentig als de avontuurlijke freelancer Linse besluit dat hij na zijn droom om voetballer te worden nu ook de journalistiek vaarwel gaat zeggen. Het is het begin van een ongekend verhaal. Loyaliteit en vriendschap bestaan wel degelijk in het keiharde miljardencircus.

Het is zo'n typische Hollandse winteravond als iedereen weer eens tegelijk naar huis lijkt te willen. De regen tikt tegen de autoruiten. Het is druk op de allereerste snelweg die in Nederland werd aangelegd, een grote streep glimmend blik in gele lichtstralen. In een van die auto's zit een jonge vent van 26 jaar, die zich het leven als makelaar toch iets anders had voorgesteld. Rodger Linse vervloekt zichzelf. Hij had nu ook lekker in de kantine kunnen zitten met zijn voetbalkameraden. Lekker lullen over ADO, waar opa Eddy Hartman de legendarische manager was. Ach ADO. Het Zuiderpark. Ja, hij was goed op school en nee, hij ging echt niet studeren. Zijn toekomst stond al vast. Het was zijn grote droom om bij ADO te voetballen. Hij trainde al mee, maar vlak voordat hij de definitieve overstap zou maken, brak hij zijn been. En niet alleen zijn been, maar ook zijn hart. Kapot was hij ervan. Een tweede kans zou er nooit meer komen. Daarna was hij altijd zoekende geweest. Overal onderweg. Terwijl zijn oude klasgenoten net zijn afgestudeerd, heeft hij al een heel leven achter de rug.

En nu zijn ploeggenoten de derde helft spelen, is hij alweer onderweg van Den Haag naar Deventer. Niet naar een spannende date of een leuk feest, maar naar Go Ahead Eagles tegen FC Den Bosch, een wedstrijd in de eerste divisie. Het lijkt hem vrij onwaarschijnlijk dat er nog iemand is die zo'n afstand aflegt voor deze wedstrijd. Maar ja, hij heeft het middenvelder Jantje Michels beloofd. 'Ik kom wel een keer kijken.' Had hij zijn mond maar moeten houden. Onderweg heeft hij in elk geval alle tijd om eens na te denken over de toekomst. Verder zoals in het verleden wil hij in elk geval niet meer. Want na zijn vwo heeft hij alles gedaan, behalve studeren dan. Hij werkte op het strand in Scheveningen, bezorgde spareribs, verkocht tweedehandsauto's en handelde zelfs in kerstbomen. Zijn ouders waren bijna opgelucht toen hij besloot naar Argentinië af te reizen. Hoe jong hij ook was, hij wilde Spaans leren en in het spoor van zijn vader, een vermaarde sportjournalist, ook eens kijken of daar wat te schrijven was. Waarom Argentinië wist hij zelf ook eigenlijk niet, misschien de magie van Maradona? Of de verhalen van zijn vader, die op het WK was geweest? Hoe dan ook, hij was twintig, had 12.000 gulden en ging. Via een bureau voor vreemdelingen regelde hij een flat. De 1.000 dollar voor een jaar huur rekende hij cash af. Zoals afgesproken thuis meldde hij zich bij een Engelse krant waar hij het precies drie dagen uithield. De muren kwamen op hem af en dit kon hij in Nederland ook doen. Hij wilde leven, mensen ontmoeten, het land leren kennen. Linse kwam in contact met een journalist die Maradona kende, ontmoette de eerste trainer van Maradona en raakte bevriend met de zus van Diego. Ook haar zoon kon goed voetballen en ze nam Linse mee naar zijn club. Zo rolde hij als vanzelf de voetbalwereld weer in. Het leverde mooie exclusieve verhalen op. Vanaf dat moment liep hij alle sportevenementen af en interviewde de grote Zuid-Amerikaanse sportsterren zoals tennisbabe Gabriela Sabatini. Met zijn indrukwekkende netwerk maakte de jonge Linse snel naam in Argentinië waar hij het als twintigjarige zelfs schopte tot analist Europese zaken op de Argentijnse tv. Toevallig werd in die periode net het WK van 1990 gespeeld en Linse deed het ondanks zijn gebrekkige Spaans zo goed, dat hij bijna elke avond te zien was en ineens een BA'er werd. Een bekende Argentijn.

Bij terugkomst in Nederland wist hij wat hij wilde; ook hier de sportjournalistiek in. Maar niemand zat te wachten op zijn verhalen, dus ging hij sparen. Hij grossierde in baantjes, van koffiejongen op een accountantsbureau tot pizzakoerier. Van de opbrengsten kocht hij een busje en daarmee reed hij overal naartoe om sterren te interviewen en verhalen te maken. In zijn eentje is hij op zijn best, zijn adressenboekje puilde al snel uit. Van voetbalstadions tot skipistes, overal kwam het busje voorrijden. Slalomlegende Tomba zei dat hij Linse wel zou bellen in zijn hotel, waarna de Nederlander doodleuk naar zijn bus wees. 'Dit is mijn hotel.' Tijdens de Ronde van Spanje glipte hij tijdens het ontbijt van de renners snel de kamers in om te douchen. Nog steeds kan hij grinniken om het gezicht van Frank Rijkaard, die na het interview in Milaan nieuwsgierig naar het matras achter in het busje keek en te horen kreeg dat dit de suite was van de heer Linse. Inclusief zijn voorraad blikken kant-en-klaarvoedsel. Maar intussen sprak hij wel mooi iedereen. Happel, Romario, Van Basten. Dat hij geen gemiddelde journalist was, bleek wel toen hij er in 1994 in slaagde om alle nummers tien van het WK te interviewen en die serie vervolgens in meer dan twintig landen verkocht. Hij belandde bij mannen als Maradona, Hagi, Valderrama, Matthäus, Baggio, Bergkamp en tikte zich de blaren op zijn vingers. In Dallas liet de Hagenaar het hele Braziliaanse journaille verbijsterd achter toen iedereen smeekte om een quote van de ongenaakbare Romario, die korzelig een spelersbus in dook en daar op een van de eerste zaktelefoons een nummer intoetste. Even later piepte de telefoon van Linse. Lamgeslagen keken alle Brazilianen naar de blonde Nederlander. Maar echte voldoening bracht het hem niet. Nooit kreeg de perfectionist het verhaal op papier zoals hij het wilde. Met zijn netwerk zou hij moeiteloos een geweldige journalistieke loopbaan tegemoet kunnen zien, maar weer besliste hij anders. 'Ik kon het uiteindelijk niet opbrengen diep in de nacht te tikken en jezelf wakker te houden met koffie en stroopwafels.'

Het jaar daarna won Ajax de Champions League dankzij een doelpunt van de piepjonge Kluivert. De junior was in een klap miljoenen waard. De commerciële waarde van spelers was hem de afgelopen jaren wel duidelijk geworden. In Amerika sprak hij met de topman van een machtig sportmarketingbureau en Linse raakte steeds enthousiaster. Het leek hem wel wat om iets te doen in die tak van de sport. Hij belde Rob Jansen, de Hagenaar die voor de vakbond furore maakte als spelersbegeleider en inmiddels voor zichzelf was begonnen. Weer babbelde hij zich binnen vijf minuten naar binnen: 'Ik werk drie maanden voor je en als het je niet bevalt dan betaal je me niets. Even goede vrienden.'

Na twee weken las hij dat het Belgische Harelbeke een nummer 4 zocht. Onder de klanten van Rob Jansen was een nummer 4, Martin Laamers, die na tien jaar in Arnhem weg wilde bij Vitesse. Laamers kon wel wat, speelde zelfs nog in Oranje. Linse belde meteen Henk Houwaart, toevallig ook Hagenees en trainer van Harelbeke, die het een goed plan vond. 'Als jij het kunt regelen.' Linse mocht de deal zelf sluiten van Rob Jansen, die hem wel een richtbedrag meegaf. Na acht uur onderhandelen raasde de adrenaline door het lijf van Linse. Hij had het voor elkaar, *deal done* en boven het richtbedrag. Zo makkelijk ging dat dus. Hij tekende na drie maanden een contract, maar al na de eerste week op het bureau werd hij gek. Hetzelfde gold voor zijn collega's die maar geen vat kregen op de ongrijpbare avonturier die al snel zijn conclusies trok. Als solist was hij gewoon ongeschikt om onder een baas te werken.

Voorlopig had hij echter het geld niet om te kunnen investeren. Laat staan een kantoor te openen. Linse besloot stage te gaan lopen bij Maarten de Vos, eveneens een voormalige journalist. De Vos had in de jaren zeventig flink gepionierd en was alom gerespecteerd bij de internationals. Aan een vast contract had hij geen behoefte. Linse mocht regelmatig gaan aanschuiven bij de vergaderingen en wie weet konden ze wel samenwerken als de jongste bediende een speler zou binnenhalen. Met zijn levenservaring, contacten en flair moest hij toch een eind kunnen komen. Nou ja. Hij zou wel zien. Eerst maar eens even kijken wat het wedstrijdje Go Ahead tegen Den Bosch ging brengen.

Als hij van verre de lichtmasten van de Adelaarshorst ziet, wurmt hij zijn autootje richting stadion en zoekt hij een plekje op de oude tribune, waar de wietwalmen vanaf de korte zijde komen overwaaien. De B-side aan de Brinkgeverweg staat lekker vol, verder is het stadion zo oud dat elke gedachte aan miljonairs als vanzelf verdwijnt. Dit is na al die grote stadions, toernooien en sterren een soort kroketje halen bij de Febo na jaren in Michelin-restaurants gegeten te hebben. Opstellingen heeft hij nergens kunnen vinden. Die spits van FC Den Bosch, ene Anthony Lurling, is in elk geval een jongen die al van zich heeft doen spreken. Als de tribunelampen uitgaan geniet hij toch van de sfeer die er ook met maar 4.000 mensen volop is in de oude Adelaarshorst. De speaker lepelt door de stokoude installatie de opstellingen op, hij kan slechts flarden verstaan. Hulshoff, Boerebach, Krüzen, Rorije, Tammer en gelukkig ook Jantje Michels. Bij de gasten staat de Sliert van de Vliert Jan van Grinsven uiteraard in het doel. Tussen het gekraak door zijn de namen van Lucius, Waterink en Lurling nog te horen.

De thuisclub komt door treffers van Erik Tammer en Victor Sikora al binnen het uur op 2-0. Maar de aandacht van Linse wordt steeds meer getrokken door de nummer 10 van de gasten. Een jong ventje met de actieradius van een opgevoerd Duracell-konijn. Hij bemoeit zich overal mee, wil steeds de bal en legt heel veel vuile meters af. Hij vraagt in de rust om zich heen naar de naam van de speler. Meer dan 'ene Nistelrode' levert zijn mini-onderzoekje niet op. In de tweede helft voelt hij de opwinding als diezelfde speler een groot aandeel heeft in de comeback van Den Bosch en uiteindelijk zelf de winnende goal maakt. Hij viert het alsof hij net de finale van een WK heeft beslist. Linse voelt de adrenaline pompen.

Een paar dagen later zit hij bij De Vos als jong broekie voor zijn eerste vergadering. Als hij bij het rondje mededelingen voorzichtig meldt dat die nummer 10 bij Den Bosch hem is opgevallen, ziet hij tot zijn opluchting scout Sjaak Swart goedkeurend knikken. 'Da's een goeie, die gaan we bellen.' Het effect van de naam Sjaak Swart blijft fenomenaal. De jongen uit Geffen blijkt al door veel mensen benaderd te zijn, maar wil best wel met zijn ouders komen praten en het klikt. Na een paar afspraken is het wel duidelijk. Linse is niet op zijn mondje gevallen en hoort zichzelf tegen de ouders zeggen dat hun zoon straks weleens de nieuwe Predrag Mijatović kan worden. Dat is nogal wat, vergeleken worden met een speler van Real Madrid. Geen geouwehoer over contracten. Vertrouwen moet de basis zijn. Van Nistelrode pardon Van Nistelrooij wordt de eerste speler voor de dolblije Linse. De twee hebben allebei nog nauwelijks een cent te makken, maar zijn het erover eens dat geld niet de leidraad moet zijn. Als Linse de gegevens van zijn eerste klant invult, kijkt hij verbaasd naar de geboortedatum. Geffen, 1 juli 1976. Dat is exact dezelfde dag waarop Patrick Kluivert het levenslicht zag. De Amsterdammer die dankzij een puntertje in de Europacupfinale in Wenen al wereldberoemd is.

Van Nistelrooij blijkt een bescheiden, lieve vent, die apetrots is dat hij de Brabantse kleuren mag verdedigen. Rodger en Ruud bellen elkaar regelmatig en er ontstaat een onderlinge band, die veel weg heeft van een ontluikende vriendschap. Linse heeft het vaak over Tarik Oulida, het jonge Ajax-talent dat in zijn ogen veel te snel voor het geld en het buitenland heeft gekozen. In Sevilla was hij dan wel het mannetje met een goedgevulde bankrekening, maar de stap was domweg te groot waardoor het talent nauwelijks nog aan spelen toekwam en steeds verder achteropraakte bij andere leeftijdsgenoten die wel wekelijks speelden. Snelle cash is niet zaligmakend kan Linse uit eigen ervaring vertellen. Toen hij boksicoon Mike Tyson had geïnterviewd kon hij dat verhaal voor 2.000 pond kwijt aan roddelkrant *The Sun.* Hij verkocht het voor 200 pond aan *The Times.* De Brabander is het met hem eens dat ze trede voor trede naar boven moeten en dat de sportieve ontwikkeling voorop moet staan. Als hij echt goed is, komt dat geld vanzelf wel.

In Den Bosch moesten ze eerst wel lachen om dat overdreven leergierige ventje uit Geffen. Zijn megadrive lijkt bijna wel gespeeld. De hoofdcoach denkt in eerste instantie dat de jongeling hem voor de gek houdt als hij na de trainingen steeds weer komt met de vraag hoe hij beter moet worden. Dat mannetje eist bijna een nabespreking per training. Hij zou toch niet gestuurd zijn door die ouwe gasten in de selectie? Hij hoort ze in gedachten al grinniken. Zelfs bij de warming-up moeten ze hem regelmatig uit het strafschopgebied slepen omdat hij toch nog een paar keer wil afronden. Maar Van Nistelrooij is echt zo fanatiek en weet precies wat hij wil. Nu nog eens gaan uitzoeken waar zijn grenzen liggen. De directie doet een diepe graai in de clubkas om zijn contract open te breken. De 1.000 gulden per maand wordt een paar keer flink verhoogd, maar hij scoort zo vaak en speelt zo goed dat de eerste clubs uit de Eredivisie zich al melden bij Linse. Dat is met één klant in je portefeuille goed nieuws zou je zo zeggen. AZ is geen misselijke club met een puissant rijke voorzitter en heeft meteen 1,4 miljoen gulden over voor de Brabantse spits die nog altijd maar twintig jaar is. De Bossche bollen kunnen worden besteld. Alleen wil de middenvelder niet, hij heeft geen goed gevoel bij de koopclub uit Alkmaar die dan nog pendelt tussen eerste divisie en eredivisie. Niet veel later tekent hij bij Heerenveen dat eveneens een recordbedrag van 1,4 miljoen gulden voor hem overheeft. Linse verdient met een handtekening ineens net zoveel geld als waar hij een paar jaar eerder nog honderd nachten voor tegen deadlines aan moest tikken. Van Nistelrooij gaat volgens de berichten iets van 175.000 gulden in zijn eerste seizoen verdienen. Dat bedrag zal daarna oplopen. Of beter gezegd zou. Want hij gaat zijn contract niet uitdienen. In Friesland staat hij in de spits en schiet hij Heerenveen hoogstpersoonlijk Europa in. Na de eerste eredivisietreffers van de Geffenaar besluit Linse om meteen maar zijn eigen kantoor te starten in Scheveningen. SP International wordt geopend. Uitzicht op de haven, met een beetje rekken en strekken zelfs uitzicht op zee. Jan de Visser, voormalig speler van AZ, Heerenveen en Feyenoord voegt zich bij het bedrijf, als agent en aandeelhouder. Ook de bekende tennisser Richard Krajicek investeert een deel van zijn vermogen in de fonkelnieuwe firma van zijn vriend en wordt aandeelhouder. De twee leerden elkaar kennen in 1992 op de US Open waar Linse als verslaggever voor Radio West al om zeven uur in de ochtend de trainingen van Krajicek zat te bekijken. Toen ze tijdens een lange knieblessure van de tennisser intensief contact hielden, constateerde Krajicek dat de latere voetbalmakelaar denkt en leeft als een topsporter. Misschien dat het daarom wel zo goed klikt met vele wereldsterren. Het racket waarmee de Nederlander historie schreef door spectaculair Wimbledon te winnen, komt te hangen op het kantoor van Linse.

De drie afgesproken jaren in Friesland worden er één. De aanvaller vertrekt naar PSV dat maar liefst 15 miljoen gulden voor hem betaalt. Een recordbedrag voor de Eindhovenaren. Meer zelfs dan voor Romario en Ronaldo. Linse is wel zo slim geweest te zorgen dat een deel van de transfersom naar Ruud en Rodger vloeit. Hoeveel blijft zoals altijd onder het mom van discretie onvermeld. 'Het bedrag dat Ruud zou krijgen van de transfersom werd door PSV geregeld,' vertelt voorzitter Riemer van der Velde in Friesland eigenlijk al te veel. Linse weet niet hoe hij het heeft. Zijn bankrekening komt hem onbekend voor, maar het is toch echt het geld dat hij zelf verdiend heeft. Dankzij de goals en transfers van Ruud bellen er nu steeds meer spelers of hij ze wil begeleiden. Jaloers praten sommigen over de gouden pik van Linse, maar eerlijk is eerlijk, weinig mensen hebben al die jaren zoveel tijd en energie gestoken in het ontleden van de ziel van topsporters. Daardoor zit hij nu vaak al snel op dezelfde golflengte als de jongens die hij begeleidt. Hij spreekt zijn talen en is bereid om keihard te werken. De jarenlange inspanningen die hij als journalist bijna pro Deo heeft gedaan, beginnen zich nu met klinkende munt uit te betalen.

Hij heeft geen idee van wat hem en zijn bankrekening nog te wachten staat, want ook in Eindhoven staat er geen maat op de man die een dik jaar geleden nog in De Vliert speelde. Al in zijn eerste seizoen wordt hij in verband gebracht met de hele Europese top. 'Ik ben pas 22, het lijkt me beter te rijpen in de Eredivisie,' reageert Van Nistelrooij op de geruchten, maar hij is gewoon te goed. Linse en Van Nistelrooij hebben de clubs voor het uitkiezen. Madrid belt, Manchester belt. Een paar dagen later zit PSV-voorzitter Harry van Raaij glunderend te onderhandelen met de wereldberoemde Alex Ferguson. Het lijkt wel een potje monopoly. United zet in op 50 miljoen gulden. Van Raaij reageert koeltjes. 'Ik heb gezegd dat ik dat te weinig vond. Ze zijn daarna telkens 2,5 miljoen omhooggegaan. Twintig minuten nadat we het hoofdgerecht ophadden, zijn we tot een akkoord gekomen.'

Niet dat PSV dat hele bedrag krijgt, daar moet onder andere de fee van Linse nog af, die is in een klap miljonair en op termijn multimiljonair. Nog geen vier jaar nadat hij naar de Vetkampstraat reed. Hij huurt een zaal in het Holiday Inn voor een persconferentie en ziet er patent uit in zijn mooie pak. Met nog steeds dezelfde jongensachtige branie als die van het ventje dat weken achter in een busje sliep. Opgetogen vertelt hij over de onderhandelingen. 'Hij staat met alles hoog in de hiërarchie bij Manchester United. Nee, ik ga niet vertellen wat hij gaat verdienen. Maar ook wat loon betreft hoort hij binnenkort bij Manchester tot de top,' aldus Linse die ook wel weet dat jongens als David Beckham en Roy Keane rond de 150.000 gulden verdienen. Valt wel mee, horen we u denken. Per week dus, beste mensen. Het enige wat er nog even moet gebeuren is een medische keuring. En dan scheurt Ruud zijn kruisbanden op de training. Voor de tweede keer in het leven van Linse breekt een zware blessure bijna zijn hart. De droom spat uiteen in duizend stukjes en de transfer is van de baan. De twee zoeken naar de best mogelijke revalidatiemogelijkheden en komen uit bij topartsen in de Verenigde Staten. Hier mag het toch niet eindigen? Ver weg van alle schijnwerpers werken ze aan een comeback. En hoe.

Bijna een jaar later lijkt de aanvaller na een lang revalidatieproces alleen maar sterker teruggekomen. Hij kan het zelf niet eens geloven. De Geffenaar is allang blij dat hij weer kan voetballen en overweegt de verbeterde aanbieding bij PSV te tekenen. En toen belde Ferguson ineens. De transfersom is weer duizelingwekkend. Manchester United is de rijkste club ter wereld en wil de spits, dus de onderhandelingen zijn eigenlijk al geslaagd voor ze begonnen zijn. De bedragen zijn bijna gênant. Linse hoeft als hij netjes met zijn geld omgaat echt nooit meer te werken. Hij is net dertig. In Manchester wordt Van the Man een levende legende die zowel in de Premier League als de Champions League tot een absolute wereldster uitgroeit.

Losbol Linse heeft dan zijn eerste wilde haren verloren en is inmiddels getrouwd met een rondemiss die hij tijdens de Vuelta heeft leren kennen. 'Trouw met me' stond er op zijn voicemail en de twee vlogen naar Australië voor een huwelijksreis. Ook steeds meer spelers willen in zee met de Hagenaar die inmiddels secretaresses heeft aangenomen en tientallen spelers onder zijn hoede heeft die de Van Nistelrooij-route willen afleggen. In 2003 opent SP International zelfs een kantoor in Zwitserland. Linse vliegt de wereld rond zoals anderen naar hun werk fietsen en staat zodra de transfermarkt sluit zo snel mogelijk op de skipistes.

Jongensboeken bestaan echt, want Linse en Van Nistelrooij zijn samen vanuit de krochten van het Nederlandse voetbal helemaal doorgestoomd naar de internationale top. De Nederlandse pers noteert hem inmiddels op de eerste plaats in de hitlijsten van best verdienende sporters. En dan is hij nog steeds maar halverwege zijn avontuur. Als Van Nistelrooij na een jaar of vier regelmatig op de bank komt te zitten, is het wachten op de volgende transfer. De Nederlander mag dan uit het gemoedelijke Brabant komen, als hij het niet naar zijn zin heeft, is hij licht ontvlambaar en niet te genieten. De bestemming is niet moeilijk te raden. Linse wist al in de Engelse pers te melden dat de Nederlander bij Real Madrid nog veel meer zou kunnen verdienen. United heeft niets aan een gekrenkte spits in de groep en laat hem voor een fractie van het aankoopbedrag gaan.

De twee kunnen samen nog steeds bijna de slappe lach krijgen als ze in dat fameuze Bernabéu tussen al die Europacups staan, de werkelijkheid is soms vreemder dan theater. Want ineens zitten ze tegenover Predrag Mijatović. Precies de naam die Linse had gebruikt in het allereerste gesprek. De speler is intussen technisch directeur en snapt ook wel dat bij een lage transfersom (15 miljoen euro) een hoog handgeld en flink salaris hoort. De bedragen zijn wederom zo belachelijk dat het bijna schandalig is om nog verder te onderhandelen. 'Man, het is allang goed,' grijnst de Brabander als de perfectionistische Linse nog wat extraatjes eruit wil slepen. Zes miljoen euro per jaar verdient hij volgens de doorgaans goed geïnformeerde Spaanse media. Ruud en Rodger waren al binnen, maar nu kunnen ze echt een zwembad met biljetten vullen. De getallen hadden trouwens nog mooier kunnen zijn, weet een afgezwaaide secretaresse van Real Madrid die jaren later onthult dat het bestuur een paar ton in eigen zak stak die eigenlijk toebehoorde aan Linse. De dame klapt in weekblad *Interviú* flink uit de school. De commissie voor Linse was 1,2 miljoen, maar werd laat in de avond na de presentatie ineens verhoogd naar 1,5 miljoen. 'Raar is het wel,' zegt de secretaresse die verder in het midden laat naar wie het geld precies ging. Volgens Linse zelf was het bedrag weliswaar verhoogd, maar al ruim voor de presentatie.

Hoe dan ook, voor Linse zijn het inmiddels reguliere bedragen geworden. In diezelfde periode onthult het *Hamburger Abendblatt* dat bij de overgang van Nigel de Jong naar Manchester City 3 van de 18 miljoen euro transfersom naar zijn makelaar Rodger Linse gaat. 'Het was een uitzonderingsgeval, want zonder inmenging van de zaakwaarnemer hadden we duidelijk minder verdiend,' reageert het bestuur van HSV. De bedragen gaan over de kop, maar zijn uitgangspunten veranderen niet. Linse werkt nog steeds principieel zonder contracten en op basis van vertrouwen. Zijn losse manier van werken valt overigens niet overal even goed. Een samenwerking met het Amerikaanse IMG mislukte, omdat elke dollar verantwoord moest worden en de Amerikanen afscheid wilden nemen van spelers die te weinig geld opleverden. Linse blijft liever bij zijn eigen intuïtieve stijl die hem en zijn meesterspits enorm veel hebben gebracht. Ruud duikt zelfs op in de top 500 van de *Quote*. 'De ondergrens van 50 miljoen euro haalde de voetballer vooral dankzij vette contracten met Manchester United en Real Madrid.'

Het plan is geslaagd. Stapje voor stapje naar de top. Van Nistelrooij had vanuit Heerenveen al naar Benfica gekund maar koos voor PSV. Eerst presteren dan komt de rest vanzelf. Zijn laatste seizoenen slijt hij bij het Duitse HSV en het Spaanse Málaga waar de clubs weliswaar wat kleiner zijn, maar de salarissen nog steeds in de miljoenensfeer liggen. Op 13 mei 2012 speelt de zevenvoudige topscorer zijn laatste wedstrijd. De tranen vloeien rijkelijk bij de twee die samen een ongekende weg hebben afgelegd. Gelardeerd met een aaneenschakeling van sportieve hoogtepunten die beide mannen multimiljonair hebben gemaakt. Linse weet dat het nooit meer zo mooi zal worden. Het zou wel bij hem passen om gewoon te verdwijnen uit het voetbal. In tegenstelling tot andere grote jongens zoals Rob Jansen en Mino Raiola treedt hij zelden op de voorgrond. Pas na lange gesprekken besluit hij verder te gaan. Hij heeft een mooie stal met spelers en een zeldzaam groot netwerk aan contacten. Er ontstaat een nieuwe lijn in zijn hoofd. Geen spelers meer in de marge, alleen nog maar absolute top. In Scheveningen wordt een nieuw kantoor gebouwd en in 2014, twee jaar na de laatste wedstrijd van Van Nistelrooij in Málaga, is er een nieuw bedrijf en een nieuwe naam: Juzzt Football. Alleen voetbal. Aan de muur hangt een grote foto van een in de lucht hangende Van Nistelrooij, die op het EK tegen Duitsland scoort. Uiteraard wordt de opening verricht door Van the Man, die zelf intussen als trainer aan de weg timmert bij PSV. De afgeladen zaal is doodstil als de voormalig international het woord neemt. De Brabander is een intelligente en welbespraakte vent en vertelt over hoe speler en zaakwaarnemer samen hun jongensboek schreven: 'We hadden allebei niets, Rodger en ik. Alleen idealen. Alleen voetbal. Hoe sterk zijn idealen als de aanbiedingen komen? Ik was negentien, had mijn middelbare school netjes afgemaakt, zat bij Den Bosch en moest volhouden. Bij sommige aanbiedingen dachten we: zo, dat is veel geld. Maar we zagen ze niet als dé stap, het klopte niet.' Van Nistelrooij heeft het over 'twee kwajongens' die samen de voetbalhemel bestormden. Tot 2012 dan. 'Toen was alleen voetbal voorbij en werd het: alleen vrienden.'

We bellen nog even naar Linses kantoor om te vragen of hij het artikel wil lezen. De vriendelijke secretaresse moet lachen, want ze zit midden in het reisschema van haar baas. 'De komende twee weken vliegt hij echt overal naartoe. Probeer het anders als de markt weer dicht is.' Grinnikend kijken we naar de koffie en stapel stroopwafels naast de laptop. Er valt nog heel wat te tikken. Eens kijken of wij het nog wel op kunnen brengen de deadlines te halen. Wij blijven mooi sportjournalist.

7

DE MODRIĆ-MILJOENEN

Euforisch tilt hij de cup met de grote oren op. Alweer de beste van Europa. Even vergeet de cashmachine op kicksen zijn zorgen. Tien miljoen euro moest hij afstorten aan meneer de makelaar die hem ooit kocht met een tweedehandsautootje.

Kiev. Op deze mooie avond in mei is de stad overgenomen door luidruchtige Engelsen. De Liverpool-coach maakt zich druk over de chartervluchten van honderden supporters die duizenden euro's hebben betaald voor de Champions Leaguefinale, maar niet kunnen landen. In dit soort landen gaan de privéjets voor. En daar zijn er nogal wat van onderweg. Honderden miljoenen mensen vergapen zich over de hele globe weer aan circus Champions League. Bombastische muziek, sterrenstof met als hoofdrolspelers in het sprookje de supersterren op het veld.

Real Madrid is favoriet. De Koninklijke komt met een elftal dat dik een half miljard waard is het veld op. Met nummer 10 is middenvelder Luka Modrić ook deze avond weer een onmisbare schakel bij de Madrilenen. Op zijn Instagram-account plaatste hij na de halve finale – of waarschijnlijker, een werknemer die de social media doet – een foto van het feest na afloop. Een dag later hebben 465.000 van zijn dik 10 miljoen volgers al gereageerd. Scrollend door zijn foto's van de afgelopen jaren is het zoals het hoort in de virtuele realiteit; een grote goednieuwsshow. Kiekjes met zijn dochter, kiekjes met zijn vrouw annex spelersmakelaar en een lange lijst van succesvolle momenten. Winnaar wereldbeker, twee keer op rij winnaar Champions League. Zijn Twitter-account gebruikt hij sinds begin 2017 niet meer. Wel heeft hij zijn credo laten staan: *the best things never come easy*.

Modrić ontmoet een oude bekende in Kiev. Zijn landgenoot Dejan Lovren plaatste zich met FC Liverpool voor de grootste clubfinale op aarde. De stevige verdediger postte na de halve finale ook meteen een foto uit de kleedkamer. We zien zijn teamgenoten en onze landgenoten Gini Wijnaldum en Virgil van Dijk stralen. Lovren heeft ook nog een tekst toegevoegd: *for all the haters*. Waarschijnlijk met dezelfde motivatie als waarom Modrić niet meer actief is met zijn Twitter-account. Want wat in geen enkele voorbeschouwing te lezen valt, is dat de twee verwikkeld zijn in een van de grootste corruptiezaken uit de geschiedenis van Kroatië. 'De Zaak-Zagreb' om precies te zijn.

Centraal staat de man die zowel Dinamo Zagreb als de voetbalbond al heel lang in een ijzeren greep houdt. De heer Zdravko Mamić. Die naam doet bij ons wel een belletje rinkelen. De eigenaar, voorzitter en dictator van Dinamo Zagreb was al een van de hoofdpersonen in ons boek *Slag om de skyboxen* en heeft nu justitie achter zich aan. U kent hem ook wel. Codewoord Knipoog-Kroaat. Want wat was Ajax in 2011 dicht bij overwinteren in de Champions League. Die decemberavond waarop het eindelijk weer eens leek te lukken. Ajax mocht zelfs thuis verliezen van Real Madrid, dan nóg zou het doorgaan. Concurrent Olympique Lyon zou er natuurlijk nooit in slagen het doelsaldo van minus zeven doelpunten ten opzichte van Ajax om te draaien. Zelfs niet via een vriendendienst voor Lovren, die net was overgestapt van Zagreb naar Lyon. Er zijn verhalen bekend van mensen die even hun hond uitlieten bij de

1-0-voorsprong van Dinamo. Toen ze een halfuur later terugkwamen, stond het 1-7. Alleen al tussen minuut 45 en 52 vielen vier Franse treffers. En dat terwijl de Fransen drie wedstrijden op rij niet eens hadden gescoord. Het lag er zo dik bovenop dat een van de Kroaten zelfs knipoogde naar zijn tegenstander toen hij voor de zoveelste keer de bal uit het net haalde.

Niet Ajax, maar Olympique Lyon ging dus door. De woede in Nederland werd alleen maar groter toen een foto verscheen van een Zagrebspeler bij een gokkantoor. De weken, maanden en jaren daarna werden we van het kastje naar de muur gestuurd bij de UEFA. Er kwam geen onderzoek en dat zal er ook nooit meer komen. Niet rond deze wedstrijd. Wel rond drie andere wedstrijden van Dinamo trouwens. De voorzitter van de bond en de scheidsrechterscommissie kregen in die dossiers ontslag. Maar het machtige Dinamo zagen we daarna jaar in jaar uit kampioen van Kroatië worden en in de Champions League meedoen. Bladerend door de statistieken sinds die zwarte avond in december valt één ding op. Dinamo Zagreb mag dan de beste van Kroatië zijn, de club trekt nauwelijks nog publiek. Op een gegeven moment had het succesvolle Dinamo, dat toch juist bekendstond om de grote en fanatieke aanhang, nog welgeteld 1.647 mensen gemiddeld op de tribunes. Daar doen ze het op een vrijdagavond bij Telstar niet eens voor.

De Bad Blue Boys hebben niet langer zin om de persoonlijke pinautomaat van de eigenaar toe te juichen. Waar de broer van de voorzitter op de bank zit. Zagreb is geen voetbalclub, maar een handelshuis sinds de club is gekaapt door een makelaar met het parfum van matchfixing om zich heen. Dinamo transfereerde voor meer dan 200 miljoen euro aan spelers sinds zijn komst. De club heeft een abonnement op het kampioenschap en met het geld van de Champions League haalt de baas de leukste talenten voor een habbekrats weg bij de wegkwijnende concurrentie om vervolgens voor flink wat geld door te verkopen aan Europese topclubs. Niks mis met dat businessmodel zou je zo zeggen. Maar wel als je het transfergeld in eigen zak steekt.

Twee van de grootste talenten die de club voortbracht staan op 26 mei tegenover elkaar in Kiev voor de belangrijkste clubwedstrijd ter wereld. Met dank aan Dinamo. Opgegroeid in de oorlog en nu stralend in de grootste stadions. Zinedine Zidane – trainer van Real Madrid – heeft zijn sterspeler Modrić al een paar keer vrij moeten geven om naar de rechtbank in Osijek te reizen. Of voor verhoren in Kroatië. Net zoals Jürgen Klopp in Liverpool zijn verdediger Lovren zo nu en dan even niet op de training had. Maar daarover zijn nul posts en nul foto's te vinden. Over de donkere kanten van het voetbal wordt dan ook niet graag bericht. Terwijl beide sterren samen zo'n 15 miljoen euro hebben moeten betalen aan de eigenaar van Dinamo en Modrić intussen voor meineed wordt vervolgd. Het verhaal achter de magnifieke speler is een schoolvoorbeeld van hoe het mogelijk is dat er jaarlijks honderden miljoenen wegstromen uit het voetbal.

'Fundamenteel voor Real Madrid. Een lust voor het oog en adembenemend.' Aan het woord is de succesvolle Zidane, die een paar weken na het winnen van de derde Champions League op rij afscheid zal nemen. Gaat u er maar van uit dat over honderd jaar nog steeds gepraat wordt over het Real Madrid van Zidane. Ronaldo en de bescheiden Modrić. De man die een droomleven leeft. Je bent 32. Je verdient acht miljoen per jaar. Of was het nou zeven? Of negen? Een paar keer op rij de Champions League gewonnen. Daarnaast ben je ook nog eens aanvoerder van het nationale elftal van jouw Kroatië. Dik honderd interlands achter je naam. Jaar in jaar uit verkozen tot beste speler van je land. Net zoals hij in Spanje, Europa en de wereld keer op keer wordt verkozen in de beste ploegen van het jaar. Modrić is net als Lionel Messi een familieman. Iemand die liever bij zijn vrouw en kinderen is dan in het nachtleven van het mondaine Madrid. Wie wil er nou geen Modrić zijn?

Twintig jaar geleden hadden weinigen met hem willen ruilen. Vandaag is Kroatië een populaire vakantiebestemming aan de Adriatische Zee, maar in de jaren negentig dacht geen enkele toerist eraan om naar die regio af te reizen, behalve dan journalisten en oorlogsfotografen. Toen woedde er een burgeroorlog die in de verscheurde restanten van het communistische Joegoslavië veel slachtoffers maakte. Waardoor Srebrenica helaas een belangrijke plaats in de Nederlandse geschiedenis kreeg. Het stadje was aangewezen als veilig gebied en de Nederlandse troepen van Dutchbat zouden de enclave op papier moeten beschermen. In de praktijk moesten ze toekijken hoe achtduizend moslimmannen, die hun wapens hadden ingeleverd, werden gedeporteerd en vermoord. Dat drama wordt nog steeds gezien als de ergste daad van genocide in Europa sedert de Tweede Wereldoorlog.

Modrić was net zes toen de hel ook in het westen losbarstte. Het vredige leven in het mooie Zahar aan de zee was ineens voorbij toen er een gewelddadige opstand tegen de Servische inwoners van de stad uitbarstte. Waarom ze niet meer naar opa gingen? Die was naar de hemel. Dat zijn opa in koelen bloede werd gefusilleerd door Servische rebellen in de heuvels bij zijn boerderij in 1991, kreeg hij pas later precies te horen. Zijn vader droeg ineens ook een uniform en was steeds vaker weg. Die vocht tijdens de Balkanoorlog in het Kroatische leger. De kleine Luke, zoals hij daar werd genoemd, pakte het leven zoals het kwam. Een kwaliteit die kinderen eigen lijkt. Op de meest gruwelijke plekken ter wereld zie je kinderen achter de bal aan rennen. Samen met zijn moeder en honderdduizend anderen ging hij op de vlucht. In de stad lagen de lijken op de pleinen en braken opstanden uit. Terwijl zijn vader zich bij de Kroatische rebellen had gevoegd, woonde de kleine dribbelaar zeven jaar in een klein hotelletje genaamd Iz Zadar, waar vluchtelingen tijdelijk onderdak vonden. Wat bleef was de bal. Alleen nu op de parkeerplaats van het hotel en op vale veldjes. Niets dan de bal. Modrić was klein, maar o zo behendig. Zowel in zijn uiterlijk, motoriek als bewegingen kreeg hij steeds meer weg van Johan Cruijff. Het verhaal over de baltovenaar ging van café naar café en via buschauffeurs en tegenstanders naar andere dorpen en steden.

Als hij dertien is, stapt er een man uit een grote auto en bekijkt de verrichtingen van het ventje. Zaakwaarnemers en agenten komen in alle soorten en maten. Een grote mond en een natuurlijke drang naar de bovenste steen op de apenrots zijn nuttige eigenschappen. De sterren op het veld laten zich letterlijk als kleine jongens al inpakken. Zdravko Mamić boert goed in de oorlog en heeft gehoord over het talent en zijn enorme bolide naar de Adriatische kust genavigeerd. Hij ziet handel in voetbaltalenten. Lucky Luke straalt als hij een dag later met echte voetbalschoenen, shirt en broekje het veldje van zijn vriendjes betreedt. Modrić mag naar Dinamo Zagreb komen. Mijnheer Mamić regelt een flatje, betaalt dat ook tot zijn zeventiende, stopt de familie zo nu en dan wat toe en is het spreekwoordelijke licht aan het einde van de tunnel voor de familie Modrić. Niets mooier dan een zoon die bijdraagt aan het inkomen. Ze zijn maar wat trots op hun kleine mannetje, die laat zien dat schieten ook iets positiefs op kan leveren. De kleine Modrić vindt al snel zijn draai in Zagreb. De velden en de ballen zijn universeel, de acceptatie van de besten ook. Wel moet hij nog twee keer naar kleinere satellietclubs verkassen om ervaring op te doen. Op zijn achttiende krijgt hij zelfs een tweedehandsauto van mijnheer Mamić, die erg tevreden is.

Het autootje herinnert hij zich nog goed, blijkt als hij in 2017 voor de rechter staat. 'Een tweedehands Volkswagen Golf V.' Mamić is als een tweede vader. 'Ik tekende alles wat hij me vertelde te tekenen.' Hij sluit zich dan ook zo snel mogelijk officieel aan bij sportagentschap Mamić. Gerund door zoon Mario Mamić. Trots als een kind dat voor het eerst zelf op een potje zit, rijdt hij met zijn oude Golfje naar zijn ouders. Ze hoeven zich geen zorgen te maken, het grote geld is nu echt slechts een kwestie van tijd. Mijnheer Mamić gaat dat regelen. Hij krijgt zelfs een soort persoonlijke manager. Het eerste telefonische gesprek met zijn begeleidster van het makelaarskantoor duurt drie uur. Ze is leuk. Heel leuk. Pas dan verbreken ze de verbinding. In het echt is ze ook nog bloedmooi. Hij trekt dan ook al snel in bij de beeldschone medewerkster van makelaarskantoor Mamić, die met hem meegaat naar Londen waar hij een miljoenencontract tekent bij Tottenham Hotspur. De Engelsen tellen 21 miljoen neer voor de kleine Kroaat. Het goede nieuws is dat hij prachtige contracten heeft getekend bij Dinamo waarin is opgenomen dat de club en hij de transfersom fiftyfifty delen. Het slechte nieuws is dat hij dit geld moet doorstorten naar de eigenaar van de club, Zdravko Mamić. Want kreeg Modrić in zijn jonge jaren geen financiële steun van Mamić? Modrić komt er nog goed vanaf als je het bijvoorbeeld vergelijkt met voormalig Arsenal-spits Eduardo da Silva, die net als vele anderen een slavencontract tekende waardoor hij zijn inkomen gedurende zijn hele loopbaan met Mamić zou moeten delen. Bij Modrić ging het 'gewoon maar' om de helft van zijn eerste transfersom. Elke keer als er weer een tranche van het transfergeld wordt gestort, staan de broer en zoon van Mamić op de stoep om het geld te innen. Modrić accepteert het, laat zich niet afleiden en speelt de sterren van de hemel in de Premier League. Na vier jaar is hij klaar voor de stap naar de echte top. Bij zijn vrouw en zaakwaarnemer stromen de aanbiedingen binnen. Voor 30 miljoen gaat hij naar Real Madrid. 'Toch de grootste club ter wereld,' jubelt Luka die voor een uitzinnige schare fans in het maagdelijke wit een balletje hooghoudt in Bernabéu. Ze zijn in de zevende hemel. Het stel heeft al die jaren later drie kinderen. Na het tekenen van zijn contract in Madrid zwemt het gezin in de miljoenen. Als Luka eens niet onderweg is met de jet van Real Madrid, pendelt de familie tussen haar drie panden in Zagreb, Madrid en zijn geboorteplaats. Maar zorgeloos zijn ze niet. De schaduwen van het verleden blijven als een steentje in een schoen steeds weer irriteren.

Mamić is geen traditionele makelaar, maar een netwerker met goede lijntjes naar de bond, scheidsrechters en officials. Daarnaast ontpopt hij zich als een meedogenloze cashcowboy. Iets wat hij blijkens zijn enorme uitbarstingen tegen journalisten en vertegenwoordigers van andere geledingen van de club zelf heel anders ziet. Een grote mond en een korte lont. Als eigenaar van Dinamo begint hij met het verscheuren van alle contracten. Wie bij hem wil voetballen, tekent nieuwe verbintenissen en laat de zaken door hem en zijn familie behandelen. Trainers hebben amper tijd om hun pak aan te laten meten en het wachten lijkt op het moment dat de persconferentie van de aanstelling gelijktijdig valt met die van het ontslag. Het eerste elftal is een etalage en die mannen op de bank moeten niet aankomen met allerlei onzin. Pas als zijn broer op de bank komt te zitten, is de oplossing eindelijk gevonden. Jarenlang ziet heel Kroatië lijdzaam toe hoe zelfs de bond naar zijn pijpen danst. Totdat er via de belastingdienst een paar wel erg opvallende transacties bij de Kroatische overheid terechtkomen.

Als Modrić in Madrid de titels aaneenrijgt gaat het in eigen land over de affaire spelerszwendel. Heel Kroatië is in de ban van de operatie cashmachine. Er komt een proces tegen Mamić. En niemand minder dan de stervoetballer van het land is kroongetuige. Naast verduistering en belastingontduiking, worden Mamić en zijn broer aangeklaagd voor het illegaal achterhouden van transfergelden ter waarde van een kleine 20 miljoen euro. Bijna de helft daarvan via Modrić, het beste paard van stal. Een uitgebreid onderzoek toont aan dat hij een groot deel van het transfergeld dat hij van Tottenham kreeg via een omweg weer teruggaf aan Mamić, en zijn advocaten betwisten dat niet eens, ze zeggen dat het volkomen legaal was. Niks mis mee volgens Modrić omdat het een persoonlijke deal was. Wel wat mis mee omdat het transfergeld naar de club had moeten gaan, aldus de Kroatische aanklager. De afbetaling stopte volgens de documenten pas toen een bedrag van rond de 11 miljoen euro was bereikt. Geen cent daarvan ging naar Dinamo. Modrić mocht ruim een miljoen zelf houden. Geen wonder dat ze Modrić in Kroatië de pinautomaat van Mamić noemen.

Vanwege de sterke politieke banden van Mamić in Zagreb is het proces naar Osijek verplaatst. Voetbalminnend Kroatië wacht op de genadeklap voor de man die zo lang het voetbal met ijzeren hand regeerde. Modrić mag uitleggen waarom hij intussen bijna 10 miljoen cash aan de man heeft gegeven. Daar zit hij dan voor de rechtbank. Alle ogen van de natie zijn op hem gericht. Modrić schuift heen en weer op zijn stoel. Voor zijn neus staan microfoons van radio- en tv-zenders, bij de trappen van het rechtsgebouw stonden al fotografen. De beste voetballer van het land kan eindelijk de meest gehate makelaar en eigenaar ten val brengen. Met het hoofd naar beneden vertelt Modrić de rechtbank zijn verhaal. En dat blijkt net zo ongrijpbaar als zijn spel is voor de middenvelders van de tegenstander. Totaal ontzet hoort het fanlegioen van Dinamo de vedette van het land de zaakwaarnemer in bescherming nemen. Het is gewoon een contract tussen hem en zijn beschermheer. Daar heeft de club niets mee te maken. ‘Mijn geweten is schoon. Ik heb niks te verbergen. Ik wilde gewoon al mijn schulden aan hem aflossen, zodat we echt gewoon klaar waren.’

De aanklager zwaait met eerdere verklaringen van Modrić, maar die weet ineens niets meer. De datum die hij eerder tijdens verhoren heeft genoemd en die cruciaal is, blijkt nu niet meer te kloppen volgens de voetballer. ‘Dat heb ik zo niet gezegd. Ik was in de war.’

Weet u dan nog wel wanneer u debuteerde voor het Kroatische elftal?
'Eh nou, wanneer was dat?'

Zelfs journalisten op de tribune beginnen nu te schreeuwen. Wat is er met Modrić aan de hand? De data op de contracten zijn belangrijk. Mamić is ineens met papieren gekomen waarbij de data hem juridisch vrijpleiten. Getekend na de overgang naar Tottenham Hotspur namelijk. Dus Dinamo is helemaal niet benadeeld. Als de speler die data bevestigt, ontsnapt hij alsnog.

Diezelfde avond verschijnen er overal in het land leuzen op muren tegen Modrić. Op het hotel waar hij opgroeide, staat met blokletters: LUKA, DEZE DAG GA JE NOOIT VERGETEN.

In Split gaan aanhangers van Hajduk Split de straat op en scanderen leuzen tegen de aanvoerder van het nationale elftal. Beeltenissen worden besmeurd en Modrić is held af. Mamić smaalt over de aantijgingen. Hij wist al die jaren te ontsnappen en kan alleen door justitie nog worden gestuit. In het voetbal is er niemand die wat durft uit te richten tegen de zaakwaarnemer van Zagreb. De laatste dertien jaar werd Dinamo twaalf keer kampioen. De club levert hem jaar in, jaar uit de jackpot op tijdens de transferperiodes en dankzij het abonnement op de Champions League. Niemand die er wat aan doet. Ook bij de bond en het nationale elftal heeft hij zijn mannetjes gepositioneerd. Niemand die eraan twijfelt dat daar flink wordt meegeprofiteerd van de Mamić-miljoenen.

De dagen na de verklaring van Modrić staat Dejan Lovren op de rol bij de rechtbank in Osijek. De Liverpool-legende blijkt precies hetzelfde contract getekend te hebben en incasseerde officieel de helft van de transfersom van rond de 8 miljoen euro van Olympique Lyon. Daarna ging dat geld net als bij Modrić en anderen in etappes weer terug naar de familie Mamić. Geen wonder dat Dinamo ondanks spectaculaire transfers altijd krap bij kas zit. Een woedende Mamić, die al een aanslag op zijn leven overleefde, kan het allemaal niet langer aanhoren en ontploft voor de rechtbank waar hij en passant al zijn advocaten ter plekke ontslaat. Hij gaat zichzelf verder wel verdedigen. Hij is in elk geval uit de gevangenis en intussen adviseur van Dinamo in plaats van eigenaar, maar hij blijft het schandalig vinden. 'Het lijkt wel of ik bij ISIS zit.' Een dag voordat hij tot zes jaar cel wordt veroordeeld, vlucht Mamić naar buurland Bosnië en duikt onder.

Modrić is intussen van getuige verdachte geworden. De openbaar aanklager eist vijf jaar wegens meineed. Want de verklaringen van Modrić zijn nu ineens heel anders dan tijdens het vooronderzoek: 'De getuige heeft ten onrechte gezegd dat hij op 10 juli 2004, de datum waarop hij zijn eerste professionele contract ondertekende, ook een bijlage tekende op basis waarvan hij het recht op een 50-50-aandeel in de transactiekosten had verworven.' De advocaat zegt ook dat Modrić ten onrechte beweerde dat hij zo'n bijlage had ondertekend, telkens als hij zijn contract verlengde.

Gaat u er maar van uit dat geen enkele Kroatische rechter verantwoordelijk wil zijn voor de afwezigheid van Dejan Lovren en Luka Modrić in de selectie van het WK. Dus staan de twee niet alleen op 26 mei tegenover elkaar in het veld met FC Liverpool en Real Madrid, maar voetballen ze ook samen op het WK waar de Kroaten pas stranden in de finale. Twee spelers die samen goed zijn voor een slordige 15 miljoen euro in de diepe zakken van een Kroatische voetbalhandelaar pakken het zilver. Op het ereterras klapt Gianni Infantino beschaafd voor het tweetal. 'Ik maak me grote zorgen over transfergeld dat het voetbal uitstroomt,' heeft de FIFA-baas tijdens het toernooi gemeld. Een oorlog tegen makelaars kondigt hij aan. Namen noemt hij niet, maar de Zwitser kent vast het verhaal over de enorme diefstal waarin de uitblinkende Modrić een centrale rol speelde. De affaire-Zagreb zou zomaar de aanleiding kunnen zijn voor zijn aanval op de beroepsgroep. Voordat de voetbalbaas op 15 juli 2018 de gouden wereldcup overhandigt aan de equipe van Frankrijk, reikt hij eerst een enorme award voor beste speler van het toernooi uit aan Modrić, de exponent van het systeem dat hij zo verafschuwt.

Verwacht overigens verder geen berichten op de club- of spelerssites over de schaduwen van de schijnwerpers. Zelfs Boudewijn de Groot kon met zijn evergreen niet voorzien dat het voetbal zo'n cashmachine zou worden. Heel Nederland kende zijn tekst: 'Als hij maar geen voetballer wordt, ze schoppen hem misschien halfdood. Maar liever dat nog dan het bord voor de kop van de zakenman, want daar wordt hij alleen maar slechter van.' Wie had ooit gedacht dat voetballers anno 2018 banger moeten zijn voor zakenmannen en zogenaamde zaakwaarnemers dan voor een doodschop?

8

DOSSIER-SKIPPY

> De exploitant van een waterpijpbar kijkt de FIOD-mannen verbaasd aan. Geldkoerier? Voetbal? Ik? Hij weet niks van transfergesjoemel bij Ajax en NAC. 'Cash betekent in dit geval geen zwart geld.'

Vitesse en Ajax overwogen de laatste jaren Shota Arveladze en Michael Laudrup als trainers binnen te halen. Ze bedankten vriendelijk. Dat heeft alles te maken met het vuistdikke dossier van de FIOD dat nu voor ons ligt. 'Skippy' staat erop.

Verdachte:	Erwin Kasakowski
Woonplaats:	Neunkirchen
Geboortedatum- en plaats:	6-4-1965 te Kurgan-Tyube (Tadzjikistan)
Burgerlijke staat:	ongehuwd
Nationaliteit:	Duitse
Eerdere veroordelingen:	geen

Kasakowski kennen we nog wel. In 2012 en 2013 maakt hij naam als de kleurrijke directeur van Vitesse. Hij adviseert in die periode Merab Jordania, de Georgische voorzitter die een directielid dreigde zijn vingers af te hakken. Voor een functie in het voetbal had Kasakowski nooit gestudeerd. Speler was hij ook niet. Kasakowski werkte als decorateur in een modehuis en opende een nachtclub. Even schrok Vitesse toen het gerucht ging dat Club Aqua een bordeel was. Maar dat hielp hij snel de wereld uit. Het was een shishabar. Zijn Arnhemse kantoor richtte hij in met foto's van Sepp Blatter en João Havelange.

In zijn zwarte Mercedes 350 was het vier uur rijden vanuit zijn waterpijpbar in Saarland. Meestal werd zijn komst naar de goudkleurige kantoren in de bossen van Papendal van verre al aangekondigd door de beats die door de getinte ruiten dreunden. Gehuld in een vaal overhemd en met een groot Jezuskruis om zijn nek beheerde hij naar eigen zeggen 'de internationale netwerken'.

Hoewel we hem er regelmatig naar vroegen, bleef zijn precieze rol altijd een beetje vaag. Veelal werd hij aangeduid als conciërge van clubvoorzitter Jordania. Ook vielen termen als loopjongen, butler, sjacheraar, dienstbode, geldkoerier, rommelaar, huisknecht, oligarchenlakei. In alle gevallen kwam het erop neer dat hij een als clubdirecteur vermomde spelershandelaar was.

In 2013 werd Kasakowski ontslagen bij Vitesse. De directeur draaide 61 miljoen euro in de min in twee jaar tijd. Sindsdien zien we hem vooral in chique hotels elders in de wereld opduiken. Wie is deze weekendmiljonair? Was hij niet gewoon een makelaar zoals vaak werd gezegd in het Arnhemse? Wellicht werpt dossier-Skippy licht op zijn opmerkelijke carrière. Hij blijkt in elk geval al veel langer actief te zijn geweest in het voetbal en samen te werken met Jordania. We slaan de map open en beginnen te lezen.

Amsterdam, 1997

De wagen van Erwin Kasakowski zoeft over de A2. Op de radio raken de mensen niet uitgepraat over de technische problemen rond de film *Titanic* die daardoor vertraagd in de bioscopen komt. Kasakowski's ogen schieten van de weg naar de binnenspiegel, waarin hij het koffertje op de achterbank kan zien liggen. Het koffertje met de volmacht van de voorzitter van Dinamo Tbilisi. Een zekere Merab Jordania. Weer een transfer in de maak. Jordania en hij zijn goede vrienden. Samen verkopen ze spelers. Kasakowski, een in Tadzjikistan geboren Duitser, had tijdens zijn werkzaamheden in een casino handigheid gekregen met getallen. Dat komt goed van pas nu, als rechterhand van Jordania. Of, zoals hij het zelf noemt: vertegenwoordiger Dinamo Tbilisi West-Europa. De voormalige croupier zet zijn zonnebril recht. In de verte glinstert een enorm gevaarte in de zon. Er lijkt wel een ufo geland. Het is de fonkelnieuwe Amsterdam ArenA. Thuisbasis van Ajax. Kasakowski geeft nog wat extra gas.

Ajax heeft in de jaren negentig veel succes gehad. Met een duidelijke visie en misschien wel de beste opleiding werd Europa veroverd. Maar nu is de club slachtoffer van het Bosman-arrest. Dankzij een bindende uitspraak van de hoogste Europese rechter mogen voetballers na afloop van hun contract gratis weg. Eerder konden de clubs ook voor spelers met een aflopend contract geld vragen. In de nieuwe situatie zijn het de voetballers zelf en hun snelle managers die het geld pakken. Edgar Davids en Michael Reiziger zijn voor niks vertrokken. Er is geen limiet meer aan het aantal buitenlanders dat mag uitkomen in een ploeg. Iedere coach mag er zoveel opstellen als hij wil. Goed nieuws voor makelaars die nu onbeperkt hun waar kunnen afzetten, maar slecht nieuws voor de Nederlandse clubs. Zeker de Eredivisie blijkt een prima markt om jonge jongens te laten rijpen en daarna te lanceren naar grotere competities waar hogere salarissen worden betaald. En dus ook hogere makelaarscommissies. Machteloos ziet voorzitter Michael van Praag de sterren uitvliegen naar Milaan. Zelfs Patrick Kluivert verlaat de club zonder transfervergoeding. Zonde van de dure investeringen in de opleiding. De besten vertrekken steeds jonger. Ajax probeert mee te doen op de exploderende spelersmarkt door de gaten op te vullen met spelers van buitenaf. Kasakowski heeft er vandaag een in de aanbieding.

Soepel stuurt de Duitser zijn bolide het parkeerdek op. Hij grist het koffertje van de achterbank en wordt door een receptioniste doorgeleid naar de directiekamer. Een bebrilde Ajax-directeur schudt hem de hand. 'Maarten Oldenhof, aangenaam.' Kasakowski deelt visitekaartjes uit. De mensen van Ajax staren naar het kartonnetje met het logo van de Georgische club Dinamo Tbilisi. Kasakowski. Aparte naam. De Duitser is nooit te beroerd om uit te leggen hoe hij eraan komt. Zijn naam dankt hij aan zijn vader. Ook al zo'n ondernemend type. Die vocht met de Wehrmacht in Duitsland. Toen hij gevangen werd genomen en in een Siberisch strafkamp belandde in de Tweede Wereldoorlog, begreep hij dat een Duitse naam niet zo handig was. Hij pakte het naamplaatje van een Poolse soldaat en heette vanaf dat moment Kasakowski. Overleven is een vak.

Dat weet ook Oldenhof, die later nog landelijk nieuws werd nadat hij de directrice van Feyenoord had bezwangerd. Zij kreeg ontslag omdat Feyenoord meende dat de clubgeheimen niet veilig waren in het bed van de vijand. Maar dat is weer een heel ander verhaal. Vandaag staat de transfer van Shota Arveladze op de agenda. Arveladze is eveneens een vriend van Jordania. Ze kennen elkaar uit Georgië. Jordania bestuurde de club waar de aanvaller doorbrak. Geen misselijke speler. De Deense Ajax-coach Morten Olsen is enthousiast over Arveladze. Bij Dinamo

Tbilisi bleek Arveladze al een veelscorende aanvaller. Hij werd verkocht aan het Turkse Trabzonspor waar hij gedurende vier jaar uitgroeide tot de meest geliefde buitenlandse voetballer in de clubhistorie. Zijn 61 treffers waren net onvoldoende om een landstitel te grijpen, wel was Trabzonspor twee keer vicekampioen en werd er een beker gewonnen.

Ajax is op zoek naar een betaalbare doelpuntenmaker. Iemand die er meteen staat. Na de recente Europese successen zijn de Amsterdammers euforisch. Dit mag niet stoppen. Handhaving in de top is het doel. Nu buitenlandse clubs de Amsterdamse talenten met topsalarissen roven, probeert Ajax zijn positie aan de top te consolideren middels het aankopen van spelers. De ene na de andere buitenlandse zaakwaarnemer strijkt deze zomer neer in Amsterdam. Behalve Kasakowski duikt ook Ivan Beneš op, een brutale Kroaat die opereert vanuit Kopenhagen. Hij is de zaakwaarnemer van Shota Arveladze en tevens een goede bekende van de Ajax-trainer. Beneš heeft van Arveladze de opdracht gekregen om een flinke som geld te regelen. In Turkije is hij al astronomische bedragen gewend, het liefst maakt hij nu een grote klapper. Beneš heeft hem gezegd dat hij dat gaat regelen met de leiding van Ajax. Behalve aan Arveladze rapporteert Beneš ook aan Jordania. Van hem heeft hij gehoord dat Arveladze toch zeker een miljoen gulden per jaar moet gaan verdienen.

Makkelijke onderhandelingen zullen het niet worden. Het is Ajax opgevallen dat er een vreemde situatie is rond de transferrechten van de beoogde nieuwe aanvaller. Je zou zeggen dat die in Turkije liggen, bij de club aan de Zwarte Zee. Daar loopt zijn contract af en dus zou hij volgens het fonkelnieuwe Bosman-arrest transfervrij moeten zijn. Maar op de een of andere manier zijn de transferrechten toch in Georgië beland en moet Ajax onderhandelen met Dinamo Tbilisi, waar Arveladze voor het laatst in 1993 een wedstrijd speelde. Behalve met Kasakowski (namens Dinamo) en Beneš (namens Arveladze), moet de Amsterdamse directie het ook nog eens zien te worden met de bemoeizuchtige familie van de spits; zijn tweelingbroer Archil en zijn oudere broer Revaz.

Ajax is het voorgaande seizoen op een beschamende vierde plaats geëindigd en fans en media willen koppen zien rollen. Dan zijn voetbalbestuurders vaak bereid om aan de onderhandelingstafels deals te sluiten, die ze waarschijnlijk niet snel zouden maken als het om hun eigen bedrijf zou gaan. Ajax wordt geleid door verstandige en hoogopgeleide mannen, met, gezien de ontwikkeling van Ajax tot een club van internationale allure, een goed zakelijk instinct. De vraag waarom Ajax voor een op het oog transfervrije voetballer uit Turkije veel geld moet overmaken naar de Zwitserse bankrekening van een Georgische club, vertegenwoordigd door de een of andere in Tadzjikistan geboren Duitser, zal bij hen toch zeker zijn opgekomen. Toch staan even later de handtekeningen keurig onder het contract.

Op 28 juni 1997 maakt Kasakowski een mooie tweetalige rekening voor Ajax. *Rechnung concerning Shota Arveladze*. Facturen sturen is nooit zo'n probleem voor hem. Soms typt hij ze op de laptop als hij samen is met Jordania. Maar hij heeft thuis ook een stapel met blanco briefpapier van de club, waarop de handtekening van Jordania alvast is aangebracht. Tevens heeft Kasakowski een stempel met het logo van Dinamo. Vanuit Saarland kan hij zo veel administratief werk doen voor de Georgiërs. Ajax betaalt tien dagen later. Op 8 juli maakt Ajax 3,3 miljoen gulden over naar een rekening bij de Finanzbank Suisse in Genève, waarover alleen Merab Jordania namens de club beschikking heeft.

Shota Arveladze gaat in Amsterdam een miljoen gulden per jaar verdienen. Toch krijgt hij niet alles wat hij wil. Vliegtickets, een sportbolide. Door de jaren heen heeft de Amsterdamse leiding de nodige verzoeken gehoord. Maar een contract voor een tweelingbroer is een wel heel vreemde eis. Die Archil is een klasse minder dan Shota. De twee zijn echter onafscheidelijk. De mannen van Ajax horen dat ze het maar moeten regelen. Jordania vliegt op het laatste moment in om nog wat meer druk te zetten. Zonder Archil zal Shota mogelijk niet zo heel veel gaan scoren. Voor zo'n bijzondere voetballer moet Ajax alle eisen inwilligen. 'Anders nemen wij Shota weer mee. Het kan mij niet schelen hoe het wordt opgelost, als het maar gebeurt,' aldus de norse Jordania die na de formaliteiten direct weer terugvliegt.

Wellicht dat ze Archil kwijt kunnen bij een andere club in de Eredivisie. Een vereniging genaamd NAC schijnt hem wel een kans te willen geven. Kasakowski stuurt zijn bolide in zuidelijke richting. Blauwe borden met Breda schieten voorbij. De Duitser moet het maar zien op te lossen. In Brabant staan de fans al met open mond te kijken naar de nieuwe proefspeler. Het is hartje zomer. Directeur Martien Vreijsen van NAC stoot zijn buurman, die even niet oplette, aan. 'Echt waar, hij kapt een paar keer en er liggen zo zes man omver!' Dit zien ze in Breda niet elke dag. Die Ariël of zoiets was geen slechte tip geweest van de trainer, een eigenzinnige Duitser, die het weer via een vriend van de Ajax-coach had. Een apart verhaal. Ajax had een nieuwe speler die alleen wilde gaan voetballen als zijn broertje een contract kreeg, of zoiets. Archil is goed, maar niet goed genoeg voor Ajax.

Bij NAC hebben ze snel in de gaten dat het tengere mannetje een versterking is voor de club die vorig jaar op de negende plaats eindigde. Meteen wordt afgesproken in een wellnesshotel op een Brabants landgoed. Wat volgt lijkt wel een beleg van Breda. De ene na de andere figuur betreedt de lobby. Die blaaskaak van een Beneš. Shota Arveladze is zelf ook gekomen. Hij heeft wel wat weg van Mister Bean, maar blijkt een intelligente jongen. En in zijn spoor volgt alweer de volgende man met een uitgestoken hand. 'Kasakowski. *Guten Tag.*' Vliegensvlug tovert hij een kartonnetje met het logo van Dinamo uit zijn binnenzak, en direct zwaait hij weer met de volmacht van clubeigenaar Merab Jordania, zoals de twee dat wel vaker regelen bij transfers.

Clubvoorzitter John Peek van NAC speelt met het stapeltje nieuwe visitekaartjes. Dat wordt een lekkere onderhandeling. Dinamo Tbilisi... Hij zou toch zweren dat die Archil Arveladze al vier jaar bij Trabzonspor speelde, maar goed. Internationale transfers zijn voor hem redelijk nieuw. Kasakowski? Dinamo? Weet hij veel. Ach. Ajax heeft ook met die mensen om de tafel gezeten. Vooral niet laten merken dat hij het allemaal wat vreemd vindt, lijkt toch wel de meest professionele benadering. 'Het aantrekken van buitenlandse spelers hebben wij, in de tijd dat ik voorzitter was, niet zo vaak gedaan.'

Beneš en de Arveladzes begroeten Kasakowski hartelijk. De mensen van NAC halen hun schouders op, het zal wel. Ze kunnen de tel toch al bijna niet meer bijhouden. Als ze net bezig zijn zien ze hoofdschuddend toe hoe er nog een derde Georgiër door de lobby komt aansnellen, die ook door iedereen uitgebreid wordt begroet. Het blijkt Arveladze nummer drie, de oudere broer Revaz. Ook hij stelt zich voor als afgezant van Dinamo Tbilisi.

Revaz was er speler en trainer. Zo zijn er ineens zeven man druk met een van de merkwaardigste transfers uit de clubgeschiedenis. Peek, Vreijsen, Kasakowski, Beneš en drie Arveladzes.

De stoet zet koers richting hotelkamer van de beoogde aanwinst. Met bezweet voorhoofd loopt clubvoorzitter John Peek in en uit. In verhalen over het Avondje NAC is met name Beneš niet geïnteresseerd. Die ratelt maar door over tonnen die naar Dinamo moeten en dan weer terug naar zijn boys. Een internationale transfer voltrekt zich toch in wat andere omstandigheden dan de ontspannen sfeer waarin de vriendelijke Tilburger John Feskens alias D'n Beitel even eerder van de concurrent uit Tilburg is aangetrokken. Vreijsen merkt op dat Beneš 'erg dominant' is. 'Hij was betuttelend en oefende een behoorlijke druk uit op Archil.'

Peek beent voortdurend door het hotel. 'Ik heb nog nooit zoiets meegemaakt. Die Beneš kwam met bedragen en aan de andere kant van de tafel zaten de Georgiërs te onderhandelen.' Al snel krijgt de vergadering het karakter van een babylonische spraakverwarring. 'Met Beneš kon ik redelijk Engels praten, Kasakowski gooide af en toe wat Duits erdoor en de broers spraken Georgisch. Men sprak in rap tempo door elkaar, waardoor de besprekingen een hectisch karakter hadden en moeilijk te volgen waren.'

Het duizelt de Brabanders met al die zaakwaarnemers, clubeigenaren, bv's, clausules en buitenlandse rekeningen. De voetbaltweeling had een contract met het Turkse Trabzonspor, maar op de een of andere manier zijn ze vlak voordat Ajax de broers in het vizier kreeg overgenomen door Dinamo, dat nu dus met de transferrechten schermt. Het wordt Peek en Vreijsen nog een keer uitgelegd. In Amsterdam was het ook geen probleem, horen de mannen van NAC. Van die club zijn de eerste miljoenen al binnengekomen op de Zwitserse bankrekening.

De bestuurders van NAC zijn opgewonden. De kaarten liggen goed. De spanning is groot. Het komt niet elke dag voor dat je zo'n dure voetballer kunt inlijven, iemand die in Trabzon nota bene rondrijdt in een patserige BMW met zijn voornaam als nummerplaat en daar netto vier keer zoveel verdient als het topsalaris bij NAC. Maar nu Shota naar Ajax zal verkassen, kan zijn broer niet helemaal aan de andere kant van Europa blijven. Ze moeten er alleen nog even uitkomen met die Kasakowski die de honneurs voor Dinamo waarneemt. Voorzitter Peek maakt tijdens de besprekingen verwoed aantekeningen:

Transfer Dinamo naar NAC
Club garandeert vrije overgang
NAC betaalt totaal DM 945.000
te verdelen in drie jaarlijkse termijnen van
DM 465.000
DM 215.000
DM 265.000
Als club niet aan verplichtingen
richting Dinamo voldoet zal
speler transfervrij mogen vertrekken

Op een volgend velletje papier staan meer bedragen. Die gaan over salaris. De NAC-voorzitter heeft nog nooit zoveel betaald aan een speler. Helaas is Archil Arveladze niet onder de indruk van bedragen van zes getallen voor de komma. Denken ze daar in Breda misbruik te kunnen maken van de situatie? Verwoed schudt hij zijn hoofd heen en weer als zijn zaakwaarnemer het voorstel voor hem vertaalt. 'Verdomme.' Vreijsen ziet tot zijn opluchting dat de zaakwaarnemer hem kalmeert. Is die Beneš toch nog ergens goed voor. 'Beneš heeft hem min of meer gerustgesteld en gezegd dat hij met hem zou doorrekenen wat hij zou overhouden. Bovendien wees hij Archil er ook nog op dat Shota in Amsterdam een megadeal had gesloten en dat uiteindelijk toch alles op één hoop zou komen.'

Archil bijt op zijn lip. Veel keus is er ook niet. Ajax wil hem niet, en veel rijkere clubs dan NAC zijn er niet op een uur rijden van Amsterdam. Op 18 juli 1997 is het dan zover. NAC heeft ineens een nieuwe speler. Peek en Kasakowski tekenen een contract. Daarin ziet Kasakowski een bedrag van 1,1 miljoen gulden staan. De eerste tranche van een half miljoen gulden zal NAC direct betalen zodra Arveladze speelgerechtigd is. Peek en Kasakowski planten hun krabbels onder het miljoen. Het begin van een hoop ellende.

Peek controleert in het contract nog even waar het geld ook alweer naartoe moet: o ja, de Volksbank in Neunkirchen, Duitsland, tevens de woonplaats van Kasakowski. Op vijf minuten rijden van de plek waar die later zijn waterpijpbar zal openen. Nou ja, het zal wel... Via een rekeningnummer daar lopen eind jaren negentig de transfers van Dinamo Tbilisi. Maar Archil Arveladze blijft mopperen. In jaar 1 verdient hij maar 280.000 gulden. Jaar 2 is goed voor 308.000 gulden en in jaar 3 pakt hij 336.000 gulden. Arveladze is niet onder de indruk. Nadat de eerste salarisstrookjes zijn uitgedeeld staat de normaal zo ingetogen speler woedend te zwaaien voor het kantoor van Vreijsen. De over de kook geraakte Georgiër priemt met zijn vinger naar het bedrag onder de streep.

Het bedrag bovenaan was al schrikken, maar wat er dan achter het woordje netto staat is pas echt ongelofelijk. Wat is dit voor een bananenrepubliek? Oplichters zijn het. In Turkije kwamen ze met twee koffers geld in een poging hem toch nog te behouden. Hier moet hij alleen maar inleveren. Hoezo pensioen? Wat is dat nu weer? Wat een raar land, dat Nederland. Vreijsen verdwijnt hoofdschuddend weer in zijn papieren.

Archil snapt het zelf blijkbaar ook niet precies. Gelukkig is daar de man uit Neunkirchen die de boel aanvult. De 1,1 miljoen gulden die NAC voor hem overhad, stroomt via de Zwitserse en Duitse rekeningen van Dinamo weer terug naar Archil Arveladze. Het is een route die blijkbaar opvalt. Zo wordt Merab Jordania eens aangehouden in Georgië. De politiechef beschuldigt hem ervan 1,3 miljoen Zwitserse franc van de rekening van de club te hebben overgemaakt naar zijn privérekening. Een aanklacht die later wordt geseponeerd wegens gebrek aan bewijs.

In Nederland rijzen eveneens vragen over vreemde betalingen door de Georgische voetbalclub. De belastinginspecteurs vinden het allemaal te toevallig. Niet alleen bij Archil stroomt het geld binnen, maar ook Shota ontvangt enorme bedragen uit het buitenland. Ze vragen zich af of Ajax en NAC wel echt een afkoopsom hebben betaald nu de bedragen even later gewoon verschijnen op de privérekeningen van spelers. Transfersom? Nettoloon! De fiscale recherche vermoedt dat de staat voor miljoenen is opgelicht. Dossier-Skippy, de codenaam waaronder de FIOD belastingontduiking rond voetbaltransfers onderzoekt, is geopend.

De boel ontwarren is lastig. Dat is ook precies de kracht van internationale spelershandel. De fiscale opsporingsdienst slaagt daar na jaren boekenonderzoek amper in, laat staan een paar voetbalfunctionarissen die onder druk een transfer voor elkaar moeten boksen. Uiteindelijk moet het ministerie van Financiën in Turkije eraan te pas komen om uit te zoeken hoe het nu allemaal zit. Aanvankelijk heeft de club aan de Zwarte Zee de broers gehuurd van Dinamo. Later, in het tweede, derde en vierde seizoen, beschikte Trabzonspor over de transferrechten, na betaling van 2,45 miljoen Duitse mark waarvan een deel contant werd overgedragen. Na het vierde jaar is het contract afgelopen en is de tweeling transfervrij. Althans, dat zou je denken. Maar vlak voordat de onderhandelingen met Ajax en NAC starten, heeft Dinamo de transferrechten ineens weer terug. Dinamo heeft daarvoor 1,5 miljoen Duitse mark, deels in cash, betaald aan de Turkse club. Daarom gingen de transferrechten terug naar Dinamo en kwam Kasakowski in het spel.

Pas jaren na ondertekening van de contracten, als de voetbalwereld alweer talloze transfers verder is, heeft de FIOD genoeg gegevens verzameld om in actie te kunnen komen. Shota speelt dan al bijna vier jaar bij Ajax, Archil is zelfs alweer vertrokken als op 28 mei 2001 de heren Simons en Groen van de FIOD hun dienstwagen de Eifelstrasse in Neunkirchen binnen sturen. Onderweg hebben ze het vuistdikke dossier van verdachte Erwin K. doorgenomen. Om tien over drie bellen ze aan bij zijn flat. Enkele minuten later zit de Duitser tegenover de Nederlandse rechercheurs die hem zijn rechten voorlezen. Twee uur en vijf minuten ondervragen ze de man die het vele jaren later nog zal schoppen tot directeur in de Eredivisie.

Ontkennen is zinloos. Kasakowski geeft tegenover de Nederlanders toe dat hij bemiddelt in transfers: 'Ik heb met Ajax over de transfer van Shota onderhandeld.' Wie er aanwezig waren, willen de rechercheurs weten. 'De heren Beneš, Oldenhof en ik.'

Kasakowski deed het voorwerk, op het laatst vloog Jordania in. 'Ik was gemachtigd voor Dinamo de inleidende gesprekken te voeren, daarna kwam de heer Jordania erbij, om het contract te tekenen. Ik kende de heer Beneš toen al. De afspraken met hem bestonden al. Daaruit kwamen mij in geval van het sluiten van een contract financiële aanspraken aan Beneš toe.'

Het was ook Kasakowski die de rekening naar Amsterdam stuurde. 'De facturen van Dinamo aan Ajax heb ik in de Duitse taal geschreven, ze zijn voorzien van de handtekening van Jordania. Het is mogelijk dat ik de facturen in aanwezigheid van Jordania op mijn laptop heb geschreven. Ik had ook blanco briefpapier van de club met de originele handtekening van Jordania ter beschikking.'

De rechercheurs knikken. Kan hij uitleggen waarom Shota Arveladze geld via een rekening van de Volksbank in Neunkirchen ontving? 'Die overschrijving heb ik in opdracht van Jordania uitgevoerd.' De FIOD-mannen leggen hem een papier voor met een transactie. Die is getiteld Rekening Dinamo Tbilisi bij Volksbank Neunkirchen over New York aan Shota Arveladze in Georgië. Het betalingskenmerk is: 'provisie en salaris'. Daarover zegt Kasakowski tijdens het verhoor: 'Ik moet toegeven dat met deze overschrijving provisie uit de transfer aan Shota Arveladze werd betaald. Over de wijze van betaling van de transfersom kan ik geen inlichtingen geven. Die is ook in dit concrete geval door Jordania tijdens de onderhandelingen bepaald.'

Volgens Kasakowski moesten veel mensen worden betaald met het geld uit Amsterdam. 'Uit een gesprek met de heer Beneš was mij bekend dat ook de drie broers Arveladze aan de transfer wilden verdienen.'

Na dik twee uur geven de ondervragers hem een hand en stappen ze in hun dienstwagen. Kasakowski sluit de deur van zijn huis. De mannen met wie hij zakendeed in Nederland komen minder goed weg. Ajax-penningmeester Arie van Os en NAC-voorzitter John Peek moeten de cel in. Shota Arveladze wacht hetzelfde lot. Bij het beursgenoteerde Ajax breekt er paniek uit als er over valsheid in geschrifte wordt gerept. In Breda hoort een met stomheid geslagen Peek de agent zeggen dat hij zeker al rekening had gehouden met een arrestatie, aangezien hij instappers zonder veters draagt. Hij moet een nacht de cel in en wordt gelucht in een kooi met criminelen.

Jordania en Kasakowski blijven voorlopig buiten schot. Maar op 31 mei wacht Kasakowski toch een tweede verhoor. Hij speelt een sleutelrol. De rechercheurs noemen hem dan al 'kassa-kowski'. Ditmaal vindt het gesprek plaats in het belastingkantoor aan de Mainzer Strasse in het mooie Saarbrücken. Deze keer wordt het een marathonverhoor van vier uur en veertig minuten. De rechterhand van Jordania wordt onder druk gezet met een tafel vol papieren over stortingen, faxen en facturen.

Het verhoor heeft één constante: Kasakowski weet zich weinig te herinneren.

Zo ligt er een contract tussen spelersmakelaar Beneš en Kasakowski. Ze schuiven het met vragende blik naar hem toe. 'De genoemde namen van spelers zeggen mij dat ik dit contract niet heb kunnen ondertekenen.'

Er is geld overgemaakt naar Euro Connection, dat is het bedrijf van Beneš. 'Het was een kredietverlening van Dinamo aan Euro Connection op grond van het contract. Uit de rekeningafschriften moet een terugbetaling blijken.'

Er is een vreemde fax van Beneš waar Kasakowski zelf wat getallen bij heeft gekrabbeld. 'Het gaat om de afmetingen in vierkante meter van mijn woning.'

Dan de overschrijving van 293.562 Duitse mark van Dinamo aan makelaar Beneš. Ze schuiven het met vragende blik naar hem toe: 'De provisiebetaling aan Beneš berust zeker op het contract met Dinamo. Waarom de betaling aan Beneš op diens rekening gebeurde, moet u aan Beneš vragen. Het gaat om een rekening in Duitsland.'

Hebt u voor uw onderhandelingsactiviteiten een vergoeding ontvangen?
'Ik geloof van wel, hoe hoog die was kan ik me op dit moment niet herinneren.'

Weet u nog wie heeft betaald en op welke manier?
'Dinamo, als ik het me goed herinner. Ik kan uitsluiten dat ik in dit geval geld van Archil of Shota heb ontvangen. Ik mocht mijn aandeel van de rekening van de club opnemen.'

Op 3 september 1998 heeft Dinamo van Euro Connection, de firma van Beneš, een bedrag ontvangen van 662.526 Duitse mark . Bijna de helft blijkt daarna door afdeling Neunkirchen te zijn overgemaakt naar de privérekening van Beneš. Kasakowski: 'Ik heb het bedrag in opdracht van Dinamo overgemaakt. Ik wil geen verdere verklaring hierover doen.'

De dossiers lezende is Kasakowski toch vooral makelaar. Hij doet ook in andere voetballers. Zo zijn er aantekeningen van Kasakowski over een voormalige speler van Dinamo. Waarom er cash staat? 'Cash betekent in dit geval geen zwart geld, maar contant geld, overeenkomstig met de wens van de speler.'

Hoe zit het met de handgeschreven getallen? 'Dit is niet mijn handschrift. Het is mogelijk dat het eveneens om salariseisen gaat van een speler die dit zelf heeft genoteerd.'

In een betalingsopdracht duikt Roman Shotadze op, een bestuurder van Dinamo Tbilisi die daar in 1999 onze landgenoot Jan Boskamp ontsloeg. 'Shotadze? Volgens mij had het iets met Arveladze te maken.' En zo cirkelen er meerdere personen rond de Arveladzes die allemaal een graantje mee willen pikken van het geld dat Ajax investeert. Volgens Kasakowski was er 'een probleem met iemand van Trabzonspor die aan de transfer wilde meeverdienen'.

Waarom Ajax de spits moest loskopen bij Dinamo blijft vaag. Kasakowski schermt dat er in Turkije andere regels zouden gelden dan die van FIFA. Volgens hem zouden voetballers in dat land niet transfervrij zijn na afloop van het contract. De rechercheurs zuchten. Wat is dit voor een bedrijfstak? Hoe kan het nou dat Ajax en NAC aan ene Kasakowski miljoenen betalen zonder de eigenlijke bezitter van de transferrechten te kennen? De Duitser haalt zijn schouders op. 'Ik weet niet wat Ajax en NAC weten. Ajax kan dat alleen van Dinamo weten, niet van Kasakowski, maar van de clubvoorzitter, de heer Jordania.'

De volgende vraag dan maar. Er is een rekeningafschrift van een contante betaling met daarbij een kwitantie waarop de handtekening staat van Kasakowski. 'Ik kan me hiervan niets herinneren, dat moet u maar van mij aannemen.'

Er volgen vele documenten. Zoals correspondentie met SC Freiburg. Kasakowski blijft koel: 'Jordania heeft mij verzocht de gegevens aan Freiburg door te geven. Het gaat niet om een betaalde bemiddelingsactiviteit.'

De ondervragers komen nu met handgeschreven notities. 'Die hebben niets met de broers Arveladze te maken. De letters B en N betekenen bruto en netto. De notities betreffen de salariseisen van een speler. De naam weet ik niet meer.'

Dan volgen briefjes met namen en getallen. 'Bedragen betreffende de aankoop van kleding, een afrekening van een visum, de aankoop van een horloge, de afrekening van een voorschot voor Dinamo.'

Er duikt weer een overeenkomst op. Ditmaal tussen Jordania en de drie broers, daarin staat dat de spelers samen nog recht hebben op 2,5 miljoen Duitse mark. Dit zou achterstallig salaris uit hun tijd bij Dinamo zijn en de verkoopprijs van hun transferrechten, waardoor niet de broers zelf, maar Jordania bepalend was geworden over het verloop van hun carrières. Een clubeigenaar die tevens opereert als makelaar. Dat is boeiende handel. De FIOD heeft de papieren laten analyseren. Trots melden ze Kasakowski het resultaat. Eerst is op een leeg vel het stempel van de club gedrukt, toen de handtekening van Jordania en pas daarna is de tekst erbij geschreven. Toen volgden de handtekeningen van de spelers, waarna er voor de vorm stippellijnen onder de krabbels van Shota en Archil zijn aangebracht. Dan is er ook nog wat met de datum. Die was in het origineel 15-7-1994, maar nu 15-7-1999. De heren nemen een slok van hun zwarte koffie en kijken de Duitser dan in de ogen. Wat wilt u hierover vertellen? Kasakowski houdt zich van de domme. 'Ik heb gehoord, zoals gezegd, dat er een contract tussen Dinamo en de broers Arveladze bestond. Over de vervaardiging van dit document weet ik niets.'

Zuchtend halen ze het volgende document uit de dikke map. Banken en bedragen. Het Ajax-geld lijkt kriskras door Europa te vliegen. Waarom loopt er bijvoorbeeld ook nog een rekening in Engeland? 'De rekening bij de Volksbank is mij natuurlijk bekend. Hoewel ik vertegenwoordiger van Dinamo voor West-Europa was, is mij de rekening bij Barclays Bank PLC van Dinamo niet bekend.'

Kasakowski zegt regelmatig ergens niks van af te weten en weigert ten slotte ook een vraag te beantwoorden. 'Ik zeg niets over de exacte verdeling van 720.000 Duitse mark.'

De verhoorders proberen het nog een laatste keer. En hoe zit het toch met die transfervergoeding van 237.000 Duitse mark aan Revaz Arveladze? Kasakowski buigt niet: 'Met betrekking tot de juistheid van de transfervergoeding aan Revaz dient de heer Jordania antwoord te geven.'

Dat is precies wat de FIOD wil. Maar Merab Jordania komt natuurlijk niet voor zijn lol naar Nederland om even leuk wat vragen te beantwoorden. Uiteindelijk lukt dat pas vijf jaar na de transfers. Jordania krijgt dan tot frustratie van het onderzoeksteam een vrijgeleide. Dat betekent dat hij slechts kan worden gehoord als getuige. Jordania kijkt van nature al niet vrolijk, maar nu kan er helemaal geen lach af.

Wanneer heeft de heer Jordania gehoord dat hij in Nederland verdachte is?
'Ik heb dat gisteren gehoord.'

De officier van justitie heeft gisteren gezegd dat u voor uw komst naar Nederland een vrijgeleide zou krijgen. Klopt dat?
'Ik wens geen antwoord op dit soort vragen te geven, ik ben dat niet gewend. Ik ben gekomen om mee te werken aan het onderzoek.'

Heeft de heer Jordania voordat hij naar Nederland kwam bepaalde garanties gevraagd aan het Openbaar Ministerie?

'Ik ga hier ook geen antwoord op geven. Ik ken de wetten hier niet en ik begrijp dat ik het recht heb om geen antwoorden te geven.'

Aldus Jordania in een uitvoerig verslag waarin hem 75 vragen worden voorgelegd. Die gaan veelal over zijn relatie met Kasakowski en de buitenlandse bankrekeningen. Zelf vindt hij het niet zo vreemd dat Ajax 3,3 miljoen gulden moest storten op een Zwitserse rekening waarover alleen Merab Jordania de beschikking heeft. 'Als ik contracten met buitenlandse clubs sloot, liet ik het geld soms op de Zwitserse en soms op de Duitse bankrekening storten. Ik mocht vrij beschikken over de rekeningen en alles ermee doen wat ik wilde omdat ik eigenaar van de club was.' Zelfs toen hij in 1998 ging werken voor de Georgische voetbalbond kon hij van de rekeningen gebruik blijven maken. 'Op basis van een stilzwijgende volmacht.'

Welke bankrekeningen op naam van Dinamo Tbilisi of ten gunste van Dinamo Tbilisi heeft Jordania geopend of laten openen?
'Bij de FB Finanzbank Suisse een rekening op naam van Dinamo. Bij de Volksbank in Neunkirchen een rekening op naam van Dinamo. Later was er ook een rekening in Engeland, ik denk dat die in 1998 of 1999 geopend is. Dinamo had ook nog een of twee rekeningen in Georgië, ik denk dat ik een rekening geopend heb, maar het kan ook een partner zijn geweest.'

Voor welke rekeningen van Dinamo Tbilisi was Jordania gemachtigd?
'Alle rekeningen die we genoemd hebben. Daar kon ik alleen over beschikken.'

Waartoe strekte die machtiging?
'Ik mocht vrij beschikken over de rekeningen en alles ermee doen wat ik wilde omdat ik eigenaar van de club was.'

Slechts met zijn toestemming mochten mensen aan het geld komen. In Nederland mag het allemaal wat vreemd ogen, maar opereren vanuit Oost-Europa heeft zo zijn eigen merites weet Jordania: 'Wij hebben zoveel rekeningen in het buitenland omdat wij problemen hadden met het overboeken van gelden vanuit Georgië naar het buitenland. Zo is het voorgekomen dat Kasakowski in Duitsland contant geld opnam en naar Georgië bracht.'

Zijn rechterhand kon beschikken over de rekening. 'Hij was tekenbevoegd voor die rekening en een telefoontje aan Kasakowski was genoeg.' Maar waarom in hemelsnaam daar? Het antwoord is simpel: 'Omdat Kasakowski daar woonde. Ik betaalde voetballers in DM of dollars. Georgisch geld was niet geliefd.'

En de Zwitserse rekening dan? 'Ik kom en kwam heel vaak in Genève in verband met het feit dat het hoofdkantoor van de UEFA in Genève gevestigd is en ik daar elke maand naartoe ga omdat ik lid ben van het UEFA-comité.'

Dat Ajax belangstelling had voor Arveladze hoorde hij van Ivan Beneš. 'Ik had toen een goede relatie met de trainer van Ajax, Morten Olsen. Beneš was heel vaak in Georgië. Olsen is ook een keer naar een wedstrijd in Georgië wezen kijken.'

Jordania zegt dat hij ook Archil Arveladze in Amsterdam wilde stallen. Dat zou voor zijn beide spelers beter zijn. 'Ik weet dat ze het moeilijk vinden om van elkaar gescheiden te zijn. Ik wilde proberen om ze allebei aan Ajax over te dragen.'

Met de Arveladzes is hij bevriend. 'Onze families kennen elkaar al heel lang. Tot 1990 was ik zelf speler van Dinamo Tbilisi. Alle drie de broers

Arveladze speelden toen ook voor Dinamo Tbilisi. Toen ik in 1992 voorzitter werd van Dinamo Tbilisi heb ik die jongens op zien groeien. Ik ken ze nog van voordat ze bij Dinamo kwamen spelen. Ik was bevriend met hun vader. Ik zie ze nu nog vaak. Ik heb een zodanige functie dat Shota en Archil als spelers van het nationale team regelmatig contact met mij hebben. Revaz zie ik dagelijks want ik werk met hem.'

Jordania vertelt dat hij Kasakowski al kent sinds 1980. Kasakowski was toen vijftien jaar. 'Als ik niet naar Europa kon vliegen, kreeg hij een volmacht om namens de club contracten te ondertekenen, hetzelfde gold voor bankbescheiden en andere documenten.'

En Archil Arveladze? 'Omdat hij niet in topvorm was, hij was geblesseerd, mochten wij verder niets vragen. Voor hem hoefden wij geen transferbedrag te ontvangen. Wij zouden hem zonder betaald te worden laten gaan.' Jordania laat het over aan zijn zakenvrienden. 'Ik werd niet op de hoogte gehouden. Dat wilde ik ook niet. Beneš en Kasakowski hadden algehele volmachten gekregen.'

Aangezien Ajax niet het gewenste salaris kon betalen kwam Jordania met een andere constructie. 'Het salaris dat ik er voor Shota uit wilde slepen lukte niet. Als Ajax 300.000 gulden jaarlijks aan ons zou overmaken, hadden wij afgesproken dat wij dat aan Shota zouden betalen. Wij in dit verband zijn: Ajax, Dinamo, Beneš en Kasakowski. Shota zou het geld van Dinamo krijgen plus het salaris van Ajax. Shota had een bepaald bedrag aan salaris in gedachten. Als hij belasting daarover moest betalen, dan zou er niet genoeg voor Shota overblijven.'

Net als Shota kreeg ook Archil grote belastingvrije sommen op zijn rekening gestort. 'Ik heb tegen Beneš gezegd dat het belangrijkste was dat Archil tevreden was en dat hij gebruik mocht maken van de Duitse rekening van Dinamo Tbilisi. Beneš mocht geld van de rekening afhalen. Beneš kon dat niet zelf opnemen. Kasakowski kon over die rekening beschikken. Beneš en Kasakowski mochten in dit geval zelf beslissen over bedragen die aan Archil Arveladze betaald moesten worden.'

Contant of giraal? 'Het zou allebei kunnen zijn. Ik heb Shota Arveladze zelf nooit contant betaald. Het kan zijn dat ik iemand volmacht heb gegeven om contant aan hem te betalen. Dat zou dan Kasakowski moeten zijn.'

Na betaling kwam bij Shota en Archil alles op een hoop. 'Ze hebben een hechte band. Ik weet zeker dat ze het geld samen delen.'

Buitenlandse bankrekeningen, cash, voorgedrukte handtekeningen in huize Kasakowski, transacties naar privérekeningen van een makelaar, verdachtmakingen van justitie, dollars, marken, guldens. Het duizelt de onderzoekers die vele manuren steken in de Arveladzes. De bedrijfstak betaald voetbal maakt verlies, maar enkele individuen lijken er wel beter van te worden. Zo blijkt dus al eind jaren negentig. Toen de geldvolumes op de spelersmarkt nog maar een fractie waren van de vele miljarden die nu circuleren. Jordania zucht en zet zijn handtekening onder de 75 antwoorden die hij heeft gegeven op de vragen van zijn verhoorders. Van al het gedoe snapt hij niet veel. 'Uiteindelijk waren alle partijen tevreden.'

We slaan dossier-Skippy dicht. De internationale netwerken ontwarren bleek voor de fiscale recherche toen al bijna ondoenlijk. Bijna twintig jaar is er voor rechtbanken nog geruzied over de tweelingtransfer. NAC treft uiteindelijk in 2012 een schikking met de FIOD. Ajax voert zelfs tot 2015 verbeten rechtszaken waarin het naheffingen van de fiscus probeert te verhalen op Arveladze en ook Michael Laudrup, de sierlijke buitenspeler uit Denemarken die met vergelijkbare problemen te maken kreeg. Via een advertentie in de krant laat Ajax Laudrup opsporen om te getuigen in een rechtszaak. De Amsterdammers verliezen. Arveladze en Laudrup hoeven niet te betalen, maar zijn wel woest dat ze nog decennia worden lastiggevallen. In 2017 heeft Ajax een vacature voor hoofdcoach en Ronald Koeman pleit voor Laudrup. Diens zaakwaarnemer meldt zich direct. Laudrup wil niks meer te maken hebben met Ajax. '*No thanks*. Ze zijn niet zo aardig geweest voor hem.' En de makelaars die deze constructies verzonnen? Die gingen vrijuit. Beneš opereert vanuit Kopenhagen onverstoorbaar als voetbalmakelaar. Kasakowski en Jordania werd geen strobreed in de weg gelegd toen ze hun transferhandel overhevelden naar de bestuurskamers van Vitesse. Toen ze daar ontslagen waren declareerde een zakenvriend in Arnhem nog even dik 6 miljoen namens de firma Georgia Holland Germany. Rekeningetje over gedane transfers. Als voetbal het Wilde Westen is, dan zijn dit de premiejagers. Voor geld doen ze alles. Ook vriendschappen na tientallen jaren opblazen. Want ook dat overkomt het duo dat niet zou misstaan in de cast van een slechte B-film. Ze brouilleren. Kasakowski breekt met Jordania. Vitesse ook. De Arnhemmers leggen hem uiteindelijk een stadionverbod op. Jordania spant een rechtszaak aan. Vitesse brengt daar naar voren dat Jordania zijn maatje Kasakowski heeft bedreigd door zijn voormalige geldkoerier mede te delen dat hij mensen zou sturen om hem te 'laten ophalen en ombrengen'.

Oeps. Voor de zekerheid checken we zijn Facebook-pagina nog even. We kunnen gerust zijn. Levensgenieter Kasakowski kijkt monter de wereld in en doet verslag van een nieuwe *chill & eat*-gelegenheid die hij heeft geopend in Neunkirchen. Het wachten is nu op het moment dat hij weer aanmeert in Nederland. Jordania heeft dat al gedaan. Na een korte afwezigheid is hij inmiddels neergestreken in Brabant. Een van zijn twee zonen voetbalde daar nog even bij FC Eindhoven en de Jordania's gaven aan dat ze graag weer een club wilden kopen. Even later stond FC Den Bosch op de stoep. Zijn andere zoon, een 24-jarige jongeman die nu al carrière heeft gemaakt in de Russische olie- en gasindustrie, is daar nu eigenaar. 'Zo vader zo zoon,' zei Jordania lachend nadat de deal was beklonken. Uiteraard was Merab zelf spil in de onderhandelingen en zal hij zijn zoon gaan adviseren…

(Verantwoording: de aangehaalde quotes zijn afkomstig uit de FIOD-verhoren en de rechtbankstukken.)

Groei transfermarkt

jaar	aantal	bedrag
2011	11.882 transfers	$ 2,9 miljard
2012	12.005 transfers	$ 2,7 miljard
2013	12.733 transfers	$ 4,0 miljard
2014	13.158 transfers	$ 4,1 miljard
2015	13.606 transfers	$ 4,2 miljard
2016	14.631 transfers	$ 4,8 miljard
2017	15.624 transfers	$ 6,4 miljard

(FIFA rekent in Amerikaanse dollar)

9

'IK BEN EEN HEDGEFONDS'

Een astroloog had ooit al voorspeld wat de kleine Raiola later zou gaan doen: mensen helpen. 'Dit komt aardig in de buurt.'

De L-vormige villa aan Miami Beach heeft veel weg van een filmset. Elk moment verwacht je aan de horizon een serie speedboten met aan boord een paar stierennekken die hun magazijnen leegschieten op de net wat te smetteloos gestucte muren. Het aangeharkte privéstrand ligt waterpas, de puntgave houten raamkozijnen zien eruit alsof ze nog opdrogen na een verse schilderbeurt, in de geel met zwart mozaïek betegelde badkamer glimmen de originele koperen elementen uit de jaren twintig alsof ze zojuist uit de verpakking komen, de terracotta dakbedekking lijkt zo afkomstig uit een Toscaanse oven, en de rode koralen die een spuitende fontein accentueren ogen fel alsof ze vanochtend zijn opgedoken van de riffen, die verstopt liggen in het azuurblauwe water rondom de oprijlaan zo breed als de A2 en een zwembad formaatje olympisch. Hier blies Al Capone in 1947 zijn laatste adem uit. Er is na de secure renovatie niet veel fantasie nodig om in gedachten zijn fameuze spaghetti- en steakfeesten tot leven te laten komen. Huize Capone is tegenwoordig een geliefde stek voor jetsetfeestjes en champagneparty's georganiseerd door de upper class van de Amerikaanse entertainmentindustrie. Een locatie met zo'n filmische uitstraling dat de showbizzpers regelmatig met telelenzen patrouilleert rondom de twee meter hoge muren, die de

9.000 vierkante meter splendeur omheinen. Soms komt er ook een bekende uit het voetbal voorbij. De voormalige United-ster David Beckham hield er een exclusieve proeverij om zijn whiskymerk te promoten en nu vinden we de villa van de misdaadlegende zelfs terug in de sportkranten. Naast een zwart-witplaat van Capone die op de patio een sigaar rookt, zien we een pasfoto van een bekende Haarlemmer: voetbalmakelaar Mino Raiola. Van Amsterdam tot Auckland en van Berlijn tot Buenos Aires; overal wordt bericht over de nieuwe eigenaar van de hagelwitte gangstervilla. Een stomverbaasde Raiola doet aanvankelijk nog zijn best om de geruchten te ontkrachten. 'Een stunt van de makelaar.' Hoewel Miami een van zijn favoriete steden is, resideert hij prima in het belastingvrije prinsendom Monaco. Maar veel helpen zijn ontkenningen niet. Mondiale media die berichten over alweer een succesvolle voetbaltransfer vermelden meestal terloops wel even dat de betrokken dealmaker een berucht optrekje op de kop tikte aan de Biscayne Bay. Zelfs zijn steeds uitgebreidere Wikipedia-pagina maakt abusievelijk melding van de bijzondere aankoop. Het verhaal is dan ook te mooi om te laten liggen. Raiola in het huis van Capone. Een match die bijna net zo logisch klinkt als Ajax en Johan Cruijff. Zeker voor iemand die *The Godfather 1*, *The Godfather 2* en *The Godfather 3* noemt als zijn favoriete films. Dat wil niemand doodchecken met een kijkje in het Amerikaanse kadaster. De combinatie Raiola, maffiabaas, Miami is nu eenmaal onweerstaanbaar.

'I'm gonna make him an offer he can't refuse.'
– *The Godfather*

'Ik ben een hedgefonds.' Niet veel mensen op aarde zullen deze zin ooit in hun leven uitspreken. Eén man wel. De markante solist Mino Raiola. De Nederlandse Napolitaan die zo lijkt weggelopen van de set van *The Sopranos*. Geboren in Italië, opgegroeid in Haarlem, woonachtig in

Monaco. Van handige tolk uitgegroeid tot gevreesd makelaar. Kind aan huis bij AC Milan. Hofleverancier van voetballers aan Manchester United. Hij is miljonair, zijn klanten zijn miljonair. Aanvankelijk werd Carmine, beter bekend als Mino, nog met argwaan bekeken. Praatjesmaker, cowboy. Iemand die de vocabulaire van zijn lievelingsfilm aardig beheerst. Maffia, schijt, fuck, bloedschande, shit, incest, klootzak, eikel, stront. Allemaal termen die in zijn vlijmscherpe interviews tussen aanhalingstekens staan genoteerd. Hoe dan ook. Mino Raiola, vaak wat slordig gekleed in spijkerbroek en oversized hemd, en dikwijls gekarakteriseerd als voormalig pizzabakker, had met zijn kroonjuweel Paul Pogba wel even het wereldrecord in handen. Met de astronomische afkoopsom van 105 miljoen euro onderhandelde de Haarlemmer in 2016 Gareth Bale uit de recordboeken. Pogba trakteert tegenwoordig oud-collega's op Rolexen, Raiola zet gewapend met een arsenaal smartphones vanuit zijn belastingvrije uitvalsbasis de volgende transfers in de steigers en schroomt daarbij niet om iedereen die aan zijn spelers komt keihard af te serveren. Hij typeerde zichzelf ooit als een stofzuigerverkoper die bestuurders hun ballen eraf draait totdat ze ja zeggen. Emotioneel en opvliegend noemt hij zichzelf. Zijn soms onconventionele methodes zijn uitermate succesvol. Het Amerikaanse zakenblad *Forbes* noteert het eenmansdestructiebedrijf van onze landgenoot al jaren hoog op de mondiale ranglijst van gefortuneerde voetbalmanagementbureaus. Hij begeleidt en belegt, hij onderhandelt en verhandelt. Zonder overdrijven zou 'hedgefonds' niet eens meer misstaan als functieomschrijving op zijn visitekaartje. Een kwart eeuw na zijn entree op de markt wordt de horecazoon alom gerekend tot de invloedrijkste makelaars ter wereld.

Hoe hij zo succesvol is geworden? 'Gewoon, door keihard te werken.' Al op het vwo valt de achttienjarige op wanneer hij zijn bolide keurig naast die van de docenten parkeert. In de avonduren fungeert hij als afwasser, kelner en schoonmaker (nee, hij bakte geen pizza's) in het

Italiaanse restaurant dat zijn ouders exploiteren aan een van de centrale Haarlemse singels. Raiola regelt ook de administratie en realiseert zich zodoende op een avond dat een slordig geklede man uitgerekend de duurste fles wijn bestelt. Raiola kijkt wat verbaasd naar het sjofele type, senior tikt hem op de vingers. De latere multimiljonair die in hawaïshorts bij contractonderhandelingen met Juventus zal aanschuiven, krijgt opdracht om nooit af te gaan op uiterlijk en de exclusieve Sassicaia gewoon te ontkurken. Hij noemt deze periode later 'de gelukkigste tijd van mijn leven' in een decor dat de sfeer ademde van *The Godfather*, zonder het criminele aspect dan. 'Saus, salami, show.'

Wanneer een klant op een dag klaagt over onbetrouwbare Italianen die afspraken niet nakomen en te laat leveren, gaat Raiola voor honderd gulden mee naar Italië om het probleem op te lossen. Het werk als intermediair gaat hem goed af en in 1987 lanceert hij als rechtenstudent zijn eerste bedrijf genaamd Intermezzo. Het arbeidsethos van een horecaman, een goed stel hersens en een flinke portie lef blijken een gouden combinatie. Zoals veel makelaars rolt hij eind jaren tachtig, begin jaren negentig per toeval het voetbal in. Aan hem is geen begenadigd voetbaltalent verloren gegaan. Meer indruk maakt hij als kritisch lid van de businessclub van HFC Haarlem waar hij uitlegt hoe de club bestuurd zou moeten worden. Na een bestuurscrisis vragen ze die bluffer die het altijd zo goed weet het zelf eens te proberen. Raiola is dan 23 jaar. Bij Haarlem is geen geld. Het nieuwe bestuurslid technische zaken scant de transferreglementen die dan nog totaal anders in elkaar zitten dan nu. Kort gezegd komt het erop neer dat de binnenlandse transfersommen worden bepaald door een rekenformule op basis van contractduur en salaris. Voor transfers naar het buitenland vragen clubs echter wat ze willen. Raiola ziet een gat in de markt wanneer een buitenlandse club Haarlem zou overnemen. Die zou dan een opleidingscentrum hebben, een filiaal vanwaaruit de beste talenten goedkoop kunnen doorstromen.

Mino Raiola benadert met dit idee AS Napoli, zijn favoriete vereniging waar Maradona op dat moment nog speelt. Hoe het contact ontstaat? 'Gewoon bellen. Ondernemen.' Met een miljoen gulden sponsorgeld kan hij talenten aantrekken die dan kunnen rijpen in de fonkelnieuwe dependance genaamd Haarlem. De Italianen monsteren de kleine Nederlander. 'Wie zou jij kopen?' Raiola noemt een speler uit Ajax 2. Dennis Bergkamp. Raiola krijgt groen licht en belt de zaakwaarnemer van Bergkamp, een zekere Rob Jansen. Een gebekte vakbondsman uit Den Haag die bij de vakbond VVCS furore maakt als contractbegeleider. Uiteindelijk ketst de deal af na een cocaïneschandaal bij Napoli, maar zijn entree op de spelersmarkt heeft hij gemaakt. Rob Jansen is dan nog onder de indruk van de harde werker met een zekere charme. Een man die bruist van de energie en de potentie heeft om verder te komen.

De VVCS transformeert in die periode van een gerespecteerde organisatie die opkomt voor de zwakke rechtspositie van voetballers in een steeds commerciëler getinte groep en ziet wel wat in de jonge Haarlemmer die beweert de contacten en kwaliteiten te hebben om de begeleiding van de beste voetballers te verzorgen. Alle spelers zitten op dat moment nog bij de vakbond. Met de zeventalige Raiola is er plotseling iemand in huis die de Italiaanse markt kent en hand-en-spandiensten kan verlenen als tolk. Iemand die kind aan huis is in Napoli waar Raiola kennismaakt met alle mensen die wat voorstellen in het Italiaanse voetbal. Andersom nodigt hij zijn nieuwe netwerk uit in de Eredivisie waar talenten zich begin jaren negentig ontwikkelen tot gewilde exportproducten. Na de succesvolle transfers van Ruud Gullit, Frank Rijkaard en Marco van Basten naar Milaan neemt de vraag naar Hollandse Nieuwe bepaald niet af. Om de transfers te begeleiden heeft de VVCS een aparte afdeling opgericht: Sport Promotion. Raiola ontpopt zich als regelneef. 'Tolken, restaurantboekingen, autorijden,' zegt Jansen daar later eens over.

Voetbalmakelaar is dan nog een relatief nieuw beroep. Apollonius Konijnenburg en Cor Coster zijn de kleurrijke pioniers van het gilde. Mannen die nog nauwelijks concurrentie ondervinden. Maar dat verandert door de opkomst van Sport Promotion dat dankzij de databank van de VVCS alle contracten en clausules kent. De overgang van Bryan Roy naar de Serie A, in 1992, wordt over het algemeen beschreven als de eerste transfer van Raiola. Aanvankelijk lijkt het Fiorentina te worden. Na de geboorte van zijn zoon overhandigt de voorzitter twee foto's aan zijn vrouw: 'Welke Bryan wil je?' De net bevallen dame vindt dat Roy een leuker koppie heeft dan Laudrup. Raiola baalt als een stekker als de trainer van Roy, Louis van Gaal, zijn veto uitspreekt, maar drie maanden later verkast Roy alsnog naar Italië. Foggia betaalt 3 miljoen gulden en Raiola is prompt niet meer van zijn zijde te slaan. Kleedkamer, dug-out. Hij is er. Auto, huis, financiën. Hij regelt het. Raiola rijdt in zijn Lancia op en neer en helpt Roy onder meer met het schilderen van zijn huis. Tot op de dag van vandaag bekvechten Jansen en Raiola over de credits. Volgens Jansen was Raiola slechts betrokken in de regelende sfeer en heeft hij met transfers niets te maken. Raiola stelt dat hij alle voorbereidingen trof voor transfers, terwijl Jansen alleen invloog voor de formele afronding. Zelfs over de afgeketste Fiorentina-deal hebben ze verschillende lezingen. Volgens Jansen was het niet Louis van Gaal die een veto uitsprak, maar de racistische oma van de Fiorentina-voorzitter.

De VVCS zwijgt in die periode over zijn bestaan. Politiek ligt het gevoelig dat een vakbond spelers op de markt brengt in Italië. Desalniettemin dringt hij door tot de *inner circle* van topvoetballers. In 1993 gaat Dennis Bergkamp naar Internazionale, hij zegt in het magazine *Nieuwe Revu*: 'We hebben nu een tolk, Mino Raiola, hij heeft een pizzeria in Haarlem. Nu is hij een tijdje in Milaan om ons wegwijs te maken. Rob Jansen van de VVCS heeft dat geregeld.' Zonder slag of stoot gaat zijn opkomst niet. De sterren worden begeleid door een beperkt aantal mannen. Daar kom je niet zomaar tussen. Zijn opkomst loopt niet zo extreem uit de hand als bij Jorge Mendes uit Portugal die een vuistgevecht aangaat met een collega, maar wel raakt hij verzeild in figuurlijke schermutselingen. Het valt medewerkers van de VVCS op dat hij als tolk moeilijk in toom te houden is, omdat hij vertalingen direct vergezelt van zijn meningen. Lang houdt de eigenzinnige Raiola het dan ook niet vol in een dienende rol bij de vakbond. Als twee gelijkpolige magneten stoten Jansen en Raiola elkaar af. Vandaag de dag zijn ze verbeten concurrenten, zeker nadat Raiola het kroonjuweel Mark van Bommel overnam uit de winkel van zijn ex-collega. Na zijn vertrek stelt hij zich weinig chic op tegenover de man die hem toch ook introduceerde bij de spelers. Raiola noemt Jansen een leermeester die laat zien hoe het niet moet. 'Ik heb Rob veel succes gewenst met zijn geld en ben gekapt,' stelt hij in zijn kenmerkende no-nonsense spreektaal. Tot ergernis van Raiola verkoopt de VVCS de afdeling Sport Promotion aan zijn rivaal. Ongelofelijk volgens de Haarlemmer, ook aangezien de begeleidingstak was opgericht 'met de contributie van spelers van Helmond Sport en Heracles'.

Jansen heeft op zijn beurt bedenkingen bij de werkwijze van Raiola en zegt dermate anders in het leven te staan dat een verdere samenwerking niet mogelijk is. Bij de vakbond willen ze niets meer met hem te maken hebben, zo blijkt als hij namens Padova contact opneemt voor een speler van Cambuur. Niemand van de VVCS komt opdagen voor de contractbesprekingen, logisch volgens voorzitter Theo van Seggelen: 'Wij werken niet met illegale makelaars en tussenpersonen.' Raiola gromt. De Napolitaan voelt zich zo in zijn eer aangetast dat hij weleens even zal laten zien wie de grootste makelaar van Nederland is.

De breuk is de opmaat naar een ongekende successtory. In Nederland krijgt hij een paar spelers onder zijn hoede, maar vooral dankzij een samenwerking met de Tsjechische oud-sterspeler Zdeněk Nehoda met wie hij Pavel Nedvěd voor miljoenen naar Lazio Roma transfereert, komt hij echt op de kaart te staan. In het buitenland althans. In Nederland wordt hij nog steeds niet voor vol aangezien. Als Feyenoord een paar spelers misloopt komt dat volgens Leo Beenhakker door 'een of andere Luigi die zijn eigenbelang diende'. Deze Luigi brengt dan inmiddels meer nachten door in hotels dan in zijn eigen slaapkamer. Op 26 februari 1997 haalt hij het dan nog vereiste makelaarsdiploma af op het bondsbureau. Logisch volgens hemzelf. 'Dit is een roeping.' Een astroloog die zijn ouders ooit lieten aanrukken had al voorspeld wat hij later zou gaan doen. Mensen helpen. 'Mijn ouders hoopten op een beroep als dokter, maar dit komt aardig in de buurt.'

In bestuurskamers wordt daar wat genuanceerder over gedacht. Daar gaat het over die onaangepaste blaaskaak met zijn gepeperde facturen. Klein, charmant, rijk en keihard waar nodig. Maar ook is er bewondering voor de consequente wijze waarop hij voor spelers opkomt. Dat de voorzitter van Napoli hem een '*pain in the ass*' noemt en trainersicoon Alex Ferguson hem omschrijft als 'een van de twee agenten die ik niet mag', beschouwt Raiola alleen maar als complimenten. Met zijn straatvechtershouding is hij altijd de tegenhanger geweest van iemand als Mendes die met zijn tandpastaglimlach en perfect gesneden maatpakken de etiquette van de elite met aristocratisch genoegen ventileert. Authentiek is Raiola wel. Al ver voordat hij op de markt zo dominant is als nu, opent hij zonder scrupules de aanval op machthebbers. Bij Feyenoord komt hij er aanvankelijk niet eens in. Na een conflict over de ophoging van een spelerscontract doopt hij voorzitter Jorien van den Herik tot 'dictator van De Kuip' en noemt hij hem 'een van de meest onbetrouwbare mensen in het Europese voetbal'.

Typisch voor de ambitieuze braniemakelaar. Geen man van concessies. FC Oss of FC Barcelona, het maakt voor hem geen verschil. Nota bene

FC Barcelona bombardeert hem eens kortstondig tot persona non grata als hij Zlatan probeert weg te transfereren. Opvallend, reageert Raiola koeltjes, voor de socioclub die in het Franco-tijdperk heeft gevochten voor de vrijheid van meningsuiting. Een recht dat Raiola ten volle benut als man van de splijtende quote. Of het nu gaat over zijn keeper die een conflict heeft met de voorzitter van AZ. 'Wat hij flikt is geen DSB-gedrag, maar NSB-gedrag.' Of het nu gaat om de baas van de UEFA. 'Loop naar de hel.' Of het nu gaat om de coach van Manchester City. 'Hij zou naar een psychiatrisch ziekenhuis moeten gaan.' Of het nu gaat om de voorzitter van de FIFA. 'Een dictator die meteen mag doorlopen naar de gevangenis.' Ja, zelfs als het gaat om Johan Cruijff. 'Een demente bejaarde.'

Johan Derksen is er niets bij. De snoeiharde oneliners die over de toxische tong van Raiola rollen, bevatten zo'n hoog showelement dat zijn rake observaties over de voetbalindustrie vaak ondersneeuwen. Zo meldt hij al in 2009 dat de FIFA door een monopolie op het WK en een totaal gebrek aan transparantie opvalt door een veredelde maffiastructuur. Ook moeten we volgens de Miami-liefhebber het bureau Traffic uit Florida maar eens in de gaten houden dat middels het opkopen van transferrechten een machtige speler aan het worden is. Je kunt veel zeggen van Raiola, maar het is een uitstekende analyse die zes jaar later zal worden onderschreven door de FBI die dan binnenvalt bij de FIFA en eveneens spreekt van criminele structuren. Traffic blijkt een van de hoofdrolspelers in het dossier. De archieven doornemend zijn ook zijn voorspellingen over UEFA-voorman Michel Platini ('Dient alleen zijn eigen belang'), over Financial Fair Play ('Kansloos') en over de toekomst van het makelaarsdiploma ('Mogen ze afschaffen, want ook iedere analfabeet mag directeur worden van de UEFA') uitgekomen. Het is echter wel de toon die de muziek maakt. Zijn zinnige opvattingen over de voetbalbranche worden overstemd door de opvallende oneliners die hij continu toevoegt aan zijn steeds langere palmares met beschimpingen. Raiola is niet de man die de nuance zoekt. Een kleine greep uit zijn repertoire:

'Cruijff propageert dat alleen voetballers na hun spelersloopbaan bestuurder dan wel manager dan wel trainer kunnen worden. Daarmee discrimineert Cruijff feitelijk alle niet-voetballers en ontpopt hij zich als pleitbezorger van incest binnen de voetballerij. En daarmee creëer je bloedschande en een zwakker soort.'

'Guardiola is als persoon een eikel, maar een fantastische coach.'

'Als iemand wordt betaald om ergens over te praten, wil dat niet zeggen dat diegene weet waar hij over praat. Gary Lineker is zo iemand.'

'We hebben met Čeferin bij de UEFA weer een dictator gekozen.'

'Het is eigenlijk niet voldoende als ik zeg dat Klopp niet fair is geweest. Hij was gewoon een stuk stront.'

'Ajax is een bijna misdadig aandeel.'

'Guardiola is een laffe hond.'

Het straattaalimago van Raiola fungeert voor zijn doelgroep wel als een doeltreffend visitekaartje. Zijn keiharde attaques maken indruk op spelers. Met zijn tactiek van de verschroeide aarde zal hij aan de onderhandelingstafel toch angst inboezemen. Een cowboystijl volgens zijn opposanten, maar herkenbaar voor straatjongens als Zlatan Ibrahimović. De twee ontmoeten elkaar voor het eerst nadat Raiola via zijn cliënt en Zlatan-ploeggenoot Maxwell heeft laten weten: '*Tell Zlatan to go fuck himself.*' Even later treffen ze elkaar in een Amsterdams vijfsterrenhotel waar Zlatan zijn Porsche voor de deur parkeert en de omgeving monstert, op zoek naar een gladde zakenman in een zijden pak. Raiola's begeleiding heet tailormade, maar dat geldt duidelijk niet voor zijn outfit. Tot zijn verbijstering blijkt het niet te gaan om een Armani-boy met gouden horloge, maar eerder om een extreem eetlustige pastakok die een Nike-shirt om zijn buik heeft gedrapeerd. Zo'n man van wie je zwarte kaarten koopt na een afspraak met afgeschermd nummer. Raiola maakt vooral indruk met de wijze waarop hij een enorme sushiboot aanvliegt, maar het klikt tussen de twee. Noodzakelijk voor Raiola die al eens brak met cashcow Rivaldo omdat hij totaal niets met hem had. Zlatan adviseert hij om zijn sportbolide voortaan thuis te laten en eerst eens te gaan presteren, samen groeien ze vervolgens uit tot net zo'n succesvolle tandem als Jorge Mendes en Cristiano Ronaldo. Zlatan wordt de katalysator van het Raiola-imperium. De makelaar begeleidt hem naar negen nieuwe clubs die samen meer dan 150 miljoen euro aan afkoopsommen voor hem neertellen. De Zweed wordt elf keer landskampioen, is een van de bestbetaalde spelers ter wereld en verzamelt een indrukwekkend wagenpark met in zijn collectie onder meer een Ferrari, Lamborghini en Maserati.

Waarom is Raiola zo succesvol? Steeds vaker rijst de vraag. Het onderzoeksbureau CIES Football Observatory uit Zwitserland waagt in 2012 een poging deze te beantwoorden. Vanuit het commandocentrum in Neuchâtel worden de inkomsten van makelaars in Europa dan nog geschat op een bescheiden 400 miljoen euro per jaar. Met stip bovenaan staat voormalig videotheekeigenaar Mendes met als pronkstukken Ronaldo en Mourinho, op de zesde plaats zien we Raiola. Volgens de onderzoekers dankzij handige communicatieve vaardigheden. Hij heeft een goed netwerk en babbelt vlot in een stuk of zeven talen. Geen kwestie van intelligentie, maar gewoon van jongs af aan goed voorbereiden, zei hij ooit. 'Te beginnen met Disney-films.' Raiola omhelst en kust zich een weg naar de bestuurskamers, waar hij in staat is iedereen te doen geloven dat hij louter Ferrari's verkoopt waarvan soms alleen nog even de lekke band hoeft te worden vervangen. Aan beeldende verkoopretoriek geen gebrek. Pogba is als een schilderij van Salvador Dalí, Zlatan zorgt ervoor dat Parijzenaars ook nog wat anders te bewonderen hebben dan de *Mona Lisa*. Snelle slogans die hij kennelijk ook waarmaakt door met zijn advocaten- en fiscalistenteam hoogwaardige dienstverlening te bieden, want je wordt niet zomaar A-leverancier van topclubs. Je kunt nog wel één keer met geluk een speler verkopen, maar natuurlijk niet meer dan 25 jaar lang.

Een aantal warme contacten zijn de levensbronnen van zijn imperium. De studie signaleert dat het handig is om een bevriende manager te hebben, zoals Martin Jol, maar bovenal om banden te onderhouden met de tycoons die de topclubs bestieren. Net als in een tweede onderzoek naar de markante beroepsgroep, op verzoek van de Europese Commissie, worden makelaars omschreven als de spinnen in het web. Duizendpoten die op het ene moment spelersbelangen behartigen en op het andere moment clubbelangen. Een cultuur die vooral ontstaat na het Bosman-arrest in de jaren negentig. Clubs zijn onvoldoende in staat hun eigen netwerken samen te stellen, maar willen wel altijd nieuwe aankopen. Raiola is een van de sleutelmannen die in dat gat in de markt zijn gesprongen. Zo wordt onder het kopje Dominante Agenten gesignaleerd dat 'een groot deel van de selectie van AC Milan wordt begeleid door een paar machtige agenten, onder wie Raiola.' Nauwe banden zijn er in die periode met de vicevoorzitter die de komst van Mark van Bommel en Urby Emanuelson omschreef als 'cadeaus van onze goede vriend Mino'.

AC Milan blijkt prima smeerolie om de transfermotor draaiende te houden. Zlatan wordt in 2010 gehuurd door Milan, in 2011 gekocht door

Milan en in 2012 verkocht door Milan. Eenzelfde route bewandelt Balotelli, het enfant terrible dat volgens Raiola met de mentaliteit van Zlatan al vijf gouden ballen had kunnen winnen. In 2012 gekocht door Milan, in 2014 verkocht door Milan, in 2015 weer gehuurd door Milan. Zelfs na het total loss rijden van zijn Bentley kan Raiola niet boos worden op Balotelli. Waarom zou hij ook. Hij leverde al 70 miljoen aan transfersommen op. In feite is Raiola altijd intiem geweest met clubs die maar wat graag samenspannen met makelaarsconsortia die goede spelers in de aanbieding hebben. Al in de jaren negentig vraagt Udinese hem te helpen bij transfers. Met de verkoop van Amoroso aan Parma (45 miljoen) en Fiore aan Lazio (34 miljoen) breekt hij direct verkooprecords. En dat allemaal zonder echt verstand te hebben van voetbal. Geen probleem volgens Raiola. 'Moet je kok zijn om een restaurant te openen?' Minder succesvol is het samenwerkingsverband met De Graafschap waar Raiola een stuk of acht talenten uit de opleiding van Udinese dropt. Hoe de Raiola-constructie precies werkt is het Achterhoekse bestuur ook niet helemaal duidelijk. Als een paar maanden na de coup van Raiola een nieuwe clubmanager aantreedt, treft die stomverbaasd geen enkel contract aan, maar: 'Een kast vol lege papieren en documentatie van vlak na de oorlog.'

Tegenwoordig begeleidt hij geen spelers meer, maar bezit hij ze. De onderzoekers constateren dat de energieke Nederlander – die ook nog tijd vindt om een huwelijk te onderhouden en twee zonen te produceren – zijn macht alleen maar aan het uitbreiden is. Zo is hij betrokken bij het opkopen van spelerspaspoorten, wat bij een transfer vele malen lucratiever is dan een paar procent commissie over het salaris. 'Diverse invloedrijke agenten als Mino Raiola, Juan Figer, Pini Zahavi en Jorge Mendes hebben een actieve rol in het investeren in transferrechten van spelers.'

Als poppenspelers verplaatsen ze hun jongens met een simpele handbeweging van de ene naar de andere club. In Italië verschijnt het ronde hoofd van de Nederlander inmiddels vaker op de roze sportpagina's dan die van menig voetballer. Raiola opperde al eens dat hij AC Milan misschien maar gewoon eens moet kopen. In eigen land zien we dezelfde modus operandi als het ambitieuze PEC Zwolle leunt op de stal van de supermakelaar. Ineens duiken om de hoek bij de plaatselijke Sligro talenten op van AC Milan, Juventus en Paris Saint-Germain. Een van de spaarzame transferdagen waarop hij niet de regie in handen heeft, is wanneer de haperende internetverbinding in een hotellobby hem een deal kost. Mino Raiola is woest. 'Ze moeten het hotel afbreken en opnieuw opbouwen!'

Een prima tip van Raiola die zo denkt over wel meer bolwerken. Zelfs de FIFA wil hij eigenhandig omverwerpen. Het enige goede aan deze bond vindt hij de videogame. In 2015 stelt Raiola zich kandidaat voor het presidentschap. 'Blatter is Noord-Korea, ik ben Zuid-Korea.' Hekelaars als Ferguson, die toch al stellen dat zijn macht veel te groot is geworden, vinden dat de Nederlandse Italiaan nu echt is doorgeslagen. Dat Raiola niet eens voldoet aan de eisen – om in aanmerking te komen moeten kandidaten de laatste vijf jaar een functie hebben bekleed in het voetbal – merkt hij later pas. Dat is ook Raiola, die vaak werkt op de bluf. Met altijd een pakkende leus paraat. Ook nu. Zei John F. Kennedy niet ooit dat de heetste plaatsen in de hel zijn gereserveerd voor degenen die zich in tijden van morele crisis afzijdig houden? Bij een ander zou je het megalomaan noemen, bij Raiola kijk je er niet eens vreemd meer van op. Volgens hemzelf komt zijn continue kruistocht in spijkerbroek tegen iconen en voetbalinstituten voort uit een rechtvaardigheidsgevoel. 'Wat heb ik er anders mee te winnen?' Toen hem laatst werd gevraagd of hij soms een socialist was, noemde hij zichzelf een superkapitalist. 'Ik wil niet dat iedereen arm is, maar rijk.'

Over Raiola kun je een boek schrijven. Collega-makelaars definiëren hem als de leeuw van de jungle die hen verslindt als een transfer aanstaande is. 'Het is eten of gegeten worden,' volgens zaakwaarnemer Hakim Slimani die de klanten Gregory van der Wiel en Oussama Assaidi verloor aan Raiola. Dat lag niet eens zozeer aan Raiola die achter hen aanjoeg, maar meer aan de spelers die niets liever dan in zee willen met de brutale vrijbuiter die vanuit de heup schietend door de voetbalwereld trekt. Begeleiding door Raiola is tegenwoordig een statussymbool, net als de nieuwste smartphone of sportbolide. Talenten trekken naar hem toe als ware hij een magneet. Aan de hand van zijn energieke stijl en tal van concrete transferopties lijkt hij de gave te hebben om jongens in korte tijd te herprogrammeren. Binnen no-time zijn ze in de ban van Mino. Zelfs Patrick Kluivert kon zijn zoon Justin niet tegenhouden. De negentienjarige stortte zich in de armen van de makelaar die hem direct op het vliegtuig naar Rome zette. Per seizoen wijst hij naar eigen zeggen een stuk of tweehonderd spelers af, die vooral naar een nieuwe club gebracht willen worden. 'Ik ben geen taxibedrijf.'

In al die jaren begint alleen de Franse makelaar van Blaise Matuidi (Paris Saint-Germain en Juventus) een rechtszaak omdat een speler overliep naar Raiola. Er werd geschikt. Als spelers vertrekken moeten makelaars volgens de Nederlandse Italiaan vooral bij zichzelf te rade gaan. Zo erkent ook Slimani later. 'Je kunt wel voortdurend het handje van spelers vasthouden, maar het gaat om opties creëren voor transfers.' Dat is inderdaad de stijl van Raiola die zelf nooit onder stoelen of banken heeft gestoken dat hij geen telefonist is die belt om te vragen hoe spelers hebben geslapen. Aan voetballers die klagen dat er te weinig contact is heeft hij een broertje dood. Je houdt van Mino of je houdt niet van Mino. Er is geen middenweg.

Niet te ontkennen valt dat hij uitblinkt in zijn vak. 'Geld heeft me nooit wat gedaan,' zei Raiola eens. Achter de schermen wordt hij niettemin gekscherend Moni Raiola genoemd. Niet iedere makelaar haalt *Forbes*. Het 101 jaar oude Amerikaanse zakenblad becijfert dat hij 43,5 miljoen dollar aan commissies bijeen heeft verzameld, maar dat blijkt een nogal bescheiden schatting wanneer het contract van Paul Pogba uitlekt. Van de transfersom (105 miljoen) gaat 27 miljoen euro naar Raiola en gedurende de looptijd van het contract loopt zijn gage uiteindelijk op naar 49 miljoen euro. Hij wordt betaald door de kopende club, de verkopende club en Pogba zelf. Verbijsterd begint FIFA een onderzoek naar de deal waarmee Raiola in zijn uppie bijna de jaarbegroting van Feyenoord verdient.

Raiola is inmiddels al lang verhuisd naar de Franse Rivièra waar hij onvermoeibaar doorgaat met het sluiten van miljoenendeals in jeans. Op erkenning van zijn collega's zit hij niet te wachten. Sinds een paar jaar worden in Dubai prijzen uitgereikt voor beste makelaar. Onzin volgens Raiola die niet van plan is om zijn gezicht er te vertonen. Alleen spelers kunnen beoordelen of een manager goed of slecht is, vindt hij.

Hoeveel spelers hij begeleidt weet niemand precies. Volgens Forbes zijn het er 55. Zelf noemde hij eens het aantal tweehonderd. Maar of dat net als zijn opmerking dat hij ooit speelde in Oranje onder 17 een grapje of dikdoenerij is, valt niet te controleren. De website van zijn bedrijf genaamd Sportman is al jaren onder constructie. Aan contracten met spelers doet hij niet. 'Je sluit toch ook geen contract met je tandarts?' Zijn uitvalsbasis staat nou ook niet bekend als het meest doorzichtige staatje van Europa. Raiola, nu 50 jaar, woont met zijn vrouw en twee kinderen in Monaco. Of woont... hij claimt driehonderd dagen per jaar van huis te zijn. Hij houdt kantoor aan de Boulevard des Moulins op vijfhonderd meter van het iconische casino. Symbolisch, want in feite is hij de croupier van de spelersmarkt. Iedereen zet in. Maar bij voorbaat staat tegenwoordig al vast wie de transferroulette gaat winnen: Mino Raiola.

Duurste verkopen Eredivisie

speler	jaar	nieuwe club	afkoopsom
Davinson Sánchez	2017	Tottenham Hotspur	€ 40 miljoen
Memphis Depay	2015	Manchester United	€ 34 miljoen
Arkadiusz Milik	2016	Napoli	€ 32 miljoen
Ruud van Nistelrooij	2001	Manchester United	€ 30 miljoen
Davy Klaassen	2017	Everton	€ 27 miljoen
Klaas-Jan Huntelaar	2008	Real Madrid	€ 27 miljoen
Wesley Sneijder	2007	Real Madrid	€ 27 miljoen
Luis Suárez	2010	Liverpool	€ 26 miljoen
Vincent Janssen	2016	Tottenham Hotspur	€ 22 miljoen
Georginio Wijnaldum	2015	Liverpool	€ 20 miljoen

10

DE CASHCOWBOYS

In het Okura nipt de FIFA-baas van zijn espresso. We laten de woorden 'Raiola', 'Pogba' en '49 miljoen' vallen. Zijn gezicht betrekt. Hij begint aan een lange monoloog over cowboys en bonanza. Het is oorlog.

Hoog bezoek in Amsterdam. De president van het wereldvoetbal is er. Gianni Infantino. En hij wil ons spreken.

Infantino is zich na zijn aantreden kapot geschrokken van de eerste cijfers over de transfermarkt, waar het niet voor niets wemelt van de weekendmiljonairs. Een paar jaar geleden richtte de FIFA een centrale controlekamer op die internationale transfers monitort. Gaat een speler van het ene naar het andere land, dan zijn de kopende en verkopende clubs verplicht om alle transferbetalingen te registreren in een computersysteem. In 2017 alleen al verdween 500 miljoen dollar aan reguliere commissies (een percentage over het salaris van de speler) naar makelaars. Het topje van de ijsberg vermoedt Infantino, die geen zicht heeft op de wildgroei aan creatief uitbetaalde beloningen door clubs aan makelaars, bijvoorbeeld via consultancycontracten, transferaandelen en scoutingsovereenkomsten. Van de geldsom die verdwijnt bij binnenlandse transfers heeft hij evenmin een idee, aangezien de software alleen wordt gebruikt voor internationale overgangen. Naar schatting gaat er minimaal zo'n miljard richting Maagdeneilanden en andere bestemmingen met een gunstig financieel en privacyklimaat. Hij moet die schatting kunnen taxeren.

De baas van de FIFA heeft altijd haast. Zijn zwarte bolide zoeft vandaag met hoge snelheid door de plassen op de Ferdinand Bolstraat. Daar waar ooit de eerste automatiek werd opgehangen. Kroketten uit de muur, dat was wat. Inderdaad bij de Febo. Toen uw gulden nog een daalder waard was op de markt. Als zoon van een spoorwegmedewerker heeft de streekgenoot van Sepp Blatter het ver geschopt. Begonnen als hoofd Lotingen bij de UEFA en nu de belangrijkste man in het wereldvoetbal. Pal voor de glimmende draaideuren van het Okura trapt zijn chauffeur de rem in. Achterportieren klikken open. De kale schedel van de Zwitserse Italiaan verschijnt door de opening. Mistroostig kijkt de zwaar bewenkbrauwde voetbalbaas naar de grijze lucht en voortdurende plensregens. Misschien dat het morgen in Bermuda beter is. Daarna staan Iran, Swaziland en Zimbabwe op het menu. 'Goedenavond allemaal.' Hoffelijk begroet de zeventalige jurist de Amsterdamse piccolo's en receptionistes. Twee jaar is Infantino nu roerganger bij de FIFA. Daar is hij puinruimer na het geruchtmakende FBI-schandaal. Arrestatie-eenheden vielen binnen. Keihard oordeelden de Amerikanen over maffiastructuren. Talloze kopstukken verdwenen achter de tralies. Hun foto's verschenen in een gangstermuseum. Infantino, nakomeling van een Calabrische familie, kreeg leiding over de ontmantelde organisatie. Nog bijna dagelijks moet hij vragen beantwoorden over het crimeverleden van de voetbalbond. Zelf zet hij de schijnwerpers liever op een minstens zo grote vijand. Vandaag zal hij zelfs met een oorlogsverklaring komen. Als lezer van dit boek kunt u natuurlijk wel raden om wie het gaat. Infantino is naar Amsterdam gekomen om in Ballroom III van de Japanse hotelketen te vergaderen over een nieuw type cashcowboys die de grootste voetbalroof aller tijden managen. Hij is op missie. Straatsburg, Londen. Overal waar hij landt begint Infantino over brutale makelaarskartels en de krankzinnige bedragen die zij in hun zakken steken. Na de wereldrecordbeloning die Haarlemmer Mino Raiola opstreek voor een enkele transfer kan het echt niet langer. Bedragen worden zo duizelingwekkend hoog dat in Zürich alle alarmbellen afgaan. 'Er is een hoog risico op corruptie, omkoping en witwassen.' Daar willen we graag meer over weten. We stuurden een brief. Infantino stemde toe. Een ontmoeting met de FIFA-president heeft de allure van een onderonsje met de minister-president. Stafleden met FIFA-badges op hun FIFA-pakken cirkelen druk bellend rond de speciaal ingerichte FIFA-incheckbalie. Beveiligers met oortjes in paraderen over het hoogpolige tapijt op de afgehuurde eerste etage. Daar, in een kamer genaamd boardroom, kijkt zijn persoonlijke assistent op zijn horloge en zet vast espresso. 'De president is gemotiveerd,' voorspelt hij, 'om over transfers en makelaars...' Hij heeft zijn zin nog niet afgemaakt of de voetbalbaas komt stipt met gezwinde pas de hoek om. Infantino steekt zijn hand uit. 'Altijd fijn om gast te zijn in een echte voetbalstad,' aldus de man die een stuk of honderd landen bezocht en een reisgids zou kunnen schrijven over de meest afgelegen eilandengroepen. Een beetje vies kijkt de veertiger naar de ovale hardhouten tafel vol flesjes mineraalwater en symmetrisch neergelegde leren schrijfmappen en wijst naar de informele zithoek. 'Hier dan maar?' Hij fatsoeneert zijn lichtblauwe overhemd en zwarte colbert en ploft dan in een lage fauteuil. 'Zo. Zullen we maar beginnen?'

We hebben een paar kranten meegenomen die in het hotel rondslingerden. Op de sportpagina's is veel aandacht voor de overgang van Phillipe Coutinho naar FC Barcelona. Kosten: 120 miljoen euro. 'Kapitaal is allesbepalend vandaag de dag,' verzucht Infantino. De transferwereld draait door. Messi is meer waard dan een Monet. Voor Neymar moet je meer neertellen dan een Picasso. En dat zijn dan nog de uitzonderlijke spelers. Een voetballer type huisschilder doet tegenwoordig ook al meer dan een Hollandse meester op de veiling. Nederlandse clubs worden compleet weggevaagd. Spelershandel is een spel zonder grenzen met een bijrolletje voor de Eredivisie. Met als gevolg een ongekende scheefgroei op de velden. Infantino knikt. 'Wij zien bij de FIFA uiteraard ook wat er gaande is. Meer evenwicht in het transfersysteem en de competities heeft absolute prioriteit.'

Infantino is zelf Internazionale-fan. Een zesvoudige Europese cupwinnaar die volledig is afgehaakt. Net als Ajax dat ook nooit meer de Champions League zal winnen. 'Dat wordt een vrijwel onmogelijk verhaal natuurlijk. Ajax is een legendarische club die heeft bijgedragen tot wat het voetbal nu is. Met iconen als Johan Cruijff en Marco van Basten, al vind ik als Internazionale-fan dat die laatste uitkwam voor de verkeerde club uit Milaan. Het systeem is zo gegroeid dat historische bolwerken als Ajax uit de markt zijn geprezen en zich de beste spelers niet meer kunnen veroorloven. De Europa League winnen daarentegen lijkt me nog wel realistisch. Dankzij een gelijker speelveld is dat toernooi onvoorspelbaarder. Een goede tactiek, een goede coach en een beetje geluk kunnen daar nog het verschil maken.'

Infantino slaakt een zucht. 'Geld is cruciaal geworden. Ik ben ook voor maatregelen om de macht van het geld in te perken. Zodat kapitaal niet allesbepalend is. Maar helemaal veranderen zal dat nooit meer. Dus het is ook een filosofische kwestie. Ben je nog bereid om te investeren in talent?'

Ajax en Feyenoord zien dertienjarigen die even boven het maaiveld uitsteken op advies van makelaars naar het buitenland vertrekken. Wat vindt u daarvan?
'Het systeem in Europa – met vrij verkeer van werknemers – duwt ons in deze richting. Persoonlijk denk ik dat de FIFA nu moet gaan ingrijpen

met nieuwe regelgeving. Dat is ook in het belang van de spelers zelf. Neem Nederland. Hoeveel van al die talenten die voor een beetje meer geld naar het buitenland vertrokken, zijn doorgebroken? Ik zeg spelers, maar bedoel eigenlijk kinderen. Want dat zijn het gewoon. Transfers onder de zestien jaar zijn verboden, maar goed, het gebeurt. Dat is niet alleen jullie probleem. Maar ook het probleem van de FIFA, omdat wij niet gebaat zijn bij talenten die verloren gaan. Heb je enig idee hoeveel er nu slagen?'

Niet veel. Martin van Geel van Feyenoord becijferde eens dat van de 29 jeugdtransfers er één was geslaagd.
'En dat gebeurt niet alleen hier, een heleboel andere landen zien op hun beurt spelers weer te jong naar juist Nederlandse clubs vertrekken. Op een paar grote competities na heeft iedereen hier last van. En wij ook, want het werkt door naar de eindtoernooien. Als al die vroege transfers een succes waren geweest, dan zou Nederland zich makkelijk hebben geplaatst voor het WK.'

Infantino noemt het 'een regelrechte ramp' dat Oranje en zijn legioen niet op het WK in Rusland waren.
'Het was ook een wake-upcall voor ons, want ik kan het niet los zien van talent dat verloren gaat in de raderen van het transfersysteem.'

Virgil van Dijk is met 84 miljoen euro de duurste verdediger ter wereld. Neymar ging zelfs voor 222 miljoen weg. Is dat een gezonde situatie?
'Recent vertelde iemand me dat Floyd Mayweather en Conor McGregor in dertig minuten drie keer zoveel verdienden als de afkoopsom van Neymar. Voor een halfuurtje showboksen! Zo bekeken is Neymar heel goedkoop. Maar begrijp me niet verkeerd. Ik vind wel degelijk dat we de markt enigszins moeten normaliseren. De FIFA is verantwoordelijk voor het transfersysteem. Als onderdeel van meer gelijke kansen op het veld moet in mijn ogen kritisch worden gekeken naar transfersommen en salarissen.'

Bent u voor een salarisplafond?
'Zeker. Daar ben ik helemaal voor.'

Daar zullen Messi en Ronaldo niet blij mee zijn.
'Zo'n salarisplafond kan op verschillende manieren worden ontworpen. Ik denk eerder aan een maximumbeloning per team dan aan een maximum per individu. Clubs behouden dan de vrijheid om te bepalen aan wie ze het geld uitgeven, maar worden wel geremd om eindeloos spelers die ze niet eens opstellen bij de concurrentie weg te halen. In de Verenigde Staten is dat succesvol. Daar zijn nog steeds toppers die heel veel geld verdienen, maar tegelijk zijn de kwaliteitsverschillen tussen teams kleiner. Doordat clubs hun geld maar één keer kunnen uitgeven, worden de beste spelers gelijkmatig over de ploegen verspreid. Met als gevolg spannende competities. Ik wil zeker geen blokkade opwerpen voor de topspelers, maar een teamlimiet is absoluut een element om het systeem gezonder te maken.'

Messi verdient evenveel als het jaarbudget van Ajax. Wat is uw mening over een salaris van 100 miljoen euro?
'Goed voor hem. Dat is de markt. Of het nu een bokser, een acteur of een voetballer is. We zijn niet meer geschokt.'

Wat is het gevolg voor het imago van het voetbal?
'Dat is een heel terecht punt. Daarom moeten we nu wel gaan optreden. Kijk. Als clubs op een correcte manier geld verdienen en ze willen dat allemaal uitgeven aan spelers, dan is daar op zich niks mis mee. Waar ik veel bezorgder over ben, zijn de gigantische bedragen die de voetbalindustrie uit vloeien. Er is iets heel raars aan de hand. De commissies die worden betaald aan spelersmakelaars blijven maar stijgen. Tegelijk dalen de bedragen die worden betaald aan opleidingsvergoedingen en trainingscompensaties. Dat vind ik een veel grotere dreiging dan een

salaris van één speler. Oké, een enorm bedrag. Maar wel geld dat de club beschikbaar heeft. Ik wil daarom objectieve en transparante criteria voor alle transfertransacties, omdat nu met een hoge mate van schimmigheid veel geld uit het voetbal verdwijnt.'

Waarom is het verkeerd dat er geld naar private partijen en spelersmakelaars stroomt?
'Het positieve aspect van het transfersysteem is nu juist dat het geld wordt herverdeeld tussen rijk en arm. Daar waar het ter compensatie naar clubs zou moeten gaan die daarmee op een hoog niveau blijven, verdwijnt te veel naar individuen. In de zomer wordt er voor 6 miljard dollar verkocht. Dan praten we dus alleen over juli en augustus. Vijf jaar geleden was dat nog 2 miljard. In twee maanden tijd circuleert 6 miljard in een praktisch niet gereguleerde omgeving. En dít is wat bij mij veel meer vragen oproept. Deze steeds grotere transacties worden niet gedaan op een zuivere, open manier en roepen heel veel vragen op over misbruik van gelden. Daar zit een veel groter risico voor het imago van de sport dan bij een salaris van 100 miljoen of een transfersom van 200 miljoen. Dát moeten we tackelen.'

Er is iets geks gaande in de voetbalwereld. Voetbal is booming als nooit tevoren. Tv-rechten leveren miljarden op. Sponsorcontracten zijn sky-high. Stadions puilen uit. Toch maakt de bedrijfstak jaar in jaar uit verlies. Er is een gigantisch lek. Het geld gaat naar een kleurrijk gilde met voormalige videotheekeigenaren en discobazen die als zich snel vermenigvuldigende parasieten de bloedbanen van het voetbal leegzuigen. Wat in de jaren zeventig kleinschalig begon is een halve eeuw later uitgemond in een ongekende goudkoorts. In groten getale tappen voetbalmakelaars de oliepijpleidingen van het voetbal af. Tussen 2013 en 2017 stegen hun inkomsten met 64 procent.

Onze landgenoot Mino Raiola zou bijna 50 miljoen ontvangen voor een transfer van Paul Pogba. Hoe is dat mogelijk?
'Dat is ook de vraag die ik mezelf stel. Ik verbaas me vooral over de wildgroei aan type beloningen. De hoogte van percentages loopt sterk uiteen, vaak worden ook vaste bedragen afgesproken en soms zijn er bonussen bij bepaalde prestaties van spelers. De gordijnen moeten open. Want voetbal speelt zich af in het publieke domein. Ik wil objectieve berekeningen en betalingen die allemaal lopen via een centraal clearinghouse waar zowel de makelaarscommissies, transfergelden als opleidingsvergoedingen worden afgehandeld. Nu wordt na een transfer de opleidingsvergoeding vaak niet eens afgedragen. Alleen clubs met een advocaat in dienst kunnen het zich veroorloven om dat geld te claimen. Sommige clubs wéten niet eens dat ze er recht op hebben. Op deze manier, met enorme bedragen die uitstromen en opleidingscompensaties die blijven hangen, begint de piramide aan de basis te wankelen.'

Hoe wilt u deze voor veel mensen lucratieve modus operandi gaan doorbreken?
'Er is nu een momentum, want meer en meer belanghebbenden beseffen dat het zo niet langer kan. Hopelijk kunnen we de UEFA, confederaties, bonden, leagues, spelersvakbonden en vooral de clubs ervan overtuigen dat dit de juiste weg is. En ook de zaakwaarnemers zelf. Ik moet zeggen dat we zijn benaderd door makelaars die hun vakgebied ook graag gereguleerd zien. Ze willen niet worden geassocieerd met het Wilde Westen. Ze willen na een transfer niet worden verdacht van witwassen. Want dat is wat mensen gezien de bedragen nu wel denken.'

Regelgeving is er niet. Tot 2015 waren er examens en diploma's. Veel stelde dat niet voor. Na het goed beantwoorden van een paar multiplechoicevragen mocht iedere beunhaas zwaaiend met een FIFA-oorkonde de skybox in. Men heeft 24 jaar geprobeerd om de beroepsgroep te reguleren. Het had geen enkele zin. Een meerderheid van de transfers werd gedaan met illegale makelaars. Het regende conflicten tussen makelaars en clubs, tussen makelaars en spelers en tussen makelaars en makelaars. Zaak na zaak plofte op het bureau bij de FIFA, die uiteindelijk niet langer verantwoordelijk wilde zijn voor de branche. Het vrijgeven van de markt zou veel problemen oplossen. Zonder status zou de makelaardij vanzelf wel aan relevantie verliezen. Een kapitale inschattingsfout die vergelijkbaar is met de Verenigde Staten die in de jaren dertig dachten met een drooglegging de alcoholindustrie de nek om te draaien. Er bleef volop vraag naar alcohol. In werkelijkheid werd zo de illegale industrie in de kaart gespeeld met als consequentie de opkomst van de maffia. Op de spelersmarkt gebeurde hetzelfde. Dankzij de FIFA-drooglegging braken gouden tijden aan voor de maffia in maatpak. Er bleef volop vraag naar spelers en hordes nieuwe makelaars stortten zich op de markt. Nu was er geen enkele barrière meer. Keurige zaakwaarnemers mengden met louche zakenlieden, eerder gezakten en andere fortuinzoekers die onder de indruk waren geraakt van eenvoudige arbeiders die met een paar WhatsApp-berichten miljonair waren geworden. 'Op pedofiele zwemleraren na kan nu iedereen voetbalmakelaar worden,' schertste de directeur van de Nederlandse spelersvakbond. Er volgde een stormloop op de talenten.

Wat zijn de gevolgen van het afschaffen van de licentie geweest?
'Die kan iedereen met eigen ogen zien. Jonge spelers worden makkelijk verleid. Hun ouders worden makkelijk verleid. Natuurlijk zijn er serieuze makelaars. Maar er zijn er ook genoeg zonder scrupules. Hun wordt niets in de weg gelegd. Ook niet als ze deals met minderjarigen sluiten. Het is natuurlijk altijd makkelijker om alles maar vrij te geven. Dan kun je iemand anders de schuld geven. Maar als wij pretenderen het overkoepelende orgaan van het wereldvoetbal te zijn, dan zijn we het ook aan onze stand verplicht om dit te gaan aanpakken. Tussenhandelaren

bij het verkopen van verzekeringen of huizen hebben vaak certificaten of diploma's nodig. En daar circuleert meestal minder geld dan bij voetbaltransfers. Dus mij lijkt het heel normaal dat tussenpersonen in het voetbal ook eerst een horde moeten nemen. Dat is in hun eigen belang. Hun business bestaat uit vertrouwen winnen van spelers en clubs, dus zij zijn gebaat bij een serieuzer imago.'

In Nederland zijn meer makelaars dan spelers. Steeds meer minderjarigen worden benaderd.
'In andere delen van de wereld is het nog veel erger. We zien dat jongens in groten getale met allerlei carrièrebeloftes naar Europa worden verscheept, van wie echt maar een enkeling een contract krijgt. De rest wordt aan zijn lot overgelaten.'

Dat klinkt als mensenhandel.
'Het klinkt niet alleen als mensenhandel. Het ís mensenhandel.'

Denkt u dat de toename van transferprijzen ooit tot een halt komt?
'Nee. Ik ben ook helemaal niet ongelukkig als een club die 100 miljoen heeft verdiend ook 100 miljoen uitgeeft aan een speler. Zolang de kleinere clubs maar profiteren van deze weelde. Wel denk ik dat we rationaliteit en rede moeten terugbrengen. Om ervoor te zorgen dat het niet nog verder over de top gaat en explodeert.'

Manchester City en Chelsea hebben meer dan honderd contractspelers. NAC Breda en Vitesse zijn hun zusterondernemingen en fungeren als transferetalages. Hoe kijkt u aan tegen deze ontwikkeling?
'Daar ben ik geen voorstander van. Als oplossing zie ik het aan banden leggen van selecties. Maximaal 25 spelers om maar eens wat te noemen. Met daarnaast een huurbeperking. Zo hoop ik de kwaliteit te spreiden over een veel breder spectrum dan alleen de paar clubs die nu alle talen-

ten opkopen. Dat is echt een hot issue voor mij. Want zo langzamerhand belanden we in een situatie die de integriteit van de competities ondermijnt. Voor fans is het soms niet te volgen. Er wordt gespeculeerd over voetballers. Waarom speelt hij niet? Behoort hij tot een andere club? Doet hij het wat rustiger aan omdat hij volgend jaar elders moet vlammen? Het creëert kunstmatige situaties die niet gezond zijn voor het voetbal. Of het nu plaatsvindt of niet; maar we komen zelfs in situaties terecht waarbij de indruk kan ontstaan van het manipuleren van wedstrijden.'

U wilt geen City 1 tegen City 2 in de Champions League.
'Exact. Dat is een reële dreiging die in elk geval nu al de perceptie van het voetbal ondergraaft.'

Veel van het geld komt in omloop als de competities al zijn begonnen en de spelersmarkt nog open is. Circa 10 procent van al het geld circuleert in de laatste 24 uur als overspannen coaches na een paar nederlagen verwoed jagen op nieuwe aankopen. Makelaars profiteren met enorme paniektoeslagen.

De Eredivisie begint in augustus en al op 1 september kunnen de elftalfoto's bij het oud papier. Waarom sluit u de transferwinkel niet eerder?
'Terechte vraag. Ik ben van mening dat de *transfer window* dicht moet voor de start van de competitie. Het probleem is dat de competities in Europa niet tegelijk beginnen. Nu zie je clubs soms drie sleutelspelers verliezen terwijl ze niemand meer terug kunnen halen. Daar stoor ook ik me aan. De vraag is: kunnen we de speelkalenders compleet harmoniseren? En zo ja, wat moet dan de datum zijn? Ik kan me herinneren dat Michael van Praag en Bert van Oostveen dit vijf jaar geleden al voorstelden, toen nog binnen de UEFA. We hebben geprobeerd het bespreekbaar te maken. Maar het werd direct verworpen door de clubs.

Maar de wonderen zijn de wereld nog niet uit, nu lijkt iedereen er klaar voor. De Premier League heeft het zelf al veranderd. En juist zij waren toen nog compleet tegen. Om glashelder te zijn: ik vind dat de transfer window op zijn laatst een maand voor de sluitingsdatum van nu dicht moet.'

In 2018 noteerde de KNVB op een overspannen wintermarkt 133 januaritransfers waarvan 32 op de laatste dag. Gaat u daar ook ingrijpen?
'Het originele idee was om mogelijkheden te scheppen in noodgevallen. Ik denk dat we terug moeten naar dat idee. Bij de competitiestart moet het uitgangspunt zijn om met hetzelfde team te eindigen. Met misschien één, twee of maximaal drie nieuwe spelers. Maar niet een halve ploeg. Dat zou beteugeld moeten worden met een transferlimiet. Niet omdat ik tegen handel ben, maar wel tegen oneerlijke competitie. Als je een marathon loopt, kun je ook niet na tien kilometer de fiets pakken. Met een compleet ander team aan de tweede seizoenshelft beginnen is in mijn ogen niet fair.'

Met uw betoog zult u zich niet populair maken bij de grote en dus machtige clubs.
'Helemaal aan de Europese top is de concurrentiestrijd om voetballers niet anders dan die tussen Ajax en Feyenoord, afgezien van een nul extra op het einde. Ze jagen achter dezelfde spelers aan en kunnen die alleen maar lokken door de ander te overbieden. Iedereen zal alle middelen inzetten om de speler binnen te halen. Inclusief de middelen die in het grijze gebied vallen. Via agenten, via ondoorzichtige betalingen. Ook de grote clubs en hun eigenaren realiseren zich dat ze geld kunnen besparen en dat ze niet de hele bonanza en het Wilde Westen op deze manier intact kunnen laten.'

Dat is ook zoals u het persoonlijk ziet? Bonanza en het Wilde Westen?
'Dat gevoel heb ik soms wel, ja. Ik zie het voor mijn ogen gebeuren.'

Bij veel van uw ideeën komt het vrije verkeer van werknemers om de hoek kijken. Daar is ook het Bosman-arrest uit ontstaan.
'Dat is waarom we ook de wetgevers binnen de Europese Unie moeten overtuigen. Het is intern bij de FIFA nu zo'n groot thema dat we het bespreken op de hoogste niveaus. We hebben al vergaderd met leden van het Europees Parlement die erg ontvankelijk waren voor onze ideeen en ook heb ik erover gesproken met de Franse president Emmanuel Macron. Ik denk dat er wel degelijk een specifieke uitzonderingspositie voor de sport gecreëerd kan worden. Uiteraard moeten we het vrije handelsverkeer in acht nemen, maar het kan ook niet zo zijn dat het vrije handelsverkeer de integriteit van het voetbal compleet ondermijnt. Dat dreigt, dus daar moet een betere balans worden gevonden. Iedereen zal pijn moeten lijden. Spelersvakbonden, leagues, clubs. Niemand zal blij zijn met alle maatregelen. Maar ik hoop dat iedereen kan leven met het totaalpakket. Er is niet één magische formule waardoor de markt tot rust komt.'

Welk risico loopt het voetbal als het evenwicht tussen clubs niet wordt hersteld?
'Dan riskeren we de ineenstorting van het hele systeem. Voetbal is geen erg rationele business. Als we niks doen, zal de ratrace blijven doorgaan. Vanuit China zien we veel investeringen. In de Verenigde Staten is een sterke ontwikkeling gaande. Zonder actie blijft iedereen elkaar steeds met nog meer geld overbieden. Iedereen denkt dat hij de top kan kopieren en dat leidt steeds tot financiële problemen.'

Begrijpen we samengevat goed dat u hier nu pleit voor niets minder dan het omverwerpen van het transfersysteem?

'Volmondig ja. Zelfs in ogenschouw nemende dat mensen vaak bang zijn voor revolutie en de voorkeur geven aan evolutie, zeg ik toch: het is tijd voor een voetbaltransferrevolutie.'

Infantino staat op. We bedanken hem. Niet alleen voor dit gesprek. Maar ook voor de aanmoediging om door te gaan met ons boek. Want een cowboywereld waarin voormalige kelners, sportjournalisten en ijscoinpakkers de populairste sport ter wereld ondermijnen is meer dan een smeuïg script alleen. Er is gewoon nog te weinig bekend over het keiharde door cash gedreven systeem achter de glitter en glamour. '*Behind every great fortune there is a crime*,' stelde *Godfather*-schrijver Mario Puzo al. Een oneliner die in het voetbal steeds dichter bij de werkelijkheid lijkt te komen.

11

VAN GAAL EN DE BAL GEHAKT

Louis van Gaal en Willem van Hanegem hebben niets met zaakwaarnemers. Zij nemen dan ook graag de eerste stripalbums in ontvangst over parodiemakelaars die zwemmen in bankbiljetten. *FC Knudde* staat op tegen het kapitaal.

Als de wereld soms al voelt als een open inrichting, dan werken wij in de gesloten afdeling van die wereld. Als Ronaldo voor 100 miljoen euro naar Juventus gaat en Fiat de financiering wel even op zich neemt, is dat allemaal gewoon voetbal. Dat de mensen die de auto's aan de lopende band in elkaar moeten zetten al tien jaar horen dat loonsverhoging echt onmogelijk is, tja. Gezeur van de vakbonden, andere werelden. Niemand die nog weet waar de waanzin stopt en waar de bovengrens ligt in wat we intussen wel de maximale versie van het kapitalisme mogen noemen.

Relativering is ver te zoeken. Controle is er allang niet meer. Vandaag hebben we zin om eens gewoon te lachen om al die onzin. Geen koninkrijk zonder hofnar. En al sinds de jaren zeventig heeft ons voetbal een eigen hofnar. Zijn naam is Toon van Driel. Elke ochtend tekent hij ondanks zijn dik zeventig lentes nog steeds achteloos vijf strips over het hedendaagse voetbal. Aan stof heeft hij nog nooit gebrek gehad, de insteek is een beetje dezelfde als die van succesauteur Michel van Egmond. De voetbalwereld is een absurdistisch theater, waarbij je eigenlijk alleen hoeft te beschrijven wat er gebeurt. Gekker wordt het niet.

Erger je niet maar verbaas je, is een gezonde houding in het hedendaagse voetbal. Op een zonovergoten dag rijden we dan ook fluitend naar Haarlem. Het schrijven van het boek is leuk, maar soms worden al die alfamannen je even te veel. Dan komt de invitatie voor de presentatie van het album *FC Knudde naar het WK*. De striphelden belanden in de wilde wereld van makelaars, megalomanen en miljarden. Een wereld die zo dolgedraaid is, dat niemand ook nog maar ergens van opkijkt.

Haarlem is ook de perfecte locatie. Een pracht van een stad, waar vandaag de rokjes wapperen en de terrassen op het enorme Kerkplein uitpuilen. Haarlem heeft alles, nou ja bijna alles, want een betaaldvoetbalclub is er niet meer tot verdriet van veel steeds oudere mannen in de stad. De jeugd weet niet beter. Het rood-blauwe HFC Haarlem ging acht jaar geleden failliet. Precies 1.438 mensen zagen de laatste wedstrijd nog van de club waar Ruud Gullit zijn eerste stappen als prof zette.

Dat was veertig jaar geleden wel anders. Toen het allereerste stripboek van onze hofnar verscheen, waarin FC Knudde naar het WK in Argentinië ging en het regime daar genadeloos op de hak werd genomen. Een jaar waarin HFC Haarlem het seizoen voor 16.000 mensen opende tegen Ajax en later die jaargang thuis Feyenoord en PSV versloeg. Een beetje voetballiefhebber kon het elftal opdreunen. Met een of twee aanwinsten per zomer was je er meestal wel.

De Engelse backs Keith Masefield en Douglas George, de riant besnorde Abe van den Ban, de stotterende Pieter Huijg uit Velsen. Voetballers speelden vaak jaar in, jaar uit voor dezelfde club. Je deed korter met je wasmachine dan met je lokale held. De tenues waren gewoon elk jaar hetzelfde. Managers waren er niet. Een terreinknecht, een masseur, een penningmeester, een trainer en zestien spelers. Veel meer was er niet nodig. Niemand die toen nog kon vermoeden dat makelaars en clubs veertig jaar later hele bussen spelers aan en af zouden gaan voeren tijdens de zomerstop.

Niet alleen de spelers en trainers, maar ook de shirts veranderen elk seizoen. Clubs zijn handelshuizen geworden. Tussenstations. Bv's of beursgenoteerde bedrijven zoals Ajax en vrijwel alle grote Engelse clubs. De seizoengids van *Voetbal International* is al achterhaald als die van de persen rolt. Duizenden supporters kopen shirts met de naam van hun favoriete speler, die vervolgens een week later vertrekt. Niemand die nog maar de energie heeft om zich erover op te winden.

'Nu weet ik niet meer waar ik naar kijk. Dat was achteraf een sprookjeswereld,' weet Van Driel, die de doorgedraaide miljardenmarkt heel hard persifleert in zijn nieuwe album. Want ook het fameuze FC Knudde komt nu in aanraking met het grote geld. Makelaars staan met spandoeken vol nullen en dollartekens op de tribune en wachten bij vliegvelden spelers op met nieuwe auto's. Bezwijken de spelers onder alle verleidingen die de voetbalmakelaars bieden? Het is het begin van een trilogie waarin de totaal op hol geslagen voetbalwereld wordt afgeschminkt. Van Driel is helemaal los en tekent al maanden koortsachtig door aan zijn magnum opus. In deel 2 komen de Chinezen, in deel 3 de Arabieren.

Er zit heel wat meer achter de strips dan op het eerste gezicht lijkt. Al in 2000 signaleerde Louis van Gaal, toen net voor het eerst bondscoach, dat het volledig uit de hand liep met de poenscheppers. 'Minstens

20 procent van de transfersommen schijnt in de zakken van de voetbalmakelaars te verdwijnen. Het zijn diezelfde makelaars die uitmaken waar de spelers tegenwoordig voetballen. Dat zijn toestanden die volledig tegen het wezen van sport indruisen. Het zijn excessen die we met z'n allen te lijf moeten gaan. Af en toe probeer ik eens m'n mond open te doen, misschien zijn er nog wel meer, in de hoop dat we vroeg of laat het tij kunnen keren.'

Dat bleek ijdele hoop. De voetbalmarkt explodeerde en de makelaars grepen de macht. Uiteindelijk vond Van Gaal zichzelf in Manchester nota bene terug in een enorme terreinwagen met Jorge Mendes die daar nu eenmaal de transfers regelde. Gelukkig zijn er dan nog mannen als Van Driel die, met een knipoog, op ontnuchterende wijze het geflipte voetbalcircus neerzetten. Zo lijkt het typetje Mickey Riola in het boek sprekend op makelaar en Haarlemmer Mino Raiola. De man die anno 2018 met een transfer tien keer zoveel verdient als het bedrag dat de plaatselijke voetbalclub tekortkwam om verder te gaan. Geen speler die bij Haarlem ooit zoveel verdiende als deze selfmade makelaar en miljonair. Sterker nog, geen Haarlemse selectie die samen zoveel verdiende als Riola, pardon Raiola, in zijn eentje. Ergo, met een transfer maakt hij meer winst dan de hele Eredivisie de afgelopen vijf jaar.

Van Driel zag het allemaal gebeuren en realiseerde zich steeds vaker dat Van Gaal destijds gelijk had. Zelf zou hij trouwens ook prima op de commerciële afdeling van FC Knudde kunnen werken. 'Geef me even een weekend voor mijn top 25 van stommiteiten. Mijn kinderen zijn opgevoed door een ander, ik heb op een briljante dag al mijn rechten voor bijna niks verkocht. Intussen zijn er miljoenen albums verkocht waar ik geen stuiver voor heb gekregen. Ik wilde laatst een hypotheek, nou, dat kon ik wel vergeten. Heb mijn laatste geld over de schutting naar mijn vriendin gegooid, zodat zij het nog kan regelen.'

Van Driel is niet geheel toevallig de geestelijk vader van het vreemdste elftal aller tijden. Laat staan dat het toeval is dat hij maanden geobsedeerd heeft gewerkt aan zijn polderversie van *J'accuse*. 'Hadden voetballers vroeger nog een sigarenzaak als hoogst haalbare, nu verdient Messi drie ton per dag. Als het aan zijn vader ligt betaalt-ie nog geen belasting ook. Neymar tekende in Qatar een contract voor 300 miljoen en kocht zich doodleuk af bij Barcelona voor 222 miljoen. Verdedigers gaan nu weg voor 85 miljoen. Sinds het Bosman-arrest is het dak zoek. En ik denk: naar welke onzin kijk ik? Kijk ik überhaupt nog wel? Ik betrap mezelf erop dat ik er klaar mee ben. Alle spelers die ik rond zie rennen, spelen niet voor hun club maar voor hun zaakwaarnemers. Welke club je ook ziet. Daar kwam langzaam een idee op. Moet ik er niets aan doen? Ik heb een armoedig clubje Knudde. Ik wilde een nieuw album maken over de huidige voetbalsamenleving. De wereld is zo absurd geworden dat het bijna ondenkbaar is dat mensen nee zeggen tegen geld. Helemaal in het voetbal.'

Van Driel is een beetje van zijn à propos over het nieuws dat Louis van Gaal per mail al aan de organisatie heeft laten weten dat hij ook komt. Een betere gast had hij zich niet kunnen wensen. Indachtig zijn woorden uit 2000 bleef de Amsterdammer ook tijdens de ongekende geldorgie die sindsdien op gang kwam, gewoon onafhankelijk en werd hij nooit onderdeel van de moderne transfernetwerken. Van Gaal is een van de weinige, zo niet de enige trainer in Nederland die geen lijntjes heeft met makelaars. De voormalig gymleraar zat als voetballer al in de spelersraad van de vakbond, waar later ook de een na de ander zich bleek te verrijken via transfers, en vaart nog steeds zijn eigen koers. Daar heeft hij geen makelaar voor nodig. Na zijn succesvolle WK in 2010 startte hij direct bij de rijkste club ter wereld, Manchester United. Naar verluidt regelde hij daar zonder zaakwaarnemer een contract voor omgerekend 15 miljoen euro.

Het was intussen al zover dat er commotie ontstond omdat er geen fee naar een makelaar ging.

RTL *Nieuws* destijds:
'Voetbaltrainer Louis van Gaal heeft zijn nieuwe club Manchester United gevraagd om 600.000 pond te doneren aan Spieren voor Spieren. Hij heeft het bedrag zelf verdubbeld tot 1,2 miljoen pond (1,5 miljoen euro). Van Gaal is de komende twee jaar trainer van de Engelse topclub. Volgens de *Daily Mail* en *The Sun* heeft Van Gaal bij de contractonderhandelingen 600.000 pond bespaard, door zelf de onderhandelingen te doen en geen dure agent in te huren. Van Gaal regelt al sinds jaar en dag zijn eigen zaken. Bij de onderhandelingen met United was dan ook geen zaakwaarnemer betrokken. Dat scheelt een betaling aan een tussenpersoon. *The Sun* brengt nu naar buiten dat Manchester United desondanks besloten heeft de 5 procent fee voor een zaakwaarnemer alsnog uit te geven. Van Gaal heeft Manchester gevraagd dat geld te doneren aan zijn favoriete goede doel.'

De opbrengst van vandaag gaat naar dezelfde organisatie. Van Driel twijfelt echter nog steeds: 'Zou hij me ervan langs geven? Echt, alleen het afgelopen jaar heb ik hem al zo vaak op de hak genomen. Lag-ie weer tegen die derrière van Truus aan of ging hij lekker naar het tuincentrum omdat hij geen werk had. Ik denk dat ik een deel van de opbrengst gewoon aan zijn stichting geef, Spieren voor Spieren. Ik vind het echt groots dat hij komt kijken. Maar je moet er wel rekening mee houden dat hij mij de maat neemt. Je weet toch nooit of mensen zelf kunnen lachen om al die grappen.'
We zien aan de overkant van de straat een man in joggingbroek bij een deurwaarder aanbellen. Maar dat is toch De Kromme? Terwijl je vanaf honderd meter de oranje ballonnen en tulpen al kunt zien voor de galerij loopt hij aan de andere kant van de straat het goede nummer te

zoeken. Zo moeilijk is het in Nederland toch niet? De ene kant is even en de andere kant oneven. En intussen is er ook een bataljon zenuwachtige fotografen en camerateams. Niet de bekende slecht geklede sportcollega's maar meer het genre shownieuws- en paparazzifotografen. 'Ik had gister Eva nog, 't is zomer dus dan is 't handig 'r even op te wachten,' meldt een fotograaf grijnzend. Eva? 'Ja. Jinek, joh'. Een dame in een opzichtig roze rokje loopt ook met een microfoon rond op zoek naar Willem en Louis.

De Feyenoorder woont hier een flinke uittrap vandaan, dus zou de weg wel moeten kennen. Alhoewel hij aan het einde van zijn loopbaan zo slecht zag dat de andere verdedigers vaak moesten schreeuwen wie wie was. Maar hij ziet het nu toch en kuiert de brede straat over met zijn handen in zijn zak. Willem heeft voor deze expositie duidelijk nagedacht en verrast met een uitstekende campingsmoking. Oude gympies, joggingbroek en een shirt van de lokale golfclub. Als hij nu in de strip zou lopen, zou je een ballonnetje boven zijn hoofd zien met 'Wat is dit voor een poppenkast?'

Van Hanegem gaf zo'n beetje al zijn geld weg en kreeg met zijn tweede vrouw iemand die zijn zaken deed. Zelfs Johan Derksen ging met lood in zijn schoenen in gesprek met zijn eega als er weer eens een boek werd geproduceerd over De Kromme. Tafelgenoot René van der Gijp laat al zijn zaken weer wel regelen door Rob Jansen, maar dat terzijde.

Maarten Spanjer, bij oudere lezers nog wel bekend als het typetje miskend talent, die met een witte muts op door de bossen pingelde, veert verheugd op bij het zien van zijn oude maat: 'Willem, ik heb nu een leuk kroegje ontdekt op de Overtoom, daar moet we echt naartoe.' Van Hanegem grijnst: 'Ik ben toch elke dag in Amsterdam bij Richard Smith mijn fysio, zet ik dat wat later.' Als Spanjer de brand steekt in een sigaret, kijkt De Kromme vies en doet hij wat stappen achteruit. 'Jullie ex-rokers zijn altijd de ergste,' moppert Spanjer tegen de man die ooit de klassieker produceerde dat roken vooral slecht voor de gordijnen is.

De Kromme wil een drankje bestellen, maar staat zonder het te weten bij de stand van de nieuwe oranjetulpwodka gemaakt van bloembollen. 'We hebben drie soorten, mijnheer, welke wilt u?' Misprijzend kijkt De Kromme naar de mooi opgebouwde tent. 'Bloembollen? Echt, die gasten tegenwoordig drinken de raarste dingen, vroeger dronken we gewoon biertjes, weet je niet.' Even later laat hij zich toch verleiden tot een vingerhoedje om het spul te proeven. De verkoper kijkt hem hoopvol aan, maar Van Hanegem wordt alweer aan zijn arm getrokken door een blozende mevrouw. 'Ik durf het bijna niet te vragen, maar ik masseer voeten en nu zou ik zo graag u een keer behandelen. Ik wil mensen laten bloeien.'

Van Hanegem pakt haar kaartje en belooft snel langs te komen. Verbaasd kijkt hij naar de pakweg tien, vijftien persmuskieten die ineens dwars door het met zorg aangelegde perkje over de jonge plantjes stormen als een kudde bizons. Louis en Truus zijn gearriveerd. Van Driel kijkt enigszins bezorgd naar de man die hij al zo vaak op de hak heeft genomen maar nooit ontmoet. Hij zal toch dadelijk niet voor vijftien camera's zelf afgeslacht gaan worden op zijn eigen feestdag? Van Gaal is getooid in een mooie, net gestoomde blazer, strakke spijkerbroek en kekke schoenen. De laatste weken straalt hij. Over zijn nieuwe aanbieding mag hij niets zeggen. Eén ding weten we wel, Van Gaal regelt het zelf. Ook zonder zaakwaarnemer kom je aan de top. Als technisch directeur van Ajax kreeg hij ze ineens wel aan zijn tafel, dat bracht hem al snel tot het volgende inzicht: 'Makelaars hebben macht over spelers, ik heb zelfs de indruk dat de makelaar, de begeleider, of hoe je het ook noemen wilt, soms bepalend is voor de keus.'

Bij de muur waar de eerste schetsen hangen, vraagt hij zich hardop af waarom de tekeningen niet zijn ingekleurd. Van Driel ziet de bui al hangen, maar voelt wat handen op zijn schouders. Een fotograaf wil vast aan de gang. 'Even samen jongens, even samen jongens, naast Willem. Mijnheer Van Gaal, foto.' De twee trainers kennen dit circus wel en geven de fotografen even hun moment. *Klik.* Iedere fotograaf wil graag even een blik in de lens en dus schreeuwen ze door elkaar de namen van de heren. Drie minuten later is Van Driel al dolgedraaid en lachen de voormalig Feyenoord- en Ajax-trainer zonder zaakwaarnemer elkaar ietwat verlegen toe.

'Heb je al een cluppie?' informeert De Kromme. 'Ja,' zegt Van Gaal, terwijl hij richting zaal loopt waar straks de onthulling is van het megaschilderij en hij het eerste boek in ontvangst gaat nemen. Een monument voor het voetbal van vroeger toen het nog een spelletjes was. In de gebonden versie met mooie cover zwemmen de makelaars en clubeigenaars in zwembaden vol groen geld. Tekeningen die zo te zien de goedkeuring kunnen wegdragen van Louis van Gaal die het transfersysteem ooit 'erger dan slavernij' noemde en al eens voorstelde dat spelers zelf hun makelaars moesten gaan betalen. 'De begeleider verdient soms ongelofelijk aan transfers. Ik denk dat veel spelers zouden schrikken als ze weten hoeveel.'

'Ik heb nooit een makelaar gehad volgens mij,' zegt Van Hanegem. Ja, een keertje die Cor Coster, dat had iets te maken met plaatjes in de *Eppo* en een column in *De Telegraaf.* Maar verder bemoei ik me daar allemaal niet mee, ik ga toch weg als ik wil. En soms wil de club je verkopen, dat kan ook nog. Tegenwoordig hebben spelers daar niet zoveel over te zeggen volgens mij. Je moet toch gewoon blij zijn dat je lekker kunt voetballen,' onderstreept hij de gedachten van Van Driel. Ook Van Hanegem heeft genoeg aan een gehaktbal.

De rest kan hem gestolen worden. Van een volle Kuip die de titel viert kan hij nog janken. Maar kom bij hem niet aan met de commerciële mogelijkheden van een nieuw stadion. Allemaal randzaken voor De Kromme: 'Man, al die systemen en verhalen, spelers moeten het gewoon zelf doen, deden wij toch ook vroeger.' Van Hanegem doet alles op gevoel en zou moeiteloos in Knudde kunnen spelen. Het verhaal over hoe hij met zijn gezin koos om bij Feyenoord te blijven alleen al: De Kromme liet het afhangen van hoe vaak zijn hond blafte. Zijn boerderij in Leerdam was tijdens zijn loopbaan de zoete inval en iedereen die wat nodig had, die kreeg het ook. Delen bleek in de voetballerij echter allesbehalve vermenigvuldigen. Aan het einde van zijn loopbaan was al het geld dan ook op. Ook Truus had zelfs geen oude sok met wat geld over. Bij zijn afscheid in 1983 zorgde een volle Kuip ervoor dat de familie Van Hanegem weer even vooruit kon. 'Volgens mij ben ik er nog gewoon. Zonder zaakwaarnemer kun je toch ook voetballen, lijkt me zo, of ben ik nou gek?' grijnst de legendarische nummer 10.

Nu Willem en Louis allebei zijn gekomen is de vraag natuurlijk wie het eerste album krijgt. Als de twee door de kleine haag mensen naar voren worden geroepen, wordt er vanuit de zaal gelachen. 'Hand in hand, jongens.' Van Hanegem gaat een stapje achter Louis staan, die Van Driel strak aankijkt. Toon ratelt van de zenuwen drie minuten door, en de drie zijn omsingeld door zeker tien fotografen. Van Gaal krijgt eindelijk de kans even wat te zeggen:
'Ik heb Toon van Driel vandaag voor het eerst ontmoet en...'
Van Driel: 'Je hebt niets gemist...'
Van Gaal houdt zijn adem even in, laat een stilte vallen en kijkt Van Driel indringend aan. 'Ga je me interrumperen?'
'Eh, nee.'
Van Gaal heeft de zaal binnen één zin plat. 'Ik vind het ongelooflijk hoe

enthousiast je bent en hoe overtuigd je bent van je eigen succes, je lijkt op iemand…'
Weer gebulder.
'Het probleem is dat de media je daarop kunnen afrekenen, weet ik uit ervaring, dat zal jou niet gebeuren.'
Van Driel lacht nu ook, de lach op het gezicht van Truus en Louis lijkt toch wel een duidelijk teken dat er geen strafexercitie komt na al die strips. 'Wat ik mooi vind, is dat je iedereen op de korrel neemt met een lach. Het leven en het voetbal worden veel te serieus genomen over het algemeen. Daar mag je best eens anders naar kijken. Jij bent de eerste die dat met je tekeningen hebt gedaan. Ik geef nu het woord aan Willem.'

De Kromme trekt zijn joggingbroek omhoog en grijnst: 'Ik ben altijd blij als Louis er is. Dan hoef ik wat minder te praten. Hij was trainer, ik ook. Hij had mazzel en verloor minder.' (Van Gaal slikt een opmerking in.) 'Maar Knudde zorgde dan wel voor een lach. Dan zaten we bij AZ in de trainerskamer en had je er toch de kolere in op maandag. En 't gekke was dat er wat veranderde als ik dat stripje dan zag, weet je niet. Je hebt me vaak gered, door jouw manier van kijken was je voor mij belangrijk.'

Van Driel heeft het woord alweer overgenomen en wijst naar Van Gaal: 'Hij is veel rijker, hij beheert het niet alleen goed, maar hij geeft het ook goed uit.'

Van Gaal kijkt vorsend, maar De Kromme is hem voor: 'Ten eerste hoef ik het boek niet te kopen. En jij bent ook binnen. Als er hier geen honderdduizenden van verkocht worden, weet ik 't ook niet.'

Van Driel blijkt net als de Kromme nog steeds niet echt voor het geld gegaan te zijn: 'Het is limited. Mijn vrouw zegt ook als ze me op de bank ziet liggen om halfelf: jij bent zelf een limited edition. Je hebt twee soorten tekenaars: ouwe en dooie.'

Van Gaal heeft nog steeds geen boek als Van Driel aan een eenpersoonsconference begint die heen en weer schiet tussen wielrenners die de verkeerde afslag namen, de pet van Kees Rijvers en een zwangere atlete.

Van Gaal: 'Ik vind dat je al lang aan het woord bent.'

De fotografen duwen Van Driel tussen de twee voetbaliconen. Professioneel houdt Van Gaal het boek strak voor zich, De Kromme ziet dat het zijne ondersteboven is en draait het om. Van Driel vergeet zijn album in dit hallucinerende moment voor de tekenaar.

De omsingeling is nu belachelijk en de boulevardpers weet van aanpakken. Als op commando beginnen ze te schreeuwen: 'Willem ja, Toon kijken, Willem dank je, van deze kant, heel even deze heren, even deze. Nog even deze kant, zo blijven staan, hier kijken. Louis, naar voren alsjeblieft.'

Van Hanegem kan uren over voetbal lullen, maar met de boulevardpers weet hij zich geen raad. Bij Van Gaal is het precies andersom. De Kromme rukt zich los en sprint sneller naar buiten dan hij in zijn laatste dag bij Feyenoord over het veld bewoog. 'Godskolere, wat is het warm.'

Als we tegen halfacht afscheid nemen van Toon zien we Van Hanegem met een boek onder zijn arm bij de laatste vijf mensen staan praten. 'Weet u dat uw zoon veertig jaar geleden bij de mijne op school zat?'

We rijden een album rijker nog even langs de fossiele restanten van het oude Haarlem-stadion. Op de radio horen we het nieuws dat Kluivert junior naar AS Roma vertrekt. Hetzelfde ventje dat nog niet zo lang geleden bij Ajax wilde blijven. Maar nu heeft Raiola hem dan toch verkocht, tegen de zin van zijn vader. Knap werk. Ineens was er een interview waarin het mannetje kritiek had op het beleid bij Ajax, vervolgens tekent hij bij een club die in de afgelopen acht jaar tien trainers versleet. Niemand die er nog van opkijkt.

Van Driel brengt de hele materie terug naar de essentie: 'Kijk, die gasten van Knudde gaan liever naar hun volkstuintjes of naar huis. Aan een gehaktbal hebben ze genoeg. Maar die logica drijft de zaakwaarnemers natuurlijk tot waanzin. Want het moet meer, meer en meer zijn. De echte voetbalwereld is intussen compleet gek geworden. Daar kun je niet meer tegenop fantaseren.'

Bureaus met het grootste marktaandeel binnen Nederland

bureau	hoofdkantoor	transacties in 2017
VVCS/Soccer Vision	Hoofddorp	71 spelers
Sports Entertainment Group	Amsterdam	60 spelers
Wasserman	Den Haag	40 spelers
Prime Sports Business	Rotterdam	36 spelers
Grandstand Football	Maarssen	30 spelers
Key Sports	Dordrecht	30 spelers
Sportconsult Nederland	Geertruidenberg	29 spelers
CIC Group	Heiloo	23 spelers
Euro Soccer Advice	Brummen	15 spelers
Gorré Soccer Management	Zevenbergen	15 spelers

12

MAKELAAR IN DE MIST

Pini Zahavi is niet zomaar een makelaar. De Israëliër beweegt zich achter de schermen van het miljardenbal als de regisseur van de grootse deals. 222 miljoen voor Neymar? Mister Fix It regelt het wel.

'Je gaat het pas zien als je het doorhebt.'
– Johan Cruijff

Het is 1974 en de Israëlische journalist Pini Zahavi is afgereisd naar West-Duitsland. Een spannende reis vanwege meerdere redenen. Twee jaar eerder werden zijn landgenoten tijdens de Olympische Spelen gegijzeld en vermoord. Alleen daarom al natuurlijk. De nationale ploeg van zijn land doet niet mee, maar ook een kleine dertig jaar na het einde van de Tweede Wereldoorlog blijft Duitsland een bijzondere bestemming voor iedere Israëliër. Dus ook voor Pini, die al heeft gezien dat de finale van het toernooi in München zal zijn. Sport als belangrijkste bijzaak in het leven. Maar een mens blijft een mens en als journalist is het hoe dan ook bijzonder om zo'n groot toernooi mee te maken. Zahavi reist kriskras door Duitsland en schudt vele handen. Gretig verzamelt hij contacten en bewonderend ziet hij hoe het Nederlands elftal bijna wereldkampioen wordt met die goede Johan Cruijff. Zelfs de ambitieuze Pini had destijds niet kunnen dromen dat hij 44 jaar later tijdens het WK in Rusland zelf een grote speler zou zijn.

Niet op het veld uiteraard. Maar achter de schermen. Daar waar hij zich het liefste beweegt. Tussen de altijd schuivende panelen. Daar waar geen journalist of supporter komt. 'Manager miljardenspel' zou er op zijn kaartje kunnen staan. Terwijl de hele wereld kijkt naar 22 mannen in een korte broek, gaat het natuurlijk allang niet meer om het spel maar om de knikkers. Iedereen weet wel dat Frankrijk de regerend wereldkampioen is. Van de wereldkampioen geld onttrekken heeft echter nog vrijwel geen supporter gehoord. Maakt u kennis met Pini Zahavi. Een Israëlische journalist die steenrijk werd door de spelershandel. Een levende legende.

Het is 44 jaar na het WK en we zijn weer in München. Bij de lokale voetbalgigant Bayern raken ze niet snel in paniek. Het Duitse bolwerk met een omzet van bijna een half miljard per jaar is al decennia een van de sterkste en stabielste clubs ter wereld. Maar als de Poolse goalgetter Robert Lewandowski halverwege de competitie aangeeft onder zijn contract uit te willen, is dat toch iets wat de gemoederen danig bezighoudt. Nu had de Pool dat al vaker gezegd, maar dan wezen ze bij Bayern op zijn uiterst lucratieve contract tot 2021 en was het weer even rustig. Maar dat ligt vanaf nu even anders, als blijkt wie voorlopig zijn zaken gaat doen. Als het aan Lewandowski ligt gaat hij naar Real Madrid. Daar kom je niet zomaar binnen met de eerste de beste makelaar.
'Wie?'
'Zahavi!'
'O, mijn god. We gaan niet eens met die man praten.'

Pini, het zijn maar vier letters. Maar iedere CEO in Manchester, Madrid of München weet wel hoe laat het is zodra de oude Israëlische vos zich meldt. Als de intussen bejaarde makelaar zich ermee bemoeit dan gaat het om de grote deals. Direct verschijnen er berichten in *Bild* en *Kicker* dat Bayern niet van plan is zich te laten chanteren. Onder de 200 miljoen nemen ze de telefoon niet eens op. Ervaren volgers glimlachen, de transferzomer is weer begonnen. En Pini zit achter de knoppen. Ditmaal al ergens in april. Het is de opmaat van onderhandelingen die rustig een jaar kunnen gaan duren.

De zaakwaarnemers van Lewandowski staan even buitenspel. De Poolse spits heeft ineens een tijdelijke overeenkomst met Pini Zahavi gesloten. De mysterieuze winkelierszoon, die als een diplomaat door de skyboxen beweegt. Al dik in de zeventig maar nog steeds energiek als een jonge hond die voor het eerst een strand op rent. Een makelaar die allang niet meer in spelers handelt, maar complete clubs onder controle heeft. Hij schuift met spelers als schaakstukken. Vaak langs dezelfde clubs trouwens, uiteraard met mensen uit zijn netwerk aan de leiding. Of filialen van Chelsea, waar hij veel zaken voor doet. Elke transfer levert weer commissie op. De tijd dat hij spelers nog hielp met hun persoonlijke beslommeringen ligt ver achter hem. Zo nu en dan wil hij nog weleens persoonlijk een deal regelen. Zoals bij de uitermate gecompliceerde overgang van Neymar naar Parijs. Daarmee brak hij weer eens een record. Want 222 miljoen euro voor een speler was nog nooit vertoond. Het leverde hemzelf naar verluidt een schamele 12,5 miljoen euro op, maar zijn geld krijgt hij toch nooit meer op. Interviews hoeven we niet te verwachten.

De voormalig journalist gooit hoogstens een zinnetje de media in om even wat beweging in een zaak te krijgen. Lewandowski is toe aan een nieuwe uitdaging, of zoiets. Als hij de sportpagina's siert, is het doorgaans vanwege processen of onderzoeken of als de fameuze Football Leaks weer eens een inkijkje geven achter de duistere coulissen van het voetbal. Zit je vast? Bel Zahavi. De man die alle presidenten in zijn telefoon heeft staan en investeerders, spelers en clubs met elkaar in contact brengt. 'Ze bij elkaar brengen. Daar betalen ze me voor.' Niet alleen in München, maar ook in Parijs gaan de alarmbellen in de zomer van 2018 af. Want Zahavi vloog echt niet zomaar naar Brazilië om te lunchen met de vader en zaakwaarnemer van Neymar. Ook de Braziliaanse cashmachine wil weg uit Parijs. Wederom een klusje van boven de 100 miljoen waar Zahavi zich nog wel mee wil bemoeien. Deals die hem zoveel opleveren dat onze minister-president voor dat bedrag nog minimaal tot zijn tachtigste in functie zou moeten blijven. Houd je van geld, dan duik je in het voetbal. Zahavi houdt van geld en kan na een halve eeuw voetbal een zwembad vullen met dollarbiljetten.

Geboren in Israël in 1943. Nadat hij zijn verplichte diensttijd achter de rug heeft, rolt hij de journalistiek in. In 1974 ziet hij vanaf de perstribune hoe Nederland bijna wereldkampioen wordt, later volgt hij vooral de Engelse competitie. Transfereren zit hem in het bloed, want elke paar jaar regelt hij voor zichzelf een verhuizing naar een andere krant. Zo krijg je een compensatie en een beter salaris, legt hij uit aan zijn verbaasde collega's. Als journalist voor drie verschillende kranten legt hij vele contacten die hem later goed van pas komen. Begin jaren negentig combineert hij zijn beide banen en maakt hij zijn eigen nieuws. Elke transfer weet hij natuurlijk als eerste. 'Ik zie mezelf liever als intermediair,' zegt hij nog steeds. Als je Zahavi vraagt waar het allemaal begon, dan is het vaak toch dat moment op Heathrow, de bekende luchthaven in Londen. Symbolisch genoeg in de mist. Tijdens een reisje voor de krant ziet hij een bekend gezicht in de lounge en raakt in gesprek met Peter Robertson uit het bestuur van Liverpool. Die heeft door de mist ook zijn vlucht gemist en de twee komen in gesprek over de selectie. Tussen neus en lippen raadt de reporter zijn landgenoot Avi Cohen aan, die hij goed kent en op dat moment bij Maccabi Tel Aviv speelt.

Een paar telefoontjes en een transfer later, ziet Zahavi ineens een extra nul op zijn rekening. Kleine fee van Liverpool voor zijn bemiddeling. Dat smaakt naar meer. Zahavi verhuist van de perstribune steeds vaker naar het spelershome en staat regelmatig met verse sinaasappels uit Israël langs het trainingsveld bij Anfield Road. De spelers worden uitgenodigd in Eilat om vakantie te vieren en wat extra te verdienen met vriendschappelijke potjes, die hij uiteraard zelf organiseert. Het publiek kan de sterren zien en Liverpool-legendes als Graeme Souness en Kenny Dalglish vinden het prachtig. Zodra Dalglish tien jaar later manager is, komt de Israëlische linksbuiten Ronny Rosenthal alias Rocket Ronny naar Liverpool. Zahavi heeft het nieuws als eerste. U raadt het al, hij heeft de deal zelf gesloten. 'Hij geeft zelf de voorzet en kopt hem dan ook nog in,' weten bewonderende collega's. Pas in 1998 stopt Zahavi als journalist. Dan is ook Alex Ferguson al dik bevriend met de charmante Israëliër.

De voetbalwereld verandert snel in de jaren negentig. De Champions League en Premier League-modellen zijn cashmachines. Blatter bouwt de FIFA om tot een globale geldmachine. Zijn vrienden Dalglish, Souness en Ferguson gaan ook verder. De grote spelers worden managers die zelf bij grote clubs het aan- en verkoopbeleid gaan bepalen. Pini heeft intussen een stevig netwerk in Zuid-Amerika en de handel gaat goed. Alleen Rio Ferdinand maakt hem al meervoudig miljonair. Met de transfer van Leeds United naar Manchester United breekt Zahavi alle records. Omgerekend wordt er iets van 50 miljoen euro neergeteld voor de international. De hand bij elke deal wordt steevast begeleid met een knipoog van Ferguson, die de baas is bij United. Prachtig toch dat dat journalistje uit Israël nu de recordtransfer in Engeland op zijn naam heeft? Keer op keer zijn er geruchten dat managers zelf ook delen in de lucratieve handel. Maar het wordt zelden bewezen.

Zahavi wordt pas echt bekend als de deal met de Argentijnen Javier Mascherano en Carlos Tévez naar West Ham United uitloopt op een gigantische rel, die breed wordt uitgemeten in de media. Het voetbal lijkt ineens veranderd in een wirwar van bv's en investeerders. De spelers blijken eigendom te zijn van verschillende bedrijven, die een flink deel van de transfersom opstrijken. Onderzoek wijst uit dat het verkopende Corinthians uit Brazilië in handen is van consortia die hun geld verdienen met het verkopen van spelers van wie ze de eigendomsrechten hebben. Zo stroomt het geld dus niet naar de clubs, maar naar bv's. Bij de UEFA vallen ineens veel puzzelstukjes op hun plaats. Het viel ze daar al op dat Europese clubs ondanks booming inkomsten uit sponsoring en televisierechten gezamenlijk miljarden verlies leden. Best vreemd. De ene club kan zich wel diep in de schulden steken door veel transfergeld te betalen, maar in principe zou dat geld terecht moeten komen bij een andere club. De speler gaat van club A naar club B, tot de affaire-Tévez werd ervan uitgegaan dat hetzelfde gold voor de transfersom. Zo zou het geld altijd binnen de voetbalsector moeten blijven circuleren. Maar dat is de theorie. De praktijk blijkt een stuk weerbarstiger. Met Mascherano en Tévez blijkt voor het eerst hoe op grote schaal geld verdwijnt naar privépersonen in plaats van naar de kas van de verkopende club. Zahavi blijkt de opvallende spin in een gigantisch web waarin allerlei topspelers gevangenzitten. West Ham United krijgt een boete van miljoenen ponden en de FIFA verbiedt dat investeerders nog langer eigenaar zijn van de economische rechten van spelers, de sigarenroker uit Israël vindt dat allemaal niet zo relevant en slaapt er geen minuut minder om. Er zijn wel vijftig manieren om de regelgeving te omzeilen.

Zahavi is alweer twee stappen verder, hij heeft zijn imperium allang uitgebouwd. Zo ontmoet hij ene Roman Abramovich op een feestje in Moskou en hoort zijn wens eens een club te kopen aan. Nee, welke maakte niet uit. Aanvankelijk mikt Abramovich op Spanje. Maar de complexe structuren schrikken hem af. De twee gaan eerst kijken bij FC Liverpool, maar die zit te hoog in de boom. De kunst is een club te vinden die echt op omvallen staat. Dan is de verkoopprijs laag en kan het oude regime direct op straat. Na een helikoptervlucht over de Theems valt de keuze uiteindelijk op het noodlijdende Chelsea. Het is het begin van de Roman-revolutie, het startsein voor een mistige miljardenindustrie, die culmineerde in een jaaromzet van 6 miljard euro aan internationale transfers alleen al. Abramovich knalt er meteen de eerste zomer al dik 100 miljoen aan transferinkopen in en adviseur Zahavi heeft na een maandje werk al een kleine 10 miljoen euro aan commissie binnen. Er moet gehandeld worden en vloeiend schakelend tussen Portugees, Engels, Duits en Hebreeuws is Zahavi de luxe regelneef. Het aantal contractspelers loopt met gemak op richting de honderd. De meesten komen niet eens in de kleedkamer van het eerste elftal, maar de transfermolen draait als een geldtelmachine. De club is een middel, geen doel. En precies daar kan Mister Fix It hem prima helpen met zijn als spelersmakelaar opgebouwde netwerk in Engeland. Als krantenredacteur viel hij al op als een toegewijde vent die het liefst 24 uur per dag belt en werkt en ook nu stort hij zich vol overgave op het nieuwe project. Al snel komt een andere bekende van hem naar Londen. Ene Peter Kenyon, de man die Manchester United naar grote hoogten heeft geleid en ook precies weet hoe de hazen lopen in het transferwereldje. De spelerscarrousel draait over vele schijven, postbussen, rekeningen, landen, bedrijven en continenten. Spelers vliegen als trekvogels van werkgever naar werkgever. Elke transfer levert weer commissie op voor de betrokkenen. Terwijl de makelaars ook nog standaard een vast percentage van het salaris krijgen. Peter Kenyon en Zahavi gaan samenwerken met die andere supermakelaar Mendes en blijven de krantenkoppen halen doordat Chelsea gewoon door is gegaan met de verboden handel in spelers die eigendom zijn van fondsen en privépersonen. Weer blijft Zahavi behoorlijk buiten schot.

De ene na de andere club op het continent wordt benaderd voor samenwerking. De veelal jonge aankopen moeten gestald en doorgeschoven worden. Via de Balkan, Malta, Cyprus en al die andere nieuwe vestigingen is er een voortdurende stroom van spelers die door Europa worden gesluisd. Vaak zijn ze net zo snel weer weg als ze gekomen zijn. Geld genoeg blijkens de dik 140 miljoen die er intussen alleen al in Vitesse werd gestoken. De Nederlandse satellietclub van het Chelsea-kartel. De papieren eigenaars die zijn gelieerd aan Abramovich laten zich zelden zien. Zahavi beweegt zich ook in Arnhem het liefst in de schaduw. Hij was de architect achter de overname, waarbij hij destijds bijvoorbeeld ook weer Vlado Lemić inschakelde als kenner van de Nederlandse markt. Direct na de overname werd er een dame in Arnhem gestationeerd die alle contracten regelde. Zahavi zien ze nauwelijks nog in Arnhem. Hij is alweer tig clubs verder. Als een spelletje Risk vergroot Zahavi zijn invloeden. Steeds samenwerkend met andere coalities. Van Moeskroen tot Belgrado. En van Limasol tot Arnhem. Spelers worden bij aankomst in Londen vaak een paar dagen later alweer naar satellietclubs gestuurd en sommigen komen niet eens aan in Londen maar rijden na hun handtekening ineens langs Finse meren of door de Veluwse heuvels. Recordhouder is een Kroatische keeper die in acht jaar Chelsea negen keer is verhuurd. Na Nederland dook hij op in nog zeven andere landen. Geen fan van Chelsea die hem kent. Hij speelde geen seconde op Stamford Bridge. Als wisselgeld op de markt functioneert hij echter prima. De coup van Chelsea is intussen allang gemeengoed. Vijftien jaar later heeft bijvoorbeeld de City Group ruim 250 spelers onder contract. Ook die worden overal in de wereld gestald, van New York tot Breda. Daar spreekt men intussen al over NAC City. Zahavi was de grondlegger van het monopolie van de machtigen.

Waar je ook gaat, overal duikt de naam Zahavi in de kantlijn op. Altijd in de mist, achter een bv, achter een clubpresident, achter een andere makelaar, achter een andere clubeigenaar. Het kan toeval zijn dat de afgelopen jaren technisch directeuren, trainers en spelers vanuit Arnhem in Israël aan de slag gingen. Zijn jeugdvriend werd op papier eigenaar van Maccabi Haifa, drie keer raden wie daar achter zit. Zakenpartner en vriend Gaydamak kocht Beitar Jeruzalem (en later via Zahavi ook Portsmouth). De Frans-Joodse Gaydamak was eerder Frankrijk uitgezet op verdenking van wapenhandel. Zahavi blijkt ook mede-eigenaar van Apollon Limasol. We zoeken de club even op en dat nietige Limasol presteert het om soms 25 transfers in een maand te noteren. Miljoenentransfers welteverstaan. En ook hier het Chelsea-model waar in dit geval veel Servische en Roemeense spelers (via voormalig sterspeler en clubeigenaar Hagi) vaak worden doorverkocht of verhuurd zonder dat die spelers ook maar één keer op het veld hebben gestaan. De winst is voor Apollon. De facto voor een bv waar Zahavi achter schuilgaat. In gelekte contracten zien we ene Mijat Gaćinović, die voor 1,25 miljoen gekocht wordt van FK Vojvodina en een paar dagen later voor hetzelfde bedrag weer doorverkocht wordt aan het Duitse Eintracht Frankfurt. Als de Duitsers de speler doorverkopen, is de helft van de opbrengst contractueel voor Zahavi/Apollon. De Duitsers mogen hem niet voor minder dan 2,5 miljoen euro verkopen. Veelal werkte hij ook nauw samen met grote Argentijnse makelaars bij transfers van Zuid-Amerikaanse spelers via een brievenbusfirma op Gibraltar. Niet voor niets wordt de belangrijkste eigenschap van Zahavi discretie genoemd. Hoe minder mensen weten en lezen, hoe beter.

Voorbeelden te over. In de lente van 2018 belandde onze landgenoot Dennis van Wijk voor zijn gevoel midden in een onzichtbaar makelaarsweb, waardoor zijn KV Mechelen degradeerde. Net als de twee seizoenen ervoor was Moeskroen (eigendom van Zahavi) weer betrokken bij opschudding op de laatste speeldag. Tegen het met degradatie bedreigde Eupen liet het zich opzichtig in de vernieling spelen, waardoor KV Mechelen onderaan eindigde. Maar waarom zou Moeskroen Eupen nu een plezier willen doen? Misschien vanwege de hechte band van beide clubs met Paris Saint-Germain, de club van Neymar, Qatarezen en Pini Zahavi. Eupen is een club in handen van Qatari. De vermeende hulp van Moeskroen leidde tot een onderzoek van de Belgische voetbalbond, want officieel mag een makelaar geen club bezitten. Mechelen stapt zelfs naar het gerecht om de degradatie aan te vechten. Vier maanden later valt de inmiddels ontslagen Van Wijk dan ook bijna van zijn stoel als hij de persconferentie van het federaal parket ziet en blijkt dat er juist indicaties zijn van matchfixing door zijn eigen Mechelen. Hij had zijn pijlen gericht op Eupen tegen Moeskroen, maar in de geruchtmakende Operatie Propere Handen komt naar voren dat makelaars en bestuurders onder zijn eigen neus zouden hebben geprobeerd een wedstrijd van Mechelen in het voordeel van zijn ploeg te fixen. Het dossier slaat in als een bom. Zahavi is intussen allang weer gevlogen. Voordat welk onderzoek dan ook was afgerond, volgde een volgende stap van Zahavi en zat er een nieuwe overname aan te komen in Moeskroen. Na Gol Football Malta en Latimer (bedrijven gelieerd aan Zahavi) viel de club in handen van een Thai die de voorbije jaren bij meerdere deals in Engeland betrokken was. Onder meer bij de overname van Manchester City door sjeik Mansour, en bij die van Reading, waar vervolgens uit het niets een net afgestudeerde vazal van Zahavi opdook in het management. In beide gevallen zette Zahavi de constructie mee op. Duizelt het u ook al een beetje? Welkom in de wondere wereld van de makelaars.

Het cv van deze man doornemende is het niet meer zo vreemd dat zelfs het robuuste Bayern op zijn grondvesten trilt als Lewandowski ineens met de roemruchte offshore makelaar komt aanzetten. Alle kanonnen worden uitgereden om Zahavi onder vuur te nemen. Bayern heeft geld genoeg, wil zich niet laten piepelen en houdt de spits aan zijn riante contract. 'Het enige waarover we geen controle hebben is zijn makelaar, maar we hebben hem geen mogelijkheid gegeven om te spreken. Hij heeft vier, vijf keer geprobeerd om een meeting met mij op te zetten,' zegt clubbaas Uli Hoeness. 'Ik heb hem gezegd dat ik op 2 september om halfdrie beschikbaar ben.' Als de transfermarkt dicht is dus. Zahavi is geen Raiola die dan keihard om zich heen gaat slaan om de speler alsnog voor de deadline los te weken. Hij laat zich niet uit de tent lokken, maar is iemand van de lange adem, een schaker die best een pionnetje wil opgeven om uiteindelijk keihard terug te slaan. Bayern is nog lang niet van hem af. Pini denkt alweer een paar zetten vooruit en reageert koeltjes op alle verbale aanvallen door het tijdelijke contract met Lewandowski te verlengen tot 2020. Bij de Beierse fans slaat het nieuws in als een bom. Ze kennen zijn reputatie. Met Pini ga je niet in zee om even leuk je contract te verlengen bij de club waar je nu zit. Hun samenwerking staat bijna synoniem voor een transfer, dus schrijft u die maar vast op. Hij is niet voor niks Mister Fix It.

Transferbewegingen Nederland

Winter

jaar	aantal	laatste 24 uur	
2011	130	49	(38%)
2012	103	39	(38%)
2013	105	42	(40%)
2014	111	32	(29%)
2015	101	32	(32%)
2016	93	32	(34%)
2017	151	59	(39%)
2018	133	32	(24%)

Zomer

jaar	aantal	laatste 24 uur	
2012	543	45	(8%)
2013	471	56	(12%)
2014	533	57	(11%)
2015	577	39	(7%)
2016	582	52	(9%)
2017	648	80	(12%)
2018	645	33	(5%)

13

LINKE LUCAS

Op krokodillenleren mocassins stapt de Portugese playboy door de skyboxen in Rotterdam en Enschede. Het geld stroomt binnen en er is meer goed nieuws. 'Ik heb een hele goeie flat gevonden. Perfect voor orgies.'

Het wachten is op de eerste clubs met gespiegeld glas in de skyboxen. Makelaars slaan steeds vaker de handen ineen met schimmige oligarchen die zo veel mogelijk buiten de publiciteit willen blijven. Wielerfans kennen Astana. Schaatsfans kennen Alma Ata. Het zijn de twee laatste hoofdsteden van Kazachstan. Maar dat een consortium uit Kazachstan verantwoordelijk is voor de val van FC Twente is wat minder bekend. Net zoals de connectie tussen Donald Trump, Joop Munsterman en seksfeesten op het oude jacht van Atatürk, de grondlegger van Turkije.

Arnhem, 2008

FC Twente speelt een Champions Leaguewedstrijd in een afgeladen Gelre-Dome. Uitgerekend in Arnhem waar Vitesse ternauwernood de megalomane plannen van Karel Aalbers overleefde. Met tienduizenden Tukkers die zijn afgereisd, is het bier niet aan te slepen. De Kleine President is ook al een nieuw stadion aan het bouwen, vandaar dat ze even moeten uitwijken. Glunderend staat hij op de roltrap. Als je wint, heb je vrienden. Ze staan rijendik opgesteld. Want deze Joop Munsterman is de grote man achter de ongekende machtsgreep van de Tukkers in het Nederlandse voetbal. Iedereen wil bij Twente voetballen. Niet slecht gedaan voor een kleine, Indonesisch uitziende man met 'het uiterlijk van een homofiele schlagerzanger' volgens onze hoofdredacteur Johan Derksen. Maar wanneer je bijna heilig wordt verklaard, is de kruisiging doorgaans nabij. Het gaat mis als de ambitieuze Munsterman in zee gaat met een snelle makelaar in een snel pak, die snel miljoenen kan leveren en nog sneller een harem vol bloedmooie dames kan bezorgen. Zijn naam is Nelio Lucas.

'Show me the money'

Nergens wonen zoveel Russische miljonairs als in Londen. Ground zero voor het oude voetbal, waar het nog om cups in plaats van cheques ging. Dat is sinds de overname van Chelsea door Roman Abramovich totaal veranderd. Het is 20 januari 2014 als voetbalmakelaar Nelio Lucas zijn 35e verjaardag viert. De banden van zijn Bentley zoeven de parkeergarage in. Hij geniet van het geluid en verheugt zich op ongetwijfeld weer een onvergetelijke party. Londen is een welkome afwisseling na een weekje op zijn nieuwe jacht van 3,5 miljoen euro aan de Rivièra.

Tevreden kijkt hij naar de limousines die al voor de oude kerk stoppen. Prima plan om deze trendy plek in Mayfair af te huren. De gastenlijst is exclusief. Een gala voor 118 genodigden, of hoe had het ook alweer op de uitnodiging gestaan? O ja, diner dansant tot in de laatste uurtjes. Het zal weer volop genieten worden. Blondines, brunettes. De 195.000 euro voor het organisatiebureau maakt hij lachend over van een van zijn vele rekeningen. Uit Liechtenstein ditmaal.

Vrienden Munsterman en Van der Laan staan niet op de gastenlijst. We zien Joop ook niet snel in een string een bubbelbad instappen met aan elke hand een Russisch tienermeisje. Net zomin als Aldo met een margarita in een kingsize bed vol dames in Miami, waar Lucas voor zakenvrienden een avondje organiseerde waarbij een *bunga bunga*-feest van Silvio Berlusconi verbleekt. Maar een mooi verhaal was het wel geweest. De ingevlogen dames uit Sint-Petersburg en Minsk zouden in Enschede zonder twijfel voor een enorme kop-staartbotsing in het centrum zorgen. Die benen alleen al. Maar er lopen nog wel wat duurdere benen in de negentiende-eeuwse kerk rond. Mannenbenen leveren het echte geld op. Want de ledematen van gasten als Neymar, David Luiz en Xavi Hernández zijn honderden miljoenen waard.

Het lijkt wel de vooravond van een Champions Leaguefinale. Daar zien we de president van Real Madrid Florentino Pérez en Miguel Ángel Gil van Atlético Madrid gezellig bijbabbelen. Een tafeltje verderop zit de vicevoorzitter van AC Milan Adriano Galliani met zijn dochter, die sinds kort is ingehuurd door hetzelfde bedrijf als waar de gesoigneerde Lucas als directeur aan de slag is: Doyen Sports Investment. Een fonds uit Malta dat in hoog tempo furore maakt op de ereterrassen. De technisch directeur van Inter Milaan knipoogt en schudt her en der handen met mensen van Porto, Sporting Lissabon, Sevilla. Van wie eigenlijk niet?

Kaartjes worden uitgewisseld met kapitaalkrachtige Russen, fondsbeheerders en Zwitserse belastingadvocaten gespecialiseerd in de Caraïbische geldroutes. Nee, dit is geen gewone verjaardag. Iedereen hier weet hoe de hazen lopen in het voetbal. Dit is de elite die regeert en niemand die het over het spelletje heeft. Dat Aldo van der Laan en Joop Munsterman hier niet zijn, is niet vreemd. Zij zijn kleine klanten van Doyen, dat een deel van de transferrechten van vier spelers in Enschede heeft gekocht in ruil voor cash. Gewoon een soort hypotheek, waarbij de spelers als onderpand dienen. De prijs zou uiteindelijk gigantisch zijn. De jarige Lucas staat stralend in de schijnwerpers. Als hoofd Import en Export is hij helemaal het mannetje. Per Falcon en Challenger beweegt hij zich tussen de voetbalhoofdsteden, waar hij in een van de vijf talen die hij beheerst transferrechten verhandelt als obligaties voor net ontdekte olievelden. Gehaat bij de FIFA en UEFA, geliefd bij clubs. In een paar jaar sloot het fonds volgens Lucas 55 deals en genereerde het 44 miljoen euro winst voor clubs. Waar het geld vandaan komt, is onduidelijk. Even mysterieus is het vermogen om schijnbaar uit het niets spectaculaire spelerstransfers tot stand te brengen waar andere makelaars jaren voorbereiding aan gehad zouden hebben. Veel heeft te maken met vier broers uit Kazachstan van wie vrijwel geen supporter ooit heeft gehoord. Mannen die op grote schaal in spelers zijn gaan handelen. De financiers die het kapitaal beschikbaar stellen. Als vertegenwoordiger van hun zaakjes huurden ze de gladde Nelio. Het gezicht naar buiten. Iemand die je 's nachts wakker kunt bellen voor een transfer. Aan zijn WhatsApp-profiel is geen woord gelogen. *Always available 4 a good deal*! Zaakwaarnemer, bankier, scout. Een energieke dertiger die op krokodillenleren mocassins door de duurste skyboxen van Europa trekt en daar door de wol geverfde zakenlieden het ene na het andere miljoen aftroggelt. Mannen zoals Munsterman.

In Zwitserland bij de overkoepelende bonden noemen ze hem een mensenhandelaar. In Marseille vergelijkt de president van Olympique hem met Tom Cruise die in de filmklassieker over de sportmakelaardij al 'show me the money' roepend door de honkbalwereld trok. 'Show me the money' is letterlijk wat Lucas voorzitters die een beetje krap bij kas zitten kan bieden. Geen geld, maar toch spelers willen kopen? Een belletje naar Doyen is genoeg. Dan komt de reddende engel die in korte tijd een indrukwekkend netwerk heeft opgebouwd van clubs die afhankelijk zijn geworden van de Maltese geldkraan. 'Wij zijn de partners van de clubs,' zegt hij altijd. Het is fijn zakendoen met Lucas.

Voor een zoon uit een arm gezin uit Coimbra heeft hij snel naam gemaakt. Naar eigen zeggen werd er op de basisschool een buitengewoon IQ bij hem vastgesteld dat hem uiteindelijk een beurs opleverde in de VS. In Florida en Los Angeles specialiseerde hij zich in marketing en communicatie. Hij runde er een modellenbureau en ging aan de slag bij het beroemde Creative Artist Agency uit Beverly Hills. Nelio Lucas staat bepaald niet bekend als een bescheiden jongen en pocht dat hij er zorgde voor Mariah Carey en Bruce Springsteen, voordat hij zich vol overgave stortte op de spelersmarkt. Voetballers blijken toch een stuk winstgevender, zo leert hij al snel. Springsteens hitregel '*Pay me, oh pay me, pay me my money down*' werd in elk geval zijn lijflied.

Begin deze eeuw zien we Nelio Lucas voor het eerst opduiken in het voetbal. Terug in Europa liggen er nog wat akkefietjes rond belastingontduiking, ongedekte cheques en rijden zonder rijbewijs. Als jonge twintiger timmert hij aan de weg met zijn bedrijf World Football, dat de opening van het nieuwe EK-stadion van Aveiro organiseert. Het plaatselijke Beira-Mar speelt vriendschappelijk tegen Osasuna. Samen met de president van Beira-Mar onthult hij enorme festivalposters waarop een spectaculaire avond met voetbal, zang en vuurwerk wordt beloofd. De jongeman achter World Football spreekt aan de vooravond vol zelfvertrouwen de pers toe en belooft en passant een geweldige versterking voor de ploeg van Beira-Mar. 'Dit wordt de bom. Hij is groot en blond.' Iemand die toevoegt wat nog ontbreekt in de ploeg. Fans discussiëren die avond opgewonden over mogelijke versterkingen. Een dag later valt het allemaal toch wat tegen. De nieuwe aanwinst blijkt een gigantische mascotte, een adelaar. Inderdaad groot en blond. Ook de beloofde beste stadionopening ooit blijkt wat teleurstellend; ondanks de spotgoedkope kaarten en gratis openbaar vervoer is de fonkelnieuwe arena halfleeg.

Maar Nelio Lucas is geen man die zich laat tegenhouden door kleine tegenslagen en werkt hard aan zijn cv. Even later trekt de snelle Portugees alweer druk bellend Europa door voor de vermaarde Stellar Group, die later wereldrecords vestigt met Gareth Bale, maar dan al veel sterren onder contract heeft. Stellar wil ook een stal in Portugal. Op de internetsite van het bureau verschijnt de dan 26-jarige Lucas met een puik profiel. Iemand die op jonge leeftijd al ervaring heeft met het begeleiden van zangers en acteurs. Via Lucas gaat Stellar talenten stallen in het nieuwe stadion van Beira-Mar. Ze sluiten een tweejarige samenwerkingsovereenkomst. Volgens beide partijen gaat het om een innovatief partnership dat volgens de clubpresident zal gaan leiden tot 'internationale uitstraling'. Stellar en Lucas willen van Beira-Mar een van de grootste clubs van Portugal gaan maken. Een jaar en drie trainers later degradeert de makelaarsdependance. Intussen werd de club zelfs teruggezet naar het vijfde niveau vanwege enorme schulden.

Lucas dendert echter gewoon door. Daarbij balancerend op de grens van het betamelijke, soms net erover. In juni 2005 verzoekt Salamanca de Spaanse voetbalbond om een disciplinaire procedure te openen. De jonge makelaar blijkt ineens hoofdrolspeler in een vreemde rel, voorafgaand aan een degradatiekraker in de Segunda División. Salamanca-speler Rogério beweert dat hij drie keer is gebeld door Lucas, die hem namens concurrent Ciudad de Murcia een tweejarig contract heeft aangeboden met een waarde van dik vier ton. Hij moest alleen wel even beslissen vóór de kelderclash tussen Salamanca en... Ciudad de Murcia.

De streberige Portugees is dan nog bepaald geen makelaar die onder de radar opereert. In Nederland dipt Nelio Lucas zijn teen voor het eerst in het water in 2005. Nou ja, teen in het water dippen... Hij staat direct bovenaan de vergaderlijst bij *VI* als er totale verwarring ontstaat rond Dirk Kuijt en Salomon Kalou. De befaamde K2-aanval van Feyenoord.

Mark Wotte, op dat moment technisch directeur van Feyenoord, luncht met hem in Brasserie De Kuip. Snelle jongen. Grote verhalen. Hij schept op dat hij transferrechten van topspelers over de hele wereld bezit. Soccer Investment and Representations staat er inmiddels op zijn visitekaartjes. Hij wil nu ook rechten van Kalou en Kuijt. Verder dan de brasserie komt Lucas niet. Maar na zijn Kuip-bezoek onthult het doorgaans goed ingevoerde *AD* ineens dat Salomon Kalou voor 9 miljoen euro is verkocht aan een fonds. Feyenoord ontkent, maar de krant heeft zelfs het contract met de handtekening van voorzitter Jorien van den Herik. De Afrikaan zelf heeft geen idee wat er allemaal aan de hand is. 'Ik weet niet of ik nu moet lachen of huilen.'

Zijn zaakwaarnemer Rodger Linse reageert eveneens verbijsterd. 'Een dubieuze zaak.' Feyenoord huurt een detective in, die al snel meldt dat in het Hilton Rotterdam inderdaad iemand logeerde onder de naam N. Lucas. Die avond is er vanuit het Hilton wel degelijk een fax gestuurd naar de krantenredactie met het contract. Het verbijsterde Feyenoord gaat met het afschrift naar een kalligraaf, die bevestigt dat de handtekening onder het contract niet die van Jorien van den Herik is.

Feyenoord doet aangifte bij de politie, maar Lucas is natuurlijk allang gevlogen. Hoe dan ook. Stormachtig mogen we zijn entree wel noemen. Lucas zou je na zo'n actie normaal gesproken in de bak kamikaze zetten. Maar hij heeft niet de minste leermeester. Hij leert het vak van niemand minder dan Pini Zahavi, die u elders in dit boek al tegenkwam als Mister Fix It. Zahavi is goed met de rijke Russen die de skyboxen steeds vaker bevolken. De Israëliër begeleidt allang geen spelers meer, maar koopt ze gewoon op. Als zaakwaarnemer krijg je een percentage over het salaris van de speler, maar als eigenaar van spelers krijg je aandelen van transfersommen en kun je pas echt verdienen. Een gat in de markt. Beseft ook Lucas die enorm onder de indruk is van de Israëliër die niet eens een kantoor heeft en zonder secretaresse gewoon zakendoet vanuit vijfsterrenhotelbars. Dit is een goudmijn. Nu nog wat kapitaal om een mooie eigen stal te openen. Voetbal is eigenlijk gewoon een veemarkt. Zoveel heeft Linke Lucas al wel gezien.

Wat snel komt, kan ook snel weer gaan. Dat zijn de natuurwetten. Lucas komt als een komeet. Helemaal als hij in 2011 op Ibiza een playboy met zakken vol geld tegenkomt. Ene Arif Arif, die dan ergens midden in de twintig is. Zongebruind en altijd omringd door mooie vrouwen. De jongste van vier broers die rijk zijn geworden na het uiteenvallen van de Sovjet-Unie. Het type oligarch dat we overal in het voetbal tegenkomen. Voetbal is intussen minstens zo winstgevend als de chroomhandel waarin de familie Arif rijk is geworden. Ibiza is naast Miami en Dubai uitgegroeid tot hotspot voor voetbalsterren en de twee ambitieuze mannen komen snel tot een wild nieuw avontuur.

Ach, hoe moeilijk kan het zijn? De ene heeft geld en de andere de contacten. Doyen Sports Investment Limited wordt de naam van hun nieuwe geldmachine. Voetbalspelers behoren tot de hipste handelswaar. Partyanimal Arif heeft weer wat om over te praten aan zijn zwembaden in Ibiza waar menig voetballer zich onderdompelt in luxe en vrouwelijk schoon. In Londen mogen de beste accountants en advocaten de structuren in een juridische vorm gieten. In Zwitserland zitten weer topmensen in het wegsluizen van geld naar belastingparadijzen. De Malta-route kent Lucas alweer via Zahavi. Op 30 maart 2011 wordt het Londense bedrijf om fiscale redenen ingeschreven bij de Kamer van Koophandel op Malta. Ook in de Verenigde Arabische Emiraten en in Londen komen dependances. Tachtig procent van de aandelen komt in handen van de Arifs, de rest op naam van Nelio Lucas, die daarmee in één keer multimiljonair is. Lucas brengt met zijn ervaring als spelersmakelaar voetbalkennis in en gaat de deals in het veld doen. Hij moet zich soms even in zijn armen knijpen. De Arifs stellen tussen 2011 en 2015 zo'n 72 miljoen euro beschikbaar. Net zoals bijvoorbeeld de eigenaar van Vitesse willen zij buiten de spotlights blijven. Onder de vleugels van Lucas en verstopt achter het bedrijf Doyen richten de Arifs zich op de clubs net onder de absolute top. En op spelers die aan het begin van hun carrière staan. Om juist die teams succesvoller te maken en hun spelers in de etalage te zetten.

Nelio Lucas wordt directeur. 'We waren er in twee minuten uit.' Pogingen van de media om een tipje van de sluier over de herkomst van de miljoenen op te lichten worden niet op prijs gesteld. Een Italiaanse krant die op zoek naar de Doyen-bronnen tot zijn eigen verbazing uitkomt in Panama, ontvangt direct een pittige brief van het Londense bureau Schillings dat bedrijven beschermt tegen ongewenste aandacht. Dat bedrijf is al eerder ingehuurd om seksfeesten van de Arif-broers met minderjarige Russische meisjes zo veel mogelijk van Wikipedia en andere sites te verwijderen. Uiteraard heeft Lucas hem meteen na de eerste ontmoeting gegoogeld. Arif verhuisde vanuit Kazachstan naar Turkije waar hij een indrukwekkende vastgoedportefeuille opbouwde. De Kazach haalde de wereldpers toen hij daar werd gearresteerd op het 136 meter lange jacht Savarona dat nog in bezit van Atatürk is geweest. Niet dat de politie hem wilde spreken over het financieren van voetballers. Wel over Oost-Europese prostituees die hij zou hebben geregeld voor seksfeesten van Russische zakenlieden. Een zaak waar hij overigens nooit voor veroordeeld is, aangezien alle aanwezige en uit Rusland ingevlogen dames van niets bleken te weten. Arif, die volgens de Britse media al eens in beeld was als eigenaar van Aston Villa, is geen kleine jongen die onder meer megaprojecten in Manhattan onderneemt met niemand minder dan zijn zakenvriend Donald Trump. Een man die kortom zwemt in het geld.

De 72 miljoen startgeld is aan Lucas goed besteed. Het gaat direct crescendo. Clubs volgen Doyen als meeuwen vissersboten. Sporting Gijón, Seraing, Cádiz. Allemaal verenigingen die het niet breed hebben, maar wel een aanval willen doen op de gevestigde orde. Sevilla, Granada, Getafe. Honderden clubs staan rood en kunnen zich geen nieuwe voetballers veroorloven, maar willen wel prijzen pakken. Doyen heeft de oplossing. Het helpt met spelers kopen. Zo bevestigen ook de contracten die het Maltese fonds sloot met Granada en Getafe: 'Als een gevolg van de economische situatie van de club, is Doyen om financiële assistentie gevraagd.' Hyperambitieuze voorzitters ontvangen sinterklaas Lucas met open armen. Bij Seraing gaat de preses een tweede grote club in Luik creëren. Cádiz wil opstomen naar het hoogste niveau.

Elk land kent eerzuchtige clubs met een tekort aan geld. Het missen van de tweede titel zint Munsterman niet. Net als eerder Dirk Scheringa bij AZ en Karel Aalbers bij Vitesse is hij door de eerste successen overmoedig geworden. Zijn beleidsplan heet niet voor niets 'Working on a Dream'. En laat Nelio Lucas nu net voetbaldromen verkopen. Aan een afzetmarkt is geen gebrek. Er is altijd even cash nodig als je hogerop wilt in het voetbal. De Marokkaan Abdel Barrada van Getafe heeft op 25 augustus 2011 de primeur. Als eerste valt hij in handen van Doyen. Voor 1,5 miljoen euro krijgt Doyen 60 procent van de rechten in handen. Amper twee jaar later gaat Barrada voor een veelvoud naar Al-Jazira. Kassa voor Doyen: 4,85 miljoen. Nelio Lucas glundert. Baas Arif kan dik tevreden zijn met een rendement van 223 procent.

Team Doyen vliegt uit de startblokken en de twee playboys verschijnen overal waar de sterren neerstrijken. Voor negen mille wordt een box gehuurd bij de Europa Leaguefinale in Amsterdam, de facturen voor Wembley en Bernabéu lopen in de tonnen. Het is heerlijk zakendoen met al die Munstermannetjes die ondanks modale begrotingen wel allemaal Ferrari's op het veld willen. Doyen opereert als een bank voor voetbalclubs. Alleen wel een bank die akkoord gaat met garanties die echte banken niet meer accepteren: tv-rechten, sponsorcontracten en de economische rechten van voetballers. In ruil voor het geleende geld krijgt Doyen een aandeel in de transferopbrengsten. Aangezien er goede banden zijn met clubeigenaren en de toonaangevende makelaars, lukt het vrijwel altijd om spelers met winst te verkopen. Mocht dat niet lukken, dan moeten clubs aan het eind van de looptijd de lening met rente terugbetalen. Twente krijgt onder meer deze clausule voorgelegd: op zeker moment (als een transfer uitblijft) moeten de Tukkers de rechten van Kyle Ebecilio terugkopen voor 780.000 euro, terwijl Doyen slechts 600.000 euro heeft betaald. Zo zijn er vele clausules mogelijk waarbij de uitkomst steeds dezelfde is: in het voetbalcasino zijn de clubs de gokkers en is Doyen het huis dat altijd wint.

Wat heet. Er lekt een Excel-sheet uit met daarin alle namen en bedragen. We zien onder meer een prachtig rendement van 524 procent op een speler van Internazionale. Als het overzicht van maart 2015 klopt – Doyen beweert dat een deel van de uitgelekte documenten vals is – heeft Doyen bijna vijftig spelers te pakken, onder wie zeven Nederlanders. Wat Nelio Lucas in 2005 niet lukte met Kuijt, heeft hij nu alsnog gepresteerd. Met jongens als Zakaria Labyad en Ola John zit Doyen geramd. Die twee spelen nauwelijks, maar worden van hot naar her getransfereerd. Maar dat maakt geen bal uit als we de administratie mogen geloven. Achter het vakje 'gegarandeerde winst' staan bedragen van 450.000 euro (Labyad) en 1,37 miljoen (John). Met zoveel rondvliegende tonnen en miljoenen gaat er weleens wat mis. Zo ontvangt FC Twente een iets te hoge rekening. De oplettende financieel manager Gert-Jan Nijweide weet ternauwernood te voorkomen dat FC Twente 117.000 euro te veel overmaakt voor Tadić. Een kleinigheid voor de Doyen-mannen die zich inmiddels met eigen chauffeurs en privéjets door Europa bewegen.

Lucas geniet. Hij schaakt ineens op dezelfde niveaus als zijn beroemde landgenoot Jorge Mendes. De voormalige nachtclubbaas die een miljard aan transfers achter zijn naam heeft. 'Jorge is een vriend,' zegt Lucas die met het geld van Arif nu ook mag meedoen met de grote jongens. Zo vliegt Falcao (speler van Mendes) op kosten van Doyen met een Falcon 7X. Doyen investeert in de Colombiaan die tot grote vreugde van alle betrokkenen de ene na de andere klapper maakt. Elke transfer is het weer kassa, Lucas ziet tot zijn genoegen dat Doyen dik 5 miljoen vangt als Falcao overstapt naar AS Monaco. 'De club is happy, wij zijn happy, de speler is happy, iedereen is happy.'

Tijdens het WK in 2014 liggen de havens vol met enorme jachten en ontstaan er ware files boven de luchthavens vol privéjets. Arif somt even op wie hij allemaal heeft spelen: 'Mangala, Promes, Defour, Januzaj, Xavi, Falcao, Rojo, Negredo, De Gea... Doyen Sports gaat naar de wereldcup.' Als Brazilië zich plaatst voor de halve finale ziet hij de miljoenen al binnenstromen: '*Neymar bitch. Nigga making us money.*' Het WK als het nieuwe Wall Street.

Nou ja. Niet iedereen is happy. Doyen handelt zo agressief dat er algauw alarmbellen afgaan. De preses van Sporting Lissabon waarschuwt andere clubs om vooral niet in zee te gaan met de snelle Lucas. 'Het is een monster dat zich op het voetbal heeft gestort.' Als een octopus neemt Doyen de markt in zijn greep. Het fonds handelt in voetbalrechten, maar komt ook tevoorschijn als begeleider van diezelfde spelers. Zo ligt er ineens een contract op straat tussen FC Porto en Vela Management, een aan Doyen gelieerd makelaarsbedrijf en eveneens gevestigd op Malta. Vela gaat spelers begeleiden. En wie vertegenwoordigt Vela? U raadt het al: Nelio Lucas. Voor onderhandelen bij de transfer van Brahimi (eigendom Doyen) naar FC Porto betaalt FC Porto een fraaie 500.000 euro aan Vela. Doyen heeft vele petten. Zo blijkt de firma ineens ook te scouten voor Sheffield Wednesday. Wat is er mooier dan scouten voor voetbalclubs terwijl je zelf ook spelers bezit en begeleidt? Intussen zorgt hij ook dat anderen beter worden van de deals. Want zo werkt het in het voetbal. Quid pro quo. Het ene voor het ander. Hij heeft rekeningen in Malta, Zwitserland en Dubai. Bij elke deal gaat er minimaal zo'n 10 procent als compensatie naar de bankrekeningen van allerlei mensen die eigenlijk niets te maken hebben met de transfers. Spelers, makelaars, bestuurders, trainers, technisch directeuren, scouts. Wat dat betreft doen ze het bij Doyen zoals het altijd gedaan is. In het betaald voetbal lekt veel uit. De sportkranten staan vol kleedkamergeheimen en de roddelbladen vol slaapkamergeheimen. Maar over weinig zaken wordt zo geheimzinnig gedaan als over transferbedragen in het voetbal. Dat is niet voor niets. Het is als met doping bij het wielrennen, iedereen weet ervan, doet mee en spreekt er schande van.

Hoewel sommigen Doyen neerzetten als een schimmig bedrijf, zijn het natuurlijk wel (megalomane) voorzitters die de contracten sluiten. Je kunt ook zeggen dat Lucas en zijn geldschieters handig inspringen op een groeiende vraag naar geld om transfers mee te financieren. Zo kijkt Lucas daar zelf ook tegenaan. Op een seminar in Madrid, in 2013, zegt hij dat clubs hem zelf om hulp vragen. 'Er ligt geen pistool op tafel.'

De jetsetscene past Lucas als een handschoen. Hij is pas net begonnen. Zelfs Neymar en Beckham gaan in zee met de nieuwe tak van het bedrijf rond imagorechten. De Braziliaan die in 2017 voor 222 miljoen euro naar Parijs gaat wordt direct in een Challenger 300 rondgevlogen en Lucas wil nu ook de Premier League gaan veroveren. In 2014 bepleit hij in São Paulo vol enthousiasme dat ook daar de kleinere clubs met hulp van Doyen het gat kunnen gaan dichten. Sinds een beruchte affaire met de door fondsen opgekochte spelers Tévez en Mascherano (geregeld door Pini Zahavi) in 2006, ligt het verhandelen van transferrechten daar gevoelig, maar Lucas is een man die denkt in mogelijkheden. 'We werken aan een model speciaal voor de Premier League.'

Geld is geen probleem. De eerste 100 miljoen die Doyen in de markt pompt noemt hij nog maar een druppel in de oceaan. Er komen nog veel meer miljoenen aan en nog veel meer clubs zullen zich gaan aansluiten. 'Geld is slechts een deel, netwerken is het belangrijkste. Ik ken alle clubpresidenten.' Het stikt in Europa van nieuwe clubeigenaren die de transfermarkt niet kennen maar wel graag bewegen tussen de voetbalmiljonairs die als filmsterren vintage champagne nuttigen in afgehuurde nachtclubs. Onder anderen de Thaise AC Milan-investeerder Bee Taechaubol verschijnt op Twitter met Lucas die is gehuld in een hagelwit Armani-shirt. Lucas zegt close te zijn met vele eigenaars en voorzitters. 'Zij zijn mijn vrienden.'

In de stadions duikt Lucas steeds vaker op in de boardrooms van zijn clubkameraden. Intimi vertelt hij dat hij half Europa controleert. Maar lang kan Lucas niet van zijn successen genieten. Eind 2014 slaat ineens de paniek toe. Hij is bijna letterlijk een weekendmiljonair als na de eerste succesvolle transfers de hele handel alweer wordt ontmanteld. Van de ene op de andere dag verbiedt de FIFA de invloed van derde partijen bij transfers. En dat is nu net de hoofdactiviteit van Doyen. De broers willen hun geld terug. In Nice gaat Lucas om de tafel met de Kazachen. De vriendschap tussen de bon vivants blijkt snel in de categorie 'dun laagje chroom' te vallen en ze draaien ogenblikkelijk de geldkraan dicht. Het hele fundament onder het Doyen-huis valt weg. Lucas baalt, maar laat zich niet kennen. Hij is nog altijd vol bravoure en de Arifjes moeten wel beseffen aan wie ze alles te danken hebben. 'Alleen mijn woord en reputatie hielden ons levend in de markt, ik maakte magie door nieuwe deals te sluiten.'

De zelfverzekerde Lucas lijkt bepaald niet uit het veld geslagen door de overtrekkende storm. Zowaar geeft hij eind 2015 eens een exclusief interview aan de Franse krant *Libération*. Hij laat zich fotograferen op het dak van een kantoor in Londen. Nonchalant met de handen in de zijden zakken van zijn handgemaakte pak. HANDELAAR IN VOETBALLERS staat erboven. Handelaar in voetbaldromen zou je ook kunnen zeggen. Trots toont Lucas de interviewers zijn twee goudkleurige mobiels en bewijst welke kanjers hij allemaal in zijn contactenlijst heeft. 'Wel duizend berichten' heeft hij van mensen die hem willen ontmoeten. Uiteraard valt ook nog even dat hij een documentaire heeft geproduceerd over niemand minder dan Usain Bolt op weg naar Rio. Nee, we praten hier niet over de meest bescheiden dealmaker uit het mondiale voetbal.

Maar Lucas heeft de wereld nog niet uitgelegd hoe hij de voetbalindustrie naar zijn hand zet of de storm rondom hem bereikt orkaankracht. Er komt een explosieve website genaamd Football Leaks online, een platform waar hackers tal van voetbalcontracten publiceren. Er lekken contracten uit van Messi en Ronaldo, maar vooral Doyen is de klos. Alle geheimen uit Malta liggen op straat. Als het *NRC* als onderdeel van een mondiaal persnetwerk publiceert over de geheime afspraken met FC Twente, valt heel Nederland over Munsterman heen. De paniek is groot als wordt onthuld hoe Doyen in een paar jaar met geld uit Kazachstan invloed heeft gekregen op het sportieve beleid van vele clubs en en passant tientallen miljoenen uit de transfermarkt wist te onttrekken. Ineens liggen er duizenden contracten, appwisselingen en e-mailcorrespondenties op de digitale snelweg. Ze geven een beeld van de hemelbestormers en een zeldzaam inkijkje in het nieuwe voetbal. Een greep uit de apps uit de zomer van 2013 als Munsterman ook al gepaaid is.

Lucas: 'Bro, jij bent 26 en ik nog maar 34. Ik ben hier om je te helpen de opvolger te worden.'

Arif: 'Ik weet het, bro. Stel je ons voor, over tien jaar. Koningen, *insjallah*.'

Lucas en Arif appen als een verliefd stel de hele dag door. Over geld ('Wat een business hebben we gecreëerd!!! We worden miljardairs'), huizen ('Ik heb een heel goeie flat gevonden. Perfect voor orgies') en vrouwen ('Je had er gisteren bij moeten zijn. Had een achttienjarige blondine bij me. Mals en vers'). Meisjes blijken het smeermiddel voor vele deals. Lucas laat Russische modellen invliegen uit Minsk, Sint-Petersburg en Moskou voor belangrijke deals, afspraken en ook naar Champions Leaguewedstrijden. Een paar langbenige brunettes en blondines met pronte borsten trekken de partners vaak net over de streep. Letterlijk en figuurlijk. Lucas zet de vrouwen in om clubvoorzitters en eigenaars te masseren. Als bezitter van spelers en leverancier van prostituees lijkt Doyen wel de multifunctionele souteneur met een breed inzetbare escortservice, die aan clubvoorzitters zowel voetballers als vrouwen kan leveren. In een WhatsApp-conversatie bespreekt Lucas bijvoorbeeld met Arif Arif zijn plannen om een seksfeest te geven in het familiehuis van de Arifs op Fisher Island, een privé-eiland bij Miami. Real Madrid is in town en Lucas wil een bod op Kondogbia van Real-voorzitter Florentino Pérez. Kondogbia is eigendom van Doyen en speelt op dat moment bij Sevilla. Een beetje deal moet zo 20 miljoen euro opleveren.

Lucas: 'Ik wil iets organiseren in het huis, als dat mag. Ik wil meisjes meebrengen om met ons te zijn. Is dat oké?'

Arif: 'Doe wat je moet doen, maar haal wel de familiefoto's weg. Neem mijn kamer. Daar zijn heel veel meisjes geneukt. De spirit hangt daar.'

Lucas: 'Ik geef die kamer aan Florentino.'

Arif: 'Voor 20 miljoen euro. Voor Kondogbia.'

Lucas: 'Dat is waarom we voor hem moeten zorgen.'

De deal gaat uiteindelijk niet door. Geen probleem. Kondogbia wordt later voor 20 miljoen verkocht aan AS Monaco, waar een Rus de plaatselijke club heeft overgenomen en direct tot een van de grootste handelshuizen van Europa transformeert. Trouwens ook alweer een oligarch die in het nieuws kwam met een seksjacht. In een echtscheidingsaffaire deed zijn ex een boekje open over de boot My Anna, waar de clubeigenaar met het uiterlijk van een kantoorklerk er bovendeks en benedendeks flink op los feestte en de vrouwtjes er net zo makkelijk door joeg als spelers. De boze mevrouw stelde dat ze wel een geslachtsziekte had kunnen oplopen. Maar dat terzijde. We zien Joop Munsterman of Aldo van der Laan nu niet zo snel met een gouden telefoon stoned van de Viagra in een whirlpool. Hoe dan ook. Met vleesmagnaat Van der Laan lijkt Lucas afgaande op de gepubliceerde documenten wel een klik te hebben. Lucas omschrijft hem in een e-mail als 'een ware vriend die nu in de problemen zit'.

Ook een ander mailtje is informeel van toon: 'Hi Aldo, sorry dat ik je niet heb teruggebeld gisteren. Ik had een gecompliceerde dag. Je weet dat ik veel respect voor je heb en ik vertrouw je volledig.'

In korte tijd liggen er enorme stapels bewijzen. Doyen reageert woest, doet aangifte tegen de hackers en ontkent dat het allemaal echt is, maar tegen de diarree aan keiharde contracten die naar buiten komt kan ook de charmante Lucas niet meer op. Er komt bevestiging dat de familie Arif achter het fonds zit. Uit de gegevens blijkt dat Doyen werd gefinancierd uit de kasstroom uit Kazachstan met zakelijke vertakkingen van Turkije tot de Caraïben. Dat directeur Lucas structureel smeergeld en prostituees gebruikte om zijn deals rond te krijgen. Het is precies zoals al zo vaak geschetst is door Europol en rapporten van de EU die al jarenlang waarschuwen dat vage financiers het voetbal tot een grote witwasmachine hebben getransformeerd. De man die je ziet is zelden de man die financiert. De echte poenscheppers blijven buiten beeld. Ook de KNVB had geen flauw idee van het parasietenfonds dat stokoude verenigingen van binnenuit opvrat en ze vervolgens voor dood achterliet. Niet alleen in Enschede wordt de witte vlag gehesen. Overal in Europa staan clubs op omvallen na de tenondergang van Doyen. Een paar honderd kilometer zuidelijker krijgt het Waalse Seraing een transferverbod opgelegd. Gesteund door Doyen beginnen de Belgen een juridische guerrilla in de hoop dat een rechter de straf ongedaan maakt. Tot op de dag van vandaag trekken een stuk of dertien advocaten langs de rechtbanken om de schimmige mensenhandel gelegaliseerd te krijgen. Doyen speculeert nog altijd op een comeback. Zonder Lucas inmiddels, die in 2017 na een korte maar hevige samenwerking breekt met de Arifs.

Arnhem, 2018

Joop Munsterman is tegenwoordig persona non grata in Enschede nadat de geheime contracten met Doyen zijn uitgelekt. De KNVB had de landskampioen van 2010 al voor straf een jaar eerder willen laten degraderen. Na een felle juridische strijd werd de club op de valreep gered door de beroepscommissie. Maar nu zinkt de trots van Tukkerland alsnog. FC Twente krijgt het genadeschot in GelreDome. Cynisch genoeg van een club waar door Russen de afgelopen jaren meer dan 100 miljoen in is gepompt. Daar waar coach Steve McClaren debuteerde met een duel tegen Arsenal, de eerste stap richting titel. Nu wordt het 5-0 voor Vitesse. FC Twente degradeert. Het onmogelijke is dan toch gebeurd. En Linke Lucas? Die maakte inmiddels een doorstart, begon een Zwitsers bedrijf genaamd Vela Investments, is alweer gesignaleerd met de eerste clubdirecteuren in Londen en zal vandaag of morgen ongetwijfeld ook wel weer aanmeren in de Eredivisie.

Duurste aankopen Eredivisie

speler	jaar	nieuwe club	afkoopsom
Miralem Sulejmani	2008	Ajax	€ 18 miljoen
Daley Blind	2018	Ajax	€ 16 miljoen
Mateja Kežman	2000	PSV	€ 14 miljoen
David Neres	2016	Ajax	€ 11 miljoen
Maximiliano Romero	2017	PSV	€ 12 miljoen
Dušan Tadić	2018	Ajax	€ 11 miljoen
Hakim Ziyech	2016	Ajax	€ 11 miljoen
Klaas-Jan Huntelaar	2005	Ajax	€ 9 miljoen
Arouna Koné	2006	PSV	€ 9 miljoen
Nikos Machlas	1999	Ajax	€ 8 miljoen

14

DE COLOMBIA-CONNECTIE

In de thuisbioscoop op zijn indrukwekkende landgoed schetst Tonnie uit Geleen uit eigen ervaring het miljoenenspel zonder grenzen. We leren dat een man in het centrum van het moderne voetbal zo zijn eigen zorgen heeft. 'We willen een zwembad, maar het is de vraag of het nog deze zomer af is.'

Een klein berichtje in de krant trekt onze aandacht. FK Senica handhaaft zich in Slowakije. Verrek. Dat is die club waar Ton Caanen zit. Niet ver van Trenčín, de club die Tscheu La Ling tien jaar geleden al opkocht in datzelfde land. Beetje scouten, beetje verkopen. Ling verdient er intussen aardig geld mee. Caanen schijnt iets vergelijkbaars te doen. De man die als een kameleon echt elk jaar weer ergens anders in de wereld opduikt. Zo nu en dan hebben we contact. Zelden zit hij op hetzelfde continent, de laatste vier keer dat we hem aan de telefoon hadden zat hij in Medellín, Shanghai, Slowakije en Dubai.

O ja, en hij stuurde ons nog een presentatie voor investeerders. Caanen is op zoek naar cash. Middelman tussen noodlijdende clubs en investeerders. Hij is niet de enige. Ook Paul van der Kraan zag als clubdirecteur achtereenvolgens Vitesse, Fortuna Sittard en FC Den Bosch in buitenlandse handen vallen. Alhoewel de eerlijkheid gebiedt te vermelden dat hij bij de overname van Vitesse zelf op vakantie was en hij op zijn laptop moest zien hoe de eigenaar even zijn pak had geleend voor de presentatie. Maar dat terzijde. Spelershandel is veel makkelijker als je een club koopt. Een nieuw gat in de markt volgens de immer enthousiaste Limburger, die na dik twintig jaar precies bij één club werkte waar het niet om de handel ging. En hoewel er in Nederland nog een taboe rust op buitenlandse investeerders die clubs als middel in plaats van als doel zien, wil hij wel praten.

Nederland loopt jaren achter bij de internationale ontwikkelingen volgens deze handelsreiziger in voetballand. Trainer, technisch directeur, scout, tussenpersoon, makelaar. Hij is alle functies ineen. Vaak op een vliegveld, altijd gesoigneerd. Mooie pakken, goede coiffure. Kleding maakt de man. Saai is het nooit. Babbelen kan hij als de beste. Zo haalt hij midden in de nacht een Russische investeerder op, zo woont hij weer in Colombia. Sinds zijn ontslag als technisch directeur bij Roda JC in 2017 hebben we hem eigenlijk niet meer gezien.

Kan ook bijna niet, want Caanen vloog de globe over als een moderne makelaar. Een clubmakelaar. We maken voor de grap een lijstje van alle plekken waar we hem tegenkwamen, opzochten of belden. We zijn de tel intussen kwijt. Vijftien clubs in iets van tien landen versleet hij al zeker sinds hij als dertiger de wilde voetbalwereld betrad. Weinig mensen beleefden zoveel avonturen en gingen zo vaak tegen het canvas na weer een ontslag of onduidelijk intrige. Het ene moment ging hij Europa in met zijn club, het volgende moment dook hij weer compleet ergens anders op, gesticulerend over omgekochte scheidsrechters in Cyprus of in het spoor van tsaar Guus Hiddink. Als iemand iets kan vertellen over zaakwaarnemers en investeerders, is hij het wel.

Zoals altijd reageert hij snel. 'Zijn jullie alweer met een nieuw boek bezig?' In zijn elektronische agenda prijken zowaar drie dagen Nederland tussen twee trans-Atlantische vluchten in, dus stappen we een paar dagen later goedgeluimd in de auto. 'Goed onderwerp. Kunnen jullie meteen mijn nieuwe huisje even bewonderen,' want daar is het nog steeds niet van gekomen. Na Eindhoven begint het vlakke Hollandse landschap steeds meer te glooien, totdat we letterlijk op het parcours van de Amstel Gold Race zitten. We kijken nog eens goed naar het adres. Hier moet het toch echt ergens zijn. Maar we suizen het pittoreske dorpje alweer uit, verder meanderend door de wonderschone Limburgse heuvels. We draaien de auto en besluiten eens te kijken achter een metershoge heg met de lengte van een voetbalveld. Misschien dat daar nog een woonwijk ligt. Op de hoek van de straat zien we de heg nog eens veertig meter doorlopen en een ingang. Verbijsterd staan we te kijken. *Dynasty* in Limburg. Een oprijlaan, een zwembad in aanbouw, een voetbalveldje en vijvers met fonteintjes. Op een heuvel ligt een prachtig wit huis.

De nieuwste Audi staat voor de deur. Plat als een dubbeltje die auto, met daarnaast een snelle cabrio en verrek, we zien Priscilla bovenaan de trap staan. We zitten goed, haar kennen we nog wel van ons bezoek aan Jeruzalem waar Ton als trainer van Beitar de hoofdpersoon was van ons kerstverhaal 'Messias in maatpak'. Ze wenkt ons de trap op en met een mengeling van trots en licht ongemak volgt ze onze blikken. Een kookeiland waar je drie elanden op kunt grillen. Overal marmer. Alles design. 'Met flinke korting, hoor. Is allemaal aangelegd door dat tv-programma *Van Woonvilla tot Droomvilla*. Ken je dat?' Klopt ja, vaag staat ons nog de uitzending bij over het restylen van de keuken, waar menig restauranthouder jaloers op zou zijn. Dit had ze ook allemaal niet gedacht toen ze trouwde met Tonnie uit Geleen. Na een appje is de landheer vijf minuten later ook thuis. 'Biertje?' om vervolgens zelf ook niet te weten waar de glazen staan. De ene witte la na de andere gaat open. 'Si-hil!'

Jaja, die man die het vlees snijdt op zondag. Het is het begin van een lange middag waarop we de ellende bij Roda JC al snel loslaten. Daar waar hij als technisch directeur vertrok met pek en veren en een mooie afkoopsom. 'Caanen is te lang autoverkoper geweest,' sneerde de coach, refererend aan de oude job van de huidige paleisbewoner. Ook directieleden en journalisten waren het eens. De solistische, narcistische Caanen had alles verkeerd gedaan. Dertig spelers in twee jaar gehaald zonder resultaat. Als enige reageerde hij niet. *Hired to be fired* is het adagium dat hij als geen ander kent. Caanen liet zijn vrouw en zoon in Limburg achter en was allang weer aan een nieuw avontuur bezig ergens op de wereld. Twintig jaar voetbal levert een flinke olifantshuid op. Teflon Ton is wel wat gewend. 'De roeptoeters' noemt hij de mensen die hem massaal stenigden. Al baalt hij ergens wel dat zijn naam door het slijk ging. 'Er komt een moment dat ik zaken moet doen in Nederland. Dan is het fijn als je gewoon binnen kunt komen. Ik wil spelers in Nederland aanbieden voor FC Groningen of PSV. Ik wil dan wel graag dat ze weten wie de echte Caanen is. De Caanen met connecties in Colombia. Connecties in Venezuela.'

Met een kleine twee jaar in dezelfde functie evenaarde hij bij Roda desalniettemin een persoonlijk record. Het ging pas mis nadat hij kwam aanzetten met een investeerder, ene Korotaev. Voor Caanen gewoon 'Alex'. Een Russische Zwitser met wie hij nog steeds contact heeft. In Nederland vooral wereldberoemd omdat de voormalig schoonspringer als mede-eigenaar van Roda JC ergens in Dubai achter de tralies verdween. 'Had Korotaev niet vastgezeten, dan was er niets gebeurd, maar nu had ik geen rugdekking. Hij kan nog steeds niet het land uit en zit met allerlei rechtszaken. Zodra hij weer mag reizen vliegt hij naar me toe. Of we dan zaken gaan doen of een biertje drinken zien we dan wel. In de buitenwereld kreeg ik van alles over me heen. Maar ja, zo gaat het: van *hero to zero*.'

Caanen zit er weer kreukloos bij. Alsof hij elk uur een nieuw overhemd aandoet. We gaan buiten op een van de patio's zitten. Elk dagdeel kun je hier ergens anders zitten. Caanen kijkt bezorgd naar beneden. 'Daar willen we een zwembad, maar het is de vraag of het nog deze zomer af is.'

Voor wie werk je nu? Wie betaalt jou?
'Nu? Mijn werkgever is een investeerdersgroep uit Zuid-Amerika. Uit Venezuela. Zij betalen de club in Slowakije, die we aan het kopen zijn. Ik heb ze daar aangebracht. De club moest zich eerst handhaven in de hoogste divisie. We doen het een beetje zoals Korotaev van plan was bij Roda; eerst spelers halen, handhaven en daarna de club echt overnemen.' Caanen is er de hoofdcoach. 'De club is dus mijn werkgever, maar het geld komt uit Zuid-Amerika.'

Caanen reist al zijn hele leven de wereld rond en wie veel reist, kan veel vertellen. Eén ding heeft hij intussen wel geleerd. 'Niets is wat het lijkt en alles draait uiteindelijk om geld.' Bijna twintig jaar geleden vertrok hij vol trainersambities naar Oekraïne. Daar kreeg hij bij Metalurh Donetsk een stoomcursus voetbal 2.0. Waar munten belangrijker zijn dan punten en makelaars en investeerders voetbal vooral zien als model om geld te maken. Later meerde ook Co Adriaanse nog aan om op dezelfde stoel geld te tanken. Caanen kan er nu om lachen: 'Er is in twintig jaar eigenlijk weinig veranderd. Overal waar ik kwam, was het hetzelfde. Het gaat puur om geld en hoe je spelers weg kunt zetten.'

Destijds wilde hij trainer zijn en dacht hij nog dat alles draaide om de club en een sterk elftal. Om sportieve resultaten. Mourinho en Van Gaal waren de helden. 'Als je teruggaat in de tijd, begon ik gewoon te trainen bij Metalurh. Opstellingen maken, balans zoeken, punten pakken. Op een gegeven moment kwamen spelers als Yaya Touré naar Metalurh. En hij kwam weer uit de koker van het Belgische Beveren, waar allemaal Afrikanen zaten. Dat vond iedereen wat vreemd, zo'n Afrikaans elftal in de hoogste Belgische divisie. Dat was allemaal nog vrij nieuw. Ik zat daar op een koude decemberavond te kijken of Touré goed genoeg was voor Metalurh, voor mijn ploeg. Maar daar ging het helemaal niet om. Ik realiseerde me al snel dat het gewoon het schuiven met spelers was. Nu ben ik achttien jaar verder en zie en doorzie ik alles.' Hij lacht: 'Nou ja, in elk geval heel veel. Metalurh was een blauwdruk voor wat ik overal tegenkwam. De club had drie eigenaars: eentje van een staatsconcern, een Armeniër van wie ik nooit heb kunnen achterhalen wie hij was, en de makelaar Dimitri Selyuk. Tegenwoordig zit bij de meeste clubs een makelaar met een investeerder erachter.'

Pardon?

'Kom op. Niet zo naïef. Jullie zijn onderzoeksjournalisten. Niemand zegt het, maar iedereen weet het toch? Pakken we gewoon de dichtstbijzijnde club hier. Sittard. Was al tien keer begraven. Ideaal om op te kopen. Die eigenaar heeft in zijn management een makelaar als scout en die jongen heeft een enorm netwerk. Een agent in de organisatie is de toekomst. Hij heeft het eerst voor Galatasaray gedaan en doet het nu zelf. Met de combinatie eigenaar-makelaar kun je binnen 24 uur alles regelen. Korte lijnen, groot netwerk. Hoeveel spelers uit hoeveel landen zijn daar niet gekomen in een jaar?'

Gespartel in de vijver. 'Kijk! Twee reigers, die komen hier hun visje halen.'

De metafoor ontgaat hem, Caanen is blij eindelijk eens zijn visionaire kant de ruimte te kunnen geven. 'De situatie is vaak anders dan die van buitenaf lijkt, hoor. De eigenaar die voor het publiek naar buiten treedt, is meestal niet meer dan een tussenpersoon. Ik denk dat maar de helft van de eigenaars op papier ook de echte mensen zijn die investeren. Vaak zitten er mensen of fondsen achter, die nooit op de voorgrond willen. Die zetten een gezicht neer. Uit ervaring weet ik dat er een heel team meekomt met de investeerders; trainers, vertalers, accountants, voedingsdeskundigen. Mooi toch? Sittard doet het geweldig. Dat had bij Roda ook gekund. Natuurlijk had Korotaev ook makelaars om zich heen. Die waren altijd bij hem, maar niet in de schijnwerpers. Er was een veel groter plan. De mensen die nog steeds geloven in nostalgie mogen er zijn, maar ze leven in een droomwereld. Er zullen vast nog investeerders zijn die denken: zal ik duiven of voetbal doen? Mannen zoals wijlen Nol Hendriks. Alhoewel Hendriks beide deed en er ook nog aan verdiende.'

Zijn er nog investeerders die in de voetbalwereld stappen met liefde voor de club?
'Ach, ik wil er best in meegaan dat een enkeling ook van voetbal houdt.'

Genietend kijkt hij naar de zwarte zwanen die door het beekje zwemmen dat via de belendende tuinen door zijn tuin stroomt. 'Het is overal hetzelfde en al heel lang. Spelers scouten, beter maken, in waarde laten vermeerderen, transfereren. De ene investeerdersgroep is groter dan de andere, je begrijpt het pas als je het ziet. Ik had dat in het begin ook helemaal niet door, joh. Ik wilde gewoon een goede trainer zijn.'

Lang geleden in het donkere Donetsk. 'Klopt, Metalurh was daar de kleine club achter Shakhtar. Soms speelden we Europees voetbal, maar het doel was altijd honderd procent duidelijk; spelers beter maken en goed verkopen. Die makelaar Selyuk zette spelers vooral weg via contacten in Frankrijk, België, bij Dinamo Kiev. Hij was de makelaar naast de investeerders. De man die hun geld belegde als het ware. Ik had eerst niks in de gaten, nee joh, ik kwam uit Nederland en was razend enthousiast met 4-3-3 en 4-4-2 bezig. Ik moest naar Kroatië om een of andere

Pranjić te beoordelen. Selyuk zegt nu nog: "Je hebt me geld gekost." Ik vond 'm te klein voor die fysieke competitie van Oekraïne. De rest is *history*. Pranjić werd miljoenen waard en ging via Heerenveen naar Bayern München. Weet je wat het was? Ik had Pranjić puur als trainer en voetbalman beoordeeld. In mijn team had ik hem niet nodig. Dat was wel een kantelpunt. Ik ben toen toch eens gaan vragen naar het verhaal erachter. Niemand die je vertelt hoe het werkt. Selyuk reageerde nogal bars. "*None of your business*." Toen wist ik het wel.'

'Later, bij Stal Altsjevsk, een andere club waar Selyuk gebruik van maakte en die ik ging coachen, degradeerden we op een heel corrupte manier. Maar het vreemde was dat niemand bovenin zich daar druk over leek te maken. Zeven spelers werden verkocht met veel winst. Een paar gingen naar Arsenal Kiev weet ik nog. Transfervrij, dus het hele budget dat de club beschikbaar had voor de transfers ging naar de makelaar. Intern was iedereen helemaal blij. Voor de buitenwereld was ik gedegradeerd. En toch had ik het goed gedaan. Doel bereikt. Ik raakte niet verbitterd, want ik was bezig met een avontuur. Ik heb het gewoon beleefd. Moet ik dan met mijn Nederlandse vingertje de rest van de wereld gaan vertellen hoe het hoort? Ik ben liever flexibel en leer. Er was daar iets met de trainerslicenties, waardoor ik blijkbaar niet kon blijven. Geen probleem. Diezelfde mensen brachten mij vervolgens naar Israël. Selyuk kende daar de eigenaar van Beitar Jeruzalem. De eerste dag was ik al verliefd op het land. Grotere club, zelfde model, zelfde keten. Eerst was het verhaal dat de eigenaar de club en stad wat wilde geven. Die man, meneer Gaydamak, investeerde 50 miljoen. Toen dacht ik nog: waarom wil je dan Ton Caanen? Nog steeds had ik het niet helemaal door. Nu wel: die eigenaar kende me helemaal niet, maar Selyuk wist wat hij aan me had. Hij wilde iemand die zich als een kameleon kan aanpassen. Nou, dat kan ik. Dan speel je zes wedstrijden, win je vijf keer en sta je tweede. Supporters euforisch, stadion vol. Dat was de bedoeling nou ook weer niet.'

Want de eigenaar bleek bij nader inzien toch andere prioriteiten te hebben dan Selyuk.
'Hij wilde een grote naam als uithangbord neerzetten en dus kwam de Franse ex-international Luis Fernández binnen.' En hoe. Toevallig zaten we zelf aan de rand van het trainingsveld in Jeruzalem toen de Fransman zijn opwachting maakte en met drie louche types het veld op paradeerde om onze landgenoot even de les te lezen. Die Nederlander moest niet denken dat hij zijn eigen showtje op kon voeren. Caanen was na de zegereeks weer even helemaal in de wolken en voelde de ogen van de spelersgroep in zijn rug. De Fransman was zeker vergeten wie de trainer was, wegwezen. Met veel misbaar verliet Fernández het veld.

Caanen belde die avond direct Selyuk. 'Maak je niet druk,' adviseerde de makelaar, 'hij is gewoon een uithangbord voor de eigenaar Gaydamak. Die mag Frankrijk niet in vanwege allerlei toestanden met wapenleveranties en andere dingen.' Caanen moest wel even slikken, wapenleveranties? Gaydamak bleek een naar Frankrijk gevluchte Rus die zich daar opwerkte van tuinman tot een geslaagd zakenman met 800 miljoen aan vermogen en een kamer in het Louvre die naar hem is vernoemd. Helaas voor hem ging er een internationaal arrestatiebevel uit omdat hij ervan werd verdacht dat hij de Angolese regering had voorzien van tanks, oorlogsschepen, helikopters en munitie. Weer een nieuw hoofdstuk in de motivaties van clubeigenaren. 'Doordat Fernández elke dag op Radio Monte Carlo over Gaydamak sprak, werd die steeds bekender en veranderde de opinie. Gaydamak voelde zich bedreigd. Wil je zorgen dat een bepaald soort mensen je met rust laat, moet je zorgen dat je bekend wordt. Dan kun je wat minder makkelijk verdwijnen. Omgekeerde medaille. Veel Russen doen het zo. Vaak is het ook een manier om een bepaalde nationaliteit te krijgen. Via een voetbalclub zit je zo in de hoogste kringen en ben je zo bekend. Toen ik er als trainer naartoe ging, wist ik dat natuurlijk allemaal niet. Weer wat geleerd.'

Maar ja, je trainer ontslaan die alles wint, zorgt ook niet voor goede relaties. Morrend moest de eigenaar wachten op de eerste nederlaag. 'Ik wist dat hij een heel team had klaarstaan, maar ze konden me natuurlijk niet zomaar wegsturen. Ik werd van een nobody de meest besproken persoon in het land. De wielen werden onder de auto van Fernández weggehaald door de harde kern. Intussen ging de club ineens de Franse markt op. Ik werd gebeld door een contact over een fantastisch goede voetballer die ze gingen halen uit Lens. De aanvoerder. Ik kende het prijskaartje van die jongen, maar toen ik hoorde wat Gaydamak moest betalen, bleek dat veel meer. Ik was zo naïef, of oprecht, dat ik hem heb verteld dat Fernández geld van hem stal. Was meteen ook de volgende les in internationaal voetbal. Hij zei: "Dat weet ik toch allemaal, dat is peanuts." Diezelfde avond kon ik kiezen: assistent of een mooie afkoopsom zo in het zakje. Ik had nog nooit zoveel geld gehad.'

Niet slecht voor zes weken werk. Dan gaat er ook een lampje branden, toch?
'Stapje voor stapje word je wijzer. Er zijn spelers en trainers die door goede afkoopsommen binnenlopen. Kun je overal weggestuurd worden. Maar hé, ik was nog steeds gewoon Tonnie uit Geleen die aan een avontuur bezig was. Daarna ben ik naar Maccabi Tel Aviv gegaan. Ook een grote club, daar zaten de grote vedetten op retour. Verdien je niks aan. De aandeelhouder daar was de eigenaar van Sony en wilde van de club af. Op een avond kwam een van de contacten van Fernández binnen lopen met een verhaal uit Canada. Een investeringsmodel, waarbij net als bij Beitar Jeruzalem uit eigen circuit spelers aangedragen zouden worden. Hoe meer clubs je hebt, hoe makkelijker het is. Lang verhaal kort, na even bij een andere club in Israël kwam ik weer bij Stal, intussen satellietclub van Metalurh. Duurde niet lang.'

Als zijn vrouw zwanger raakt wil hij dichter bij huis zijn. Thuiszitten is voor Caanen dan gewoon Londen. 'Maar een uurtje van Geleen. In een appartementje dat ik kreeg via zaakwaarnemersbureau Base Soccer. Ken je die niet? Die hebben in die deal van Davinson Sánchez van Ajax naar Tottenham bemiddeld. Van daaruit ben ik door Engeland gaan reizen. Leren, contacten leggen. Tottenham, Arsenal, Fulham. Kwam ik Gaydamaks zoon weer tegen, die was daar intussen eigenaar van Portsmouth.' Die club die daarna bijna failliet achterbleef met torenhoge makelaarskosten? 'Klopt. Daar gebeurde precies hetzelfde als in die andere landen waar ik eerst was. Ze hadden inmiddels voet aan de grond in Engeland. Londen krioelde van de Russische miljardairs. Intussen zijn de meeste Engelse clubs al overgenomen. Allemaal met een verdienmodel erachter. Absoluut. Echt niet omdat die mensen de clubs willen helpen, ze willen geld verdienen. Prima toch als je er allebei beter van wordt? Natuurlijk vertel je dan bij de eerste persconferentie dat je omhoog wilt en prijzen wilt winnen. Bij Roda was Korotaev een beetje erg enthousiast met de Champions League. Maar weet je, het brengt altijd nieuw elan, nieuwe netwerken, nieuwe spelers. In Nederland wordt daar altijd zo raar op gereageerd. In andere landen word je op het schild gehesen als je met een zak geld komt.'

Caanen leefde een jaar in Engeland en gaf zijn ogen goed de kost. 'Kijk naar de City-groep. 260 spelers, actief in vijf continenten, ze investeren in talenten. Manchester City hangt onder die groep. Die club is een middel, geen doel. Er zijn mensen die daar tegen ageren, maar in plaats van achteraan die kar te gaan hangen, kun je er maar beter op springen. Die wagen is allang onderweg. Dat is de toekomst. Dacht je dat die buitenlandse clubeigenaars in Nederland het voor het volk deden? Ik kan bijna niet geloven dat mensen dat geloven. Ja, natuurlijk vertellen ze dat, als ze al komen. Heb je ambities en wil je Europees voetbal, dan moet je mee met het moderne voetbal. Mee met makelaars. Kijk naar

Vitesse, fantastisch wat daar gebeurt met de Russische eigenaar. Wil je nog een ploeg met allemaal jongens uit eigen opleiding, dan moet je ook eerlijk aan de fans vertellen: we willen een lokaal clubje zijn en zullen soms degraderen. Ook prima. Maar niet mijn ding. Sport gaat om winnen. Als je echt denkt dat dat zonder inkomsten uit transfers en goede buitenlandse betrekkingen kan, ben je in mijn ogen wel heel erg naïef. Precies dat ben je al snel in Nederland, waar iedereen het beter weet en denkt met alleen opleiden en jonge spelers leuk te kunnen voetballen. Raar hè, dat we afhaken? Echt overal waar ik kom zijn ze gek van Nederland, maar zakendoen hier? Niet te doen. Zo eigenwijs. Neem dan meteen Mickey Mouse als sponsor. De wereld is veranderd. Vitesse laat zien hoe het kan. Gewoon een baas. Boem! Zo doen we het en dan voer je het ook uit. Nee, natuurlijk is directeur Joost de Wit daar niet de baas. Maar hij begrijpt het wel, die man heeft zich geschikt in zijn rol. Andere clubs willen wel de cake van de investeerder, maar die dan ook zelf opeten. Dat kan dus niet. Hoe kun je nu verwachten dat iemand geld in je club gaat steken zonder te willen bepalen of verdienen? De rest moet gewoon uitvoeren.'

De geuren van kip drijven door de lommerrijke tuin. Priscilla staat binnen te koken en zoontje Dior vertrekt in zijn AS Roma-shirt naar de voetbalclub. Caanen geeft ons een rondleiding. Beneden is zijn droom gerealiseerd. Een eigen minibioscoop. We zitten in de gekoelde ruimte. Of zitten? De bank trekt ons direct in een liggende positie. Aan de wand hangt Al Pacino op een poster vol dollars. Aan een andere wand een poster van *House of Cards*. De wereld is een groot theater waar niets is wat het lijkt. De voetbalwereld is een jungle. Caanen is de illusies allang voorbij. 'Als je ze niet kunt verslaan, moet je meedoen. Tonnie wilde trainer worden en in het voetbal werken. Dan moet je niet denken dat de wereld naar Ton luistert, dus pas je je aan. En als ik dan kijk waar we samen wonen, wat het ons heeft gebracht. Het is toch mooi dat we dit hebben bereikt. Laat iedereen maar praten en van alles vinden. Uiteindelijk doe je toch iets goed, lijkt me zo. Was de eigenaar bij Roda niet vast komen te zitten, dan hadden we nu allang onze plannen uit kunnen werken. Je ziet bij de buren in Sittard hoe snel dat kan gaan.' Hij wijst naar het tuinhuisje waar menig gezin het liefst meteen in zou trekken. 'Voor de logees. Kun je daar zitten als je een heel boek schrijft over mij.'

We snappen de contouren van het verhaal. Maar kun jij ons uitleggen wat investeerders bezielt om 150 miljoen te pompen in een clubje uit het Nederlandse Arnhem?
'Ten eerste worden Chelsea-spelers daar gestald en beter gemaakt. Daarom zet je er een supermooi complex met alle faciliteiten neer. Als dat dan eens in de tijd genoeg is om er eentje terug te laten keren, is dat perfect. Redt hij het niet? Dan is er optie twee. Transfereren. Makelaars, het schuiven van geld. Zo moeilijk is het niet. Ik heb het zelf zo vaak meegemaakt. Je weet hoe het zit met *third-party ownership* van spelers. Officieel mag het niet, een derde partij die de eigendomsrechten van een voetballer heeft en verdient aan de verkoop. Volgens de FIFA moeten de rechten bij de club liggen. Maar je mag dus wel een club kopen. Ben je indirect toch weer eigenaar van de speler. Dat is het mooie van het wereldvoetbal. Elk land heeft eigen regels, waardoor iedere vrije jongen zijn weg steeds weer weet te vinden. De ene deur gaat dicht en de volgende gaat open.'

Caanen signaleert dat in plaats van twee steeds vaker drie clubs zijn betrokken bij een transfer. 'De speler gaat van club A naar club B en meteen door naar club C. Bij elke transfer stroomt er geld weg bij de clubs. Dat gaat naar makelaars, eigenaars, scouts, investeerders. Ze delen mee in de doorverkoop, *sell on fee* heet dat. Bij de verkoop beding je dat je ook bij de volgende verkoop een percentage pakt. Ik heb je daarmee geholpen en dan moet je mij ook helpen, oftewel een *combined deal*. Je krijgt je percentage per speler en dat haal je bij elke club weg. Dan hoeft het echt niet alleen over de grote jongens te gaan. Zeg dat je speler A weg kunt zetten. De club vraagt 1,5 miljoen, terwijl zo'n jongen misschien 800 euro verdient. Zet je zo'n jongen weg bij een koper, dan krijg je van het transferbedrag bijvoorbeeld 100.000 euro, want jij hebt het voor elkaar gekregen. Vind je iemand die koopt, dan ben je klaar. Of je brengt hem eerst naar een kleinere club. Dat is wat ik nu feitelijk doe in Slowakije: die tussenstap realiseren en ze klaarstomen voor het grotere werk. De investeringsgroep financiert dat traject. De deal is: wij brengen die speler naar jou, maar dan moet jij de randvoorwaarden scheppen. Daar zit een heel team achter. Ik doe het voorwerk. Dan zoek je naar clubs die financieel met de rug tegen de muur staan. Je bekijkt welke landen gunstig zijn qua regelgeving. Je legt contacten met de clubs en natuurlijk ben je dan welkom.'

Daarna kan de handel beginnen.
'Nou, handel klinkt niet zo goed. Het echte werk kan dan beginnen. Transfers gaan over vier, vijf schrijven. De verkopende club, een makelaar die goede contacten heeft, die heeft weer drie mensen die alle jeugdtoernooien afgaan. De mensen die ertussen zitten krijgen altijd fees. Dan hebben we nog een vast contactpersoon, een voormalig technisch directeur die ervoor zorgt dat we makkelijk binnen kunnen komen en checkt of alle voorwaarden bij de clubs aanwezig zijn. Dan hebben we een spelersmakelaar die bijna alle zaakwaarnemers kent. Hij gaat mee in dat proces en pikt elke keer wat mee. Niet heel veel via één speler maar wel steeds wat bij iedere speler. Dat tikt op den duur ook aan. Gaat het goed, dan krijg je een sneeuwbaleffect of je hebt mazzel met een enorme groeibriljant. Selyuk is nog steeds manager van Touré bijvoorbeeld. Ik hoef jou niet voor te rekenen dat je alleen al van zo'n speler twintig jaar kunt leven.'

De pioniers kwamen veelal uit Rusland. Mannen met veel geld, die de voetbalwereld ingrijpend hebben veranderd.
'Later volgden de Arabieren, de Chinezen. Maar goed, begin deze eeuw gebeurde er veel vanuit Rusland. Guus Hiddink zat daar ook. Hij was aan Chelsea gelieerd en hij zocht mensen voor een project in Rusland. We hebben eerst een gesprek gehad in het Amstel Hotel met hem en zijn rechterhand, een Rus. Dat ging over een jeugdacademie bij Zenit. Ben ik naar Sint-Petersburg gevlogen, waar Dick Advocaat trainer was. Daar lag een contract voor vijf jaar klaar, dan was ik ook klaar. Een bedrag van 1,5 miljoen netto voor vijf jaar. Guus deed dat in samenwerking met Roman Abramovich, de opzet was overal voetbalscholen neerzetten om daar spelers klaar te stomen voor het profvoetbal. Maar op de dag dat we zouden tekenen in Keulen bleek er een kink in de kabel te zitten ergens in Leningrad. Guus zou naar een andere club gaan kijken, maar toen vloog hij er zelf uit in Rusland. Ik heb nog heel lang gewacht tot hij me adviseerde mijn eigen plan te trekken. Dat werd Malta waar Jordi Cruijff intussen zat. Wij kenden elkaar al heel goed uit Oekraïne, waar we niet alleen samenwerkten maar ook goede vrienden waren geworden. Hij zit honderd procent op dezelfde lijn. Leuk eiland. Ik verdiende er nauwelijks.'

Hoeveel?
'Ik geloof 5.000 of 6.000 euro per maand. Maar het was een geweldige tijd, mede dankzij die enorm intense vriendschap. Meteen ook de enige club ooit waar volgens mij cashen niet het doel was voor de eigenaar. Die man leek oprecht gek van zijn club. Maak je niet vaak mee.'

Jordi ging erna naar Cyprus. 'Hij als technisch directeur, ik mee als trainer. Cyprus is een land waar je alle voetballers heen kunt brengen. Geweldig leven, goed voetbal. Onderschatten we nog steeds in Nederland. Kijk maar na, spelen daar gewoon regelmatig poulefase Champions League, Europa League. Het stikt er ook van de Russen. Geld is geen probleem. Daar heb je meestal clubs met bedrijven erachter. Meerdere investeerders stoppen er geld in en de man die het meeste binnenbracht, was meestal de voorzitter.'

Makelaars?
'Haha, wanneer valt het kwartje nou een keer? Absoluut makelaars! Ik heb in Cyprus ook nog bij Apollon gezeten. Daar deed Pini Zahavi het allemaal. Ik kende zijn rol niet, maar toen ik spelers aan wilde dragen, werd me duidelijk gemaakt dat het halen, brengen en doorschuiven al was geregeld. Etaleren, doorverkopen. Daar ging het om.' Caanen lacht: 'Ik zat daar toen de banken vielen. Al die Russen konden niet meer bij hun geld. Van het ene op het andere moment gingen de banken dicht. Ach man, de belasting was zo laag en het dividend op de bank 8 procent, terwijl het in Nederland nog net boven de nul was. Daar kwamen vliegtuigen vol met spelers uit Zuid-Amerika binnen.' Belastingvrij en weer verder. 'De president van mijn derde club daar had niet eens meer een makelaar als partner, hij was zelf spelersmakelaar. De voetbalwereld is een enorme jungle en het is mijn jungle. Kun je geen pijn lijden, dan moet je daar niet zitten. Wil je de moralist uithangen, doe dat dan ergens anders. Je moet diep kunnen gaan als een wielrenner. Kunnen incasseren. Je moet de wetten van de jungle accepteren en anders moet je een bootje pakken en wegwezen. Ik schrik niet zo snel, ik heb mijn weg gevonden en ben nooit in paniek geraakt. Natuurlijk heb ik ook wel mijn grenzen, ik ben ook weleens vertrokken, maar dat had niks met geld of handel te maken. Na vijf jaar Cyprus kwam ik in Griekenland bij Veria FC en dan zie je dat het daar gewoon hetzelfde verhaal is; spelers halen en doorsluizen naar PAOK, waar toen Huub Stevens zat. Maar de man achter Veria spoorde echt niet, die had losse handjes en voeten. Spelers kregen gewoon in de kleedkamer een trap onder de reet, hij sloeg de technisch directeur voor zijn bakkes, die kon zich zo in het ziekenhuis

melden. Spelers kregen klappen op hun hoofd. Dat verdienmodel heb ik verder niet bekeken als je het niet erg vindt.'

Intussen zijn we nauwelijks nog verrast dat je bij Roda met een Rus op de proppen kwam.
Het vingertje gaat omhoog: 'Maar wel pas nadat de Nederlandse eigenaar een buitenlandse investeerder wilde overwegen.'

Je ging zo snel mogelijk die blauwdruk in Kerkrade toepassen. Investeerder, makelaars, spelers halen en verkopen.
'Je hebt alles gezegd. Ze wilden iemand met een goed nationaal en internationaal netwerk, maar het grappige is dat ik mijn kracht vanaf dag één niet heb kunnen gebruiken. Er was vooral tegenzin en tegenwerking. Ik had moeten zeggen: we doen het op mijn manier of niet. Ik ben ertussenin gaan zitten, wilde het te graag. Democratie werkt niet in het voetbal. Man, Nederland, pfff. Ik heb in zoveel commissies gezeten. Dat was toen al niet mijn ding. Korotaev was een Rus uit Dubai die wilde investeren. Ik ben daarheen gevlogen. Hij had nog nooit van Roda gehoord voordat zijn Limburgse buurman hem met mij in contact bracht. Die was gevraagd hem te helpen met het zoeken van een club en de bijkomende papierwinkel. Na drie Skype-gesprekken heb ik het bij de directie neergelegd. Toen zeiden ze: hier hebben we misschien het gouden ei.'

Wat was het verdienmodel?
'Bij Roda JC wilde hij een voetbalacademie. Gebouwen kopen, gastgezinnen werven, nieuwe velden aanleggen. We zaten al met de maquettes bij de gemeente. Op korte termijn moest Roda in de Eredivisie blijven. Tegelijkertijd moesten we uit Afrika en Zuid-Amerika spelers gaan halen. Het verdienmodel op de lange termijn was de revenuen uit de jeugdacademie halen en daarnaast andere interessante jonge talenten

halen en doorverkopen. Natuurlijk had hij al drie, vier makelaars om zich heen, die man is echt niet gek. Hij had Anelka als buurman. Met Anelka heb ik lang gepraat aan een zwembad in Dubai. Dat klikte. Die zou in Nederland gaan zitten. De rest is history. Jullie hebben de presentatie zelf gezien.'

Inderdaad. De Rus beloofde Champions Leaguevoetbal in Kerkrade en werd even later opgepakt in Dubai.
'Dat heeft mij ook de kop gekost. Ik werkte op twee trajecten tegelijk. Ik was bezig met het nieuwe Roda en ik was bezig met het internationale netwerk. Verhaal Afrika zouden we met een makelaar doen. Zijn broer zat in Italië in de makelaardij. We gingen in Zuid-Amerika kijken. Anelka deed Brazilië en Argentinië en ik Venezuela en Colombia. Wij waren drukdoende en we zouden het na een paar maanden presenteren. Ik kon er binnen de club niet alles over zeggen, dat was eigenlijk al vanaf het eerste moment toen ik Korotaev van Maastricht naar de airport bracht. Toen zei hij: "Mijn ambitie is veel groter, het budget ligt veel hoger, maar hou dat bedrag voor jezelf. Jij bent mijn vertrouwenspersoon, die heb ik nodig. De volgende keer leg ik het zelf wel uit aan de directie. Maar doe er alles aan om de plannen uit te werken, ook al is er nu strijd tegen degradatie." Alleen dat zelf uitleggen kwam er helaas voor mij dus niet meer van.'

Een modern voetbalbedrijf met internationaal verdienmodel in zijn achtertuin. De club moest alleen nog even in de Eredivisie blijven. Met wat verse cash en een karrenvracht nieuwe spelers moest dat lukken. Korotaev maakte het eerste miljoen al over: 'Ik dacht echt: dit is fantastisch. Een van de beslissingen was naar Colombia te gaan. Budget geen probleem.' Lang verhaal kort. Caanen wilde twee weken naar Colombia. Een agenda vol afspraken, een telefoon vol tickets en hotels. Maar het gaf volgens de achterblijvers geen pas als de technisch directeur weg zou zijn, terwijl de club in de brand stond. 'Ik werd echt gek, want ik werkte voor twee kampen. Ik kreeg zes Afrikanen aangeboden, de eigenaar heb ik ook gezegd dat we die nog niet konden opvangen. Dat instituut stond er nog niet. Korotaev wilde spelers die ze bij Roda niet wilden. Belde ik weer op en zei hij: "Kopen, het budget moet op." Uiteindelijk zijn er nog veel gekomen, maar bijna allemaal in overleg met de mensen bij Roda. Enfin. Toch naar Colombia gegaan. Ik had er al een andere investeerder gevonden voor Roda. Dat is de sponsor die nu het project in Slowakije uitrolt.'

De kleine Dior komt even de trap op stuiven om zijn vader een knuffel te geven. Naast het huis ligt een half voetbalveld met levensechte doelen. 'Hij heeft het lastig gehad met de degradatie van Roda JC. Die kleine is een echte supporter, hij kent alle spelers en clubs.'

Terwijl Roda intussen in de Keuken Kampioen-competitie speelt, is Caanen onderdeel van een Colombia-connectie. 'Nou, meer een Venezuela-connectie. Ik ben de brug tussen Europa en Zuid-Amerika. Ik heb een appartement in Medellín aangeschaft en acht maanden in Colombia gewoond.' Hij pakt zijn mobiel en laat plaatjes zien van het uitzicht over de verlichte stad vanuit zijn appartement. Op de grote schermen in zijn huis begint Colombia toevallig net aan een wedstrijd op het WK in Rusland. De tribunes kleuren geel van de 20.000 meegereisde supporters.

'Colombia is een echt voetballand. Ja, natuurlijk weet ik dat veel clubs daar gelieerd waren aan kartels. Maar ik heb gewoon mijn eigen geld geïnvesteerd en ben kriskras rondgereisd. Eerste en tweede divisie bekeken, Spaans geleerd, gepraat met ouders, spelers, trainers. Ik was daar al geweest met de Roda-pet. Dat ik die nu omdraaide, maakte die mensen daar niks uit. Zo kwam ik vanzelf in aanraking met investeerders die ook wel een Europese voetbaltak in de portefeuille wilden. Vervolgens heb ik een rijtje van zes clubs in Europa gemaakt, die er duidelijk niet goed voor stonden, waarna ik met twee mensen twee weken gereisd heb om de beste uit te zoeken. Kleinere clubs met financiële problemen, maar wel met potentie, waarmee je niet meteen in de spotlights staat.'

Waar de teams voor de camera's strijden om de cups, is er achter de schermen een keiharde competitie gaande tussen makelaarsfondsen. 'Ik heb twee mensen naar het jeugd-WK in Zuid-Amerika gestuurd. We hebben daar drie, vier spelers onder onze hoede. Maar het is knokken, hoor. Daar zie je ook de mensen van die City Group. Die pakken een jongen en zetten hem meteen weg bij hun opleidingsclub in Uruguay, waar hij wordt klaargestoomd voor New York City FC. Dat doen ze ook met trainers, die schuiven ze rond op het wereldbord. Natuurlijk luisteren die trainers. Die snappen ook wel dat ze onderdeel zijn van een veel groter spel.'

Caanen gooit een pinda naar binnen en drukt een telefoontje weg. 'Moeilijk? Nee, joh. Je wilt niet weten hoeveel mensen er op me afkomen. Ze weten van mij en Korotaev en mijn ervaring met eigenaars overal. Die willen echt heel graag. Senica in Slowakije zat helemaal aan de grond, zowel sportief als financieel. Ze stonden ook nog eens helemaal onderaan. Laatst zat ik nog met Tscheu La Ling, die doet hetzelfde bij Trenčín. Gouden handel. Waarom het Slowakije werd? Hmm. Het land Slowakije heeft goede regelgeving. Het ligt centraal en de club had al goede faciliteiten. We hadden meteen gesprekken met de burgemeester en de middenstand. Weet je, daar wordt een investeerder als een held onthaald. In Nederland moet je langs dertig commissies. In Slowakije ging de vlag uit. Logisch toch ook, zo'n club staat met de rug tegen de muur. We hebben meteen de achterstallige salarissen betaald, de club verder doorgelicht en een groep spelers gebracht. Ik was al zeven maanden spelers aan het volgen en kon binnen twee dagen Afrikanen en jongens uit Venezuela en Colombia brengen. Tegelijkertijd moesten er tien spelers weg, want onze jongens moesten wel spelen. We hebben meteen een trainingskamp in het buitenland belegd, maar de trainer sprak geen Spaans en paste niet in het profiel. Dus aangezien de competitie alweer begon, ben ik zelf maar trainer geworden. Dan is het wel lekker als je niet degradeert en de nieuwe spelers ziet renderen. De investeerder wil natuurlijk niet alleen maar Slowaken in het veld. Dat kunnen we niet hebben, want dan leg ik mijn hoofd op het blok. Ik kan ze wel beter maken en ze in de etalage zetten. We bleven in de Eredivisie, de hele stad blij en we hadden twee spelers die we meteen konden verhandelen, waardoor de investeerder zijn geld alweer deels terug kon krijgen. We gaan nu plan B uitrollen. Tussendoor moet ik steeds naar Medellín. De investeerders uit Zuid-Amerika zie je hier verder niet. Ach man, het is daar zo fantastisch mooi.'

De naam van de investeerdersgroep wil hij nog niet noemen. 'Dat komt later nog wel.' Ook zijn opdrachtgevers blijven liever op de achtergrond.

Ben je niet gewoon aan het witwassen?
'Makelaars, investeerders, spelers wegbrengen, trainen. Ik vind het heerlijk. Maar witwassen, daar heb ik me verder niet in verdiept. Als ik een voorbeeld zou hebben, zou ik je dat wel aangeven. Misschien weet ik ook niet alles. In alle grote organisaties is het zo dat de mensen die aan de touwtjes trekken, de mensen zijn die je nooit helemaal zult kennen. Daar moet je als club ook van uitgaan. Maar wat dan nog? Nu zal iedereen roepen: "Die Caanen, dat kan toch allemaal niet waar zijn wat hij zegt?" Maar ik verzin dit niet. Het is gewoon de dagelijkse praktijk. Kijk naar alle grote jongens. Je kunt wel ruziemaken met makelaars als Mendes en Raiola, een beetje principieel doen. Maar als puntje bij paaltje komt, buig je. *They rule the world.* Wil je naar boven, dan moet je mee.'

Het diner wordt intussen geserveerd. De opnameapparatuur gaat uit en het regent nog anekdotes. Als we weer vertrekken, staan er een twee pensionado's over de heg te gluren. 'Weet u of we dit kunnen bezichtigen?' Grinnikend vertellen we dat de bewoners juist een beetje gek worden van de mensen die dagelijks ineens door de tuin wandelen. Het is nu zo'n twintig jaar geleden dat de jonge Priscilla en Ton hier langsreden en zij hem giechelend vertelde dat ze ooit in dit huis zou willen wonen.

Een paar weken later krijgen we een appje.

Ik ga verder met het project. Zoek nog linksbenige centrale verdediger, keeper, linkervleugelverdediger en verdedigende middenvelder. Kom snel eens kijken.

We surfen eens naar de Fortuna Liga. De selectie van Senica is vergeven van de Spaanstalige namen, de club ontsnapte in 2018 aan degradatie en gaat in 2019 opnieuw voor handhaving. Maar zoals we intussen hebben geleerd, wordt de echte balans pas opgemaakt in de transferperiode. Want ook hier willen de investeerders uiteindelijk toch cashen met Caanen.

15

MESSI-MOVES

Cash verdien je het snelst met kinderen. Wie echt rendement wil maken, moet er vroeg bij zijn. Ook Ajax en Barcelona doen ondanks het verbod op kindertransfers vrolijk mee in de jacht op de nieuwe Messi.

Baby Dream Team

Jarenlang domineerde Barcelona het Europese voetbal. Met Messi als de Messias. De kleine Argentijn werd al op zijn twaalfde benaderd vanuit Europa en emigreerde op zijn dertiende naar Spanje. Samen met andere talenten als Francesc Fàbregas, Gerard Piqué en Víctor Vázquez vormde hij al snel het hart van wat liefkozend het Baby Dream Team werd genoemd. Messi zou nu onbetaalbaar zijn. Honderd miljoen? Tweehonderd miljoen? Zegt u het maar. In zijn contract staat in elk geval een vaste afkoopclausule van zevenhonderd miljoen.

Anno 2018 is elke club en makelaar op zoek naar die ene Messi die hem rijk kan maken. Maar er is maar één Messi. Dat de voetbalwereld er andere normen op na houdt, is bekend, maar een blik in het woordenboek bij kinderhandel levert toch een definitie op die aan duidelijkheid niets te wensen overlaat:

Handel in kinderen met het doel hen te exploiteren.

Ja, horen we de mantra der moneymakers al: 'Deze jongens worden er zelf ook niet bepaald slechter van.' Maar tegenover die ene Messi staan duizenden talenten die het niet halen en hun hele jeugd in een *boulevard of broken dreams* zagen veranderen. Onze topclubs scouten al bij zesjarigen. Het lijkt wachten op de dag dat de F-pupillen live uitgezonden gaan worden op Nickelodeon en Bart Smit opduikt als sponsor. Misschien is een dromenvanger voor gestrande voetbalillusies sowieso wel een leuk nieuw gadget voor de speelgoedketen. Want in de schaduwen van de schijnwerpers floreert de kindermarkt waar spelers op steeds jongere leeftijd worden verhandeld. Het wachten is op ruzie over het eerste talentvolle embryo. Hele pelotons prepubers worden nu al opgekocht en via ontduiking van de regelgeving naar het buitenland gesluisd. Een enkeling breekt door en de rest is nog voor de eerste rijles een illusie armer afgeserveerd.

Hilton Amsterdam

We verzamelden inmiddels ordners vol herrie rond kindertransfers. We gaan u niet lastigvallen met een zwartboek en pakken willekeurig de bovenste map en beginnen bij de A van Ajax. Voor een A tot Z hebben we een hele boekenplank nodig. Leest u dus mee met het verhaal van de Amerikaan John Kenneth Hilton. Wie zegt u? Inderdaad, hij heeft geen enkele wedstrijd gespeeld in de opleiding van een betaalde club. Zijn leven is wel compleet overhoopgehaald. Dat gelukkige ventje dat met de bal aan de voet opgroeide in Los Angeles. Op de basisschool steelt hij de show door de bal 2.845 keer hoog te houden. Hij wint er een spelcomputer mee. John is acht jaar oud als zijn Amerikaanse vader en Braziliaanse moeder hem in 2009 aanmelden bij de Total Futbol Academy in Zuid-Californië. Niet zomaar een schooltje, nee, een dromenfabriek waar de beste jongetjes de wereld mogen gaan rondreizen voor etalagetoernooien. Voor een paar duizend dollar krijg je een complete trip inclusief een wedstrijdbezoek aan het grote Barcelona en het clubmuseum, waar je op de foto kunt met de cup met de grote oren. Belangrijker nog: the European Dream kan zomaar uitkomen dankzij de auditiewedstrijden tegen grote clubs uit Nederland en Spanje. Ten overstaan van hele legers scouts, veelal oudere mannen met volgekrabbelde notitieboekjes, mogen ze op sollicitatie. Een soort *X Factor* op de velden. De vliegensvlugge John lijkt geknipt voor de Europese etalage. Zijn ouders bladeren door de glimmende folders en sturen hem uiteindelijk zelfs op meerdere trips richting Europa, waar John het op moet nemen tegen leeftijdsgenootjes van Barcelona, Ajax en Manchester United. Hij is al snel de ster van de opleiding. 'Hij kreeg de mogelijkheid om het op te nemen tegen de meest gerespecteerde voetbalacademies ter wereld en stelde nooit teleur,' lezen we op de website van de Californische voetbalschool.

Hilton Nieuwegein

Hilton schiet, rent en dribbelt zich in de nationale jeugdploegen van de Verenigde Staten. Het gaat snel met het kereltje dat makkelijk herkenbaar is aan zijn enorme bos krullen. Hij mag al snel een bezoekje brengen aan de jeugdacademie van Manchester City. De club is onderdeel van de gloednieuwe City Football Group die al zes clubs op vijf continenten opkocht en overal transferwaarde wil creëren door in groten getale talenten aan te trekken. Een kas vol met stekjes. Ontwortelde kinderen die als handelswaar worden gestald volgens critici, van wie er overigens bitter weinig zijn binnen de voetbalbiotoop. De beste jongens worden ondergebracht in de Etihad Campus. Een optrekje van een slordige 200 miljoen euro. Bij binnenkomst door de hoofdentree valt aan de muur meteen de levensgrote tekst van de clubeigenaar uit Abu

Dhabi op. Geen kind dat er wat van begrijpt: 'We bouwen een structuur voor de toekomst, niet alleen een team met all-stars.' Sjeiks investeren in de beste jongetjes. De talentjes worden opgepikt van Antarctica tot Afrika. Als ze nog niets kosten. Met grote sleepnetten te werk gaan is wel tien keer zo goedkoop als een meerderjarige kopen na zijn debuut. John Hilton komt op de shortlist met jongens die City live aan het werk wil zien en hij mag meedoen met de Sky Blues op een toernooitje in het Nederlandse Nieuwegein. Prompt wordt hij gekozen tot beste speler van het toernooi.

De naam John Hilton valt steeds vaker bij scoutingsvergaderingen. Europese clubs willen hem graag inlijven, maar zitten met een probleem. De FIFA stelt zich op het merkwaardige standpunt dat kinderen geen handelswaar zijn. Merkwaardig omdat doorgaans toch eerst de dollars tellen en dan de moraal. De wereldvoetbalbond vindt dat kinderen vooral kind moeten zijn. Gewoon voetballen dus. De bond spreekt van 'kinderhandel' en 'slavernij' nu clubs steeds grotere bedragen betalen voor elfjarigen. Dus besloot de FIFA regelgeving in te voeren. Binnen de Europese Unie mag een speler niet voor zijn zestiende verkassen naar een buitenlandse club. Spelers buiten de EU, zoals onze John Hilton, mogen pas na hun achttiende een transfer maken naar Europa. Voor kids die vanwege emigrerende ouders in een ander land belanden, regelt de FIFA een uitzondering. Dan mogen ze zich uiteraard gewoon bij de plaatselijke club inschrijven. U raadt het al, dat achterdeurtje is al snel het nieuwe businessmodel. Er ontstond een bloeiende handel in transferpakketten met vliegtickets, huizen en banen. Londen, Barcelona, Madrid. Overal doken plotseling migrerende voetbalouders van over heel de wereld op. Ze werden tolk of taxichauffeur of begonnen een eigen bedrijfje. Heel toevallig werden hun talentvolle zonen niet lang na ontvangst van hun verblijfsvergunning gescout door de topclub om de hoek.

Hilton Manchester

Die weg zou ook uitkomst kunnen bieden voor de familie Hilton. Wat zou daar mis mee moeten zijn? Zo'n kans onthoud je je zoon niet. De altijd als voorbeeld dienende Lionel Messi was ook pas dertien jaar toen hij vanuit Argentinië naar Barcelona werd gelokt met een gratis hormoonbehandeling. Aan interesse voor John is geen gebrek. Europese clubs hebben al volop geïnformeerd. Zo bleken de mensen van Ajax uit Amsterdam onder de indruk tijdens een jeugdtoernooi in Spanje, waar de Amerikanen onder aanvoering van de kleine Californiër tot grote verrassing van alles en iedereen Barcelona op een gelijkspel hielden en Ajax uitschakelden. Maar eerst gaat het vizier op Manchester. Een paar maanden na het succesvolle toernooi dat hij met City heeft afgewerkt in Nieuwegein, vliegt hij samen met zijn moeder, broers en zussen naar Engeland. Ze gaan er met z'n vijven wonen op korte rijafstand van het jeugdcomplex. Alleen vader Hilton blijft achter in L.A. Hij heeft er een goede baan en wil niet een paar jaar voor zijn pensioen alles achterlaten. John belandt op een goede middelbare school waar ook andere puberinvesteringen van Manchester City de stelling van Pythagoras onder de knie proberen te krijgen. Van een transfer komt het echter niet en moeder Hilton ziet Engeland bij nader inzien toch niet als het beloofde land. Volgens de Braziliaanse is het er te duur om er een eigen bedrijfje te beginnen en te ingewikkeld om studentenvisa te regelen voor de kinderen.

Hilton Amstelveen

Hun Europese droom geven ze echter niet op. Ze boeken met z'n allen een ticket naar Amsterdam. Begin 2015 staat de dertienjarige John Hilton voor zijn tweede emigratie en derde school binnen een jaar. Deze keer zetten ze koers naar Noord-Holland waar ze een huurhuis betrekken in Amstelveen. John gaat naar een Engelstalige privéschool in Amsterdam-Zuid. Opnieuw blijft pa Hilton achter in de Golden State waar hij zijn salaris van dik 300.000 dollar per jaar nog steeds niet wil opgeven voor een onzeker avontuur in Nederland. 'Ik ben nog maar een paar jaar verwijderd van mijn pensioen en verhuizen naar Nederland zou veel geld kosten,' stelt hij. Hij is daarmee meteen een uitzondering, want veel voetballers komen uit relatief arme gezinnen, waar de keuze doorgaans snel gemaakt is als hun ventje ineens miljoenen waard zou kunnen worden. Moeder Hilton begint vanuit het rijtjeshuis in Amstelveen een bedrijfje genaamd Bem Brasil. Ze is in te huren voor taallessen en catering.

Nu nog een club vinden voor John. En niet te geloven, wat een geluk! In Manchester woonden de Hiltons al om de hoek bij City en United, nu blijkt de beroemdste jeugdopleiding ter wereld slechts acht kilometer verwijderd van hun nieuwe woning. En wonder boven wonder blijkt zaalvoetbalclub Veerhuys, waar John zich na aankomst in Nederland heeft aangesloten, goede banden te onderhouden met Ajax. De club die eerder in Spanje al zo geïnteresseerd was! De poort naar de voetbalhemel is nu fysiek dichtbij, maar in realiteit nog steeds ver weg door het kindertransferverbod van de FIFA. Het mooiste cadeau dat hij zou kunnen krijgen voor zijn veertiende verjaardag is een lidmaatschap van Ajax. Er is goede hoop nu moeder Hilton een eigen cateringbedrijf heeft in Amstelveen. Ajax en de familie denken een beroep te kunnen doen op de populaire emigratieregel van de FIFA. Ze besluiten om hem aan te melden bij de KNVB. In het voetbal is het zo geregeld dat de KNVB de papieren vervolgens doorstuurt naar het hoofdkantoor van de FIFA in Zürich, waar voor alle internationale transfers groen licht moet worden gegeven. Gezien de steeds grotere hoeveelheid kindertransfers is daar een speciale commissie actief die alle jeugddossiers controleert. Zeg maar de kidsclub van de FIFA. De map van Ajax belandt direct op de flinke stapel twijfelgevallen.

Hilton Zürich

'Nadat haar eerste kind was geboren, stopte ze met werken en was ze huisvrouw,' lezen we in het dossier over moeder Hilton die nu met haar vier kinderen naar Nederland is gekomen om Bem Brasil te openen, een combinatie tussen 'taalonderwijs en kooklessen'. Ze legt uit dat ze 'gelooft in educatie en cultuur en dat al vroeg werd besloten dat ze op een dag alles zo zouden regelen dat de kinderen in het buitenland konden studeren'. Het onderwijssysteem in de VS was goed, gaf ze toe, maar ze wilde haar kinderen graag 'een bredere kijk op de wereld' geven.

Dat haar jochie als Amerikaans jeugdinternational bij Ajax belandde, een club die onder de indruk was gebleken van John en in Spanje al de eerste contacten had gelegd, was allemaal puur toeval. Ze legt uit dat die transfer tot stand kwam via een toevallige ontmoeting in de sporthal van Veerhuys. 'Een andere ouder herkende zijn talent en gaf de contactgegevens van de Ajax-academie.' Daarna zou vader Hilton vanuit Los Angeles hebben gebeld met Ajax, dat de speler prompt wilde opnemen in de opleiding. Volgens hoofd Opleidingen Wim Jonk was er tussentijds geen contact geweest. 'De eerste keer dat daarover is gesproken, was nadat de familie al was verhuisd naar Amsterdam.'

Bij de FIFA hebben ze al duizenden van dit soort verhalen beoordeeld in de voorbije jaren. Deze valt in de categorie 'schoolvoorbeeld misleiding'. Niemand gelooft dat alle puzzelstukjes zomaar in elkaar zijn gevallen. Een familie met in hun midden een jeugdinternational die 9.000 kilometer de wereld over vliegt voor een nieuw leven en dan eerst om de hoek belandt bij de opleiding van Manchester City en daarna op steenworp afstand van het jeugdcomplex van Ajax. Het is wel erg toevallig allemaal. Het jongetje mag niet naar Ajax is het oordeel: 'Het lijkt erop dat de carrière van de speler de voornaamste reden is voor de verhuizing en dat de moeder naar Nederland is geëmigreerd om de regels voor het beschermen van minderjarigen te ontduiken.'

Hilton Lausanne

Nu is het mannetje Hilton geen uitzondering. Tussen 2011 en 2017 steeg het aantal aanvragen voor transfers van minderjarigen van 1.500 naar 3.312. Het aantal afwijzingen groeide van 150 naar 397. De strijd om de talentjes is steeds harder en de leeftijdslat gaat steeds verder omlaag. In de groep tienjarigen verdubbelde het aantal transferverzoeken in twee jaar tijd van 87 naar bijna 200. Er wordt volop geconcurreerd om de mooiste stekjes en echt niet alleen door de grote boze buitenlandse clubs. Ajax is wereldberoemd met het Cruijff-DNA met als kenmerk dat opleiden en niet kopen centraal moet staan, maar dat Ajax volop in het buitenland shopt om de opleiding te vullen, krijgt wat minder bekendheid. Aan de Borchlandweg in Duivendrecht ontstond de laatste jaren een nogal internationaal gezelschap. Zo lopen er inmiddels jongetjes uit Roemenië, Denemarken, Finland, Australië, Brazilië, Hongarije, Polen, Kroatië, Zuid-Afrika, Duitsland en Noorwegen. En dan was de transfer van een achtjarige Indonesiër nog jammerlijk mislukt. Helaas voor Tristan Alif Naufal konden zijn ouders geen baan vinden in Nederland.

Inmiddels is ook de eerste Amerikaan aangemeerd. En dan doelen we dus niet op John Hilton. Balend ziet die hoe een landgenoot wel doordringt tot ballenbak De Toekomst. Het gaat om de een jaar jongere YouTube-held Joshua Pynadath die nog voor zijn eerste jeugdpuist kwalificaties als 'wonderkind' en 'tienersensatie' achter zijn naam noteerde. Joshua had meer geluk dan John. Zijn ouders werken als IT'ers en werden vanuit Silicon Valley overgeplaatst naar een softwarebedrijf in Madrid. Een gegronde emigratie dus. De elfjarige Joshua kon zich zonder problemen aanmelden bij Real. Twee jaar later volgde er opnieuw overplaatsing. Deze keer naar Amsterdam. Hij werd uitgenodigd voor een stage bij De Toekomst en mocht direct blijven. Zat de moeder van John nu ook maar in de IT in plaats van de Braziliaanse gerechten. Toch geven Ajax en de Hiltons niet zomaar op. De familie blijft de voetbaldroom najagen. Kosten noch moeite worden gespaard. Ze stappen naar het sporttribunaal in Zwitserland. Daar in Lausanne worden ze gek van de tienertransfers. Veel jongens vestigen hun laatste hoop op de voetbalrechtbank aan het meer van Genève waar ze in beroep kunnen na een afwijzing van de FIFA. Soms met succes, maar vaak ook niet. FC Barcelona kreeg door het tribunaal zelfs een transferverbod opgelegd, net als Atlético en Real uit Madrid.

Een paar Nederlandse jongetjes speelden de hoofdrol in die Spaanse dossiers. We zijn nog steeds bij de A van Ajax. Als tienjarige verhuisde Bobby Adekanye van Ajax naar Barcelona. Illegaal achteraf. Adekanye mocht geen wedstrijden meer spelen en verliet de opleiding van Barcelona. Het kereltje ging naar PSV waardoor de geboren Nigeriaan al op zijn vijftiende hetzelfde kon zeggen als meervoudig Europees kampioen Ronald Koeman, namelijk dat hij had gespeeld voor zowel Ajax, Barcelona als PSV. Hij had ook al een zaakwaarnemer, ene meneer Minguella. 'Voor zijn loopbaan is het beter om de komende jaren in Nederland te voetballen.' Vijf dagen na deze mededeling zaten Minguella en de minderjarige Adekanye in Liverpool voor ondertekening van het eerste contract.

Onder de B in onze dossiers staat sowieso veel Barcelona. Bewezen werd dat Barcelona met tien spelers in de fout was gegaan, maar toen de FIFA wat dieper keek, rezen vermoedens dat het ging om veel meer jongetjes. Er lagen hele emigratiedraaiboeken. Barcelona vreesde nieuwe sancties en zette daarom in 2015 plotseling allemaal buitenlandse talentjes op straat. Een van de ongelukkigen was Fodé Fofana, een jongetje uit Groningen dat landelijk nieuws werd toen hij als tienjarige van GVAV-Rapiditas naar Barcelona verhuisde. Hij viel bij een jeugdtoernooi in Frankrijk zo in de smaak dat de Spanjaarden hem direct een plaats aanboden in de opleiding. Het zoontje van een rijschoolhouder ging met zijn vader in Spanje wonen. Half Nederland viel over de familie heen, maar de vader haalde zijn schouders op. 'Welke ouder wil zijn kind die kans niet geven?' Twee jaar later was de jongensdroom alweer voorbij. Fofana meerde aan bij PSV.

Hilton Amsterdam

Na Barcelona gaat het vizier nu op Amsterdam. Er volgt een onderzoek gevolgd door een hoorzitting, waar naast familieleden van John ook de Amsterdamse manager Jeugdscouting Jasper van Leeuwen tekst en uitleg moet geven over zijn verwoede poging om de veertienjarige Amerikaan binnen te hengelen. Er komen nieuwe argumenten op tafel. De Hiltons beweren dat ze al ruim voor het contact met Ajax hun huis in Los Angeles hadden verkocht en ook lang en breed voor de Amsterdamse interesse visa voor Nederland hadden aangevraagd. De voetbalrechters knikken begrijpend en vragen om de papieren. Die zijn er helaas niet. Ze moeten de Braziliaanse moeder maar gewoon op haar woord geloven. Ze wilde al heel lang naar Amsterdam, omdat daar behoefte zou zijn aan Braziliaanse gerechten. Tja. Dat maakt natuurlijk weinig indruk en zo gaat opnieuw een streep door de transfer. Teleurgesteld druipen de Amerikanen af.

Andere clubs hebben meer geluk dan Ajax. De FIFA vermoedt dat Chelsea illegaal 25 minderjarigen heeft aangekocht en ook Manchester City krijgt een onderzoek aan zijn broek nadat twee Afrikanen per ongeluk in een interview vertellen dat ze al voor hun achttiende bij de club zaten. Maar bewezen wordt er niks. De mazen van het net zijn gigantisch. Met een paar man is deze markt niet meer te controleren, laat staan handhaven. Straffen hebben ook amper effect. FC Barcelona schreef direct na afloop van het transferverbod doodleuk 77 nieuwe spelers in, onder wie een negenjarige IJslander. Het loopt steeds verder uit de hand. Nu niemand de clubs boven in de piramide kan afstoppen, gaan de armere clubs zich met steeds creatievere methodes wapenen tegen de Reals en Barça's die als haaien de zee leegvreten. Bij Anderlecht lekte een contract uit tussen de club en de ouders van een twaalfjarige. Ze kregen 75.000 euro. Afspraak was dat het spelertje de club trouw zou blijven en op zijn zestiende het eerste arbeidscontract zou tekenen bij Anderlecht. Tekende hij toch ergens anders, dan kreeg de familie 450.000 euro boete. Het liep uit op een breed uitgemeten affaire toen de vader een paar jaar later een miljoen en een auto eiste en zijn zoon liet tekenen bij Crystal Palace.

Gezien de grote vraag naar kinderen vanuit de clubs, is het niet meer zo vreemd dat makelaars een gat in de markt zien. Volwassen mannen struinen Snapchat, Facebook en Instagram af om contact te leggen met de potentiële miljonairs van de toekomst. Een scootertje hier, een spelcomputer daar wil ook nog weleens helpen. Allemaal waar. Maar de dossiers van Ajax, Barcelona, Real en Atlético laten een wat genuanceerder beeld zien dan alleen dat van de gouddelver die over de rug van kinderen zijn zakken vult. Op planeet voetbal is voor het woord ethiek geen plaats. Het zijn de clubs die een transfermarkt voor minderjarigen creëren. Chelsea koopt liever veertig basisscholieren voor een paar ton per stuk dan een oudere puber voor 20 miljoen. Gewoon een kwestie van rekenen. Ga maar na. Manchester United moest voor de negentienjarige Anthony Martial 50 miljoen euro neertellen. Bij leuke prestaties loopt de prijs op naar 80 miljoen. Dus kun je beter gokken op een hele bus kids. Als er eentje goed wordt verkocht, is dat al winstgevend.

Makelaars spelen sluw in op deze groeimarkt. De jacht op kinderen is bijna lachwekkend. Steeds meer agenten openen naast hun begeleidingstak gewoon een eigen jeugdopleiding. Of kopen clubs waar de jeugd gestald kan worden. Niet zelden is de eerste actie van nieuwe clubeigenaars het oppimpen van de jeugdopleiding. Aan ambitieuze ouders die denken dat ze de nieuwe Messi hebben geschapen is geen gebrek. Al in 1997 stuurde de KNVB de eerste brandbrief rond waarin de bond zich distantieerde van commerciële voetbalscholen met irrealistische verwachtingspatronen. Ze hebben prachtige namen als Tac-tic, Ambition-4kidzz, Messi Moves en Golden Boys. Inmiddels zijn er in Nederland naar schatting 150 voetbalscholen, waarbij het onderscheid tussen opleiding en managementbureau niet altijd te maken is. Zaakwaarnemers mogen pas banden aangaan als kinderen zestien jaar zijn geworden. Via de voetbalscholen krijgen ze de talenten al veel jonger onder controle. Bij sommige kun je aankloppen voor zowel kinderfeestjes en springkussens als professionele contracten. Zelfs een makelaarsvedette als Rodger Linse organiseert tegenwoordig kampen om 'lekker te voetballen'. Boven aan de boekingspagina voor de kinderevenementen zien we foto's van de parels uit zijn stal die tips geven over discipline en hard trainen.

Inventiviteit kun je het makelaarsgilde niet ontzeggen. Gevoed door de eenvoudig te penetreren markt en de enorme bedragen die in het voetbal omgaan, gaat het er steeds georganiseerder aan toe. Een voorbeeld diep uit de schemergebieden van het betaald voetbal willen we u niet onthouden. Surf voor de grap eens naar de school Balcontrole en scrol door de 251 online berichten over kinderen in de belangstelling van topclubs. Het staat vol met fascinerende fotootjes van glunderende ukkies, die soms eerder een transfer te pakken hebben dan een zwemdiploma. Zeven, acht, negen jaar oud zijn ze. Met een balletje aan de voet poseren ze in shirts van Ajax, PSV en Feyenoord. Het is niet iets van vandaag, want het moet ergens in 2013 geweest zijn dat we daar eens gingen kijken.

De eigenaar, een gymleraar uit Diemen, bracht naar eigen zeggen tientallen spelers onder bij clubs uit de Eredivisie. De besten mogen spelen tegen clubs als Heerenveen en Ajax. Een goede wedstrijd, een keer opvallen en daar is je kans op profvoetbal. Van de buitenkant ziet het er prima uit allemaal en is het misschien wel een ideetje voor de zomervakantie, ware het niet dat meerdere vaders en moeders aan de bel trokken met klachten over keiharde business. Vlak voor hun eigen WK-finale moesten de jochies nog wel even een formulier ondertekenen. Dat deden ze braaf. Het bleken spijkerharde contracten. Daarin heten de wedstrijdjes ineens 'evenementen die gericht zijn op het onder de aandacht brengen van spelers bij betaaldvoetbalorganisaties'. De gymleraar stelde toekomstige inkomsten uit transfers, portretrechten en sponsoring alvast veilig. Overstappen naar een andere makelaar was niet echt een optie. Dan moest het ventje 15 procent van al zijn inkomsten gaan afstaan aan de voetbalschooleigenaar. Balcontrole mocht ook een accountant op de familie afsturen die de administratie kwam doorploegen om te kijken of het wel klopte. Verschilde het opgegeven bedrag meer dan 5 procent van de bevindingen van de accountant, dan volgde een boete. En je kwam er ook niet zomaar vanaf. Na elke testwedstrijd werd het contract automatisch verlengd met twee jaar, er waren verplichtingen om Balcontrole binnen 24 uur van elke aanbieding op de hoogte te stellen en zelfs na afloop van het contract moest je informatie geven en aanbiedingen en documentatie overleggen, zodat de voetbalschool een tegenvoorstel kon doen.

De man achter Balcontrole was geen onbekende in het Amsterdamse voetbalwereldje. Ene Fred Zweers. Geen snelle jongen in een nog snellere auto. Eerder zo'n man van wie je het vermoeden hebt dat hij in zijn trainingspak slaapt. Zweers bleek een open vent die honderduit sprak over zijn project. Over jongens die bij hem een tweede of derde kans kregen. Over de contracten deed hij niet moeilijk. 'Die zijn gewoon door twee advocaten gemaakt. Ik ben jaren met die gasten bezig en als ze dan eenmaal klaar zijn, komen er mensen die geld aan ze willen verdienen. Het is het Wilde Westen. Waar zijn die mensen als de jongens ze echt nodig hebben? Ik doe niets verkeerd, hoor.'

Het fenomeen voetbalschool annex transferbureau lijkt overgewaaid uit andere continenten. We kenden al de voetbalschooleigenaren in Afrika die in ruil voor wat contant geld transfers naar Europa kunnen regelen. Na een mislukte testtraining zijn de tussenpersonen ineens weg, laat staan dat iemand een retourticket heeft. Franse clubs hebben regelmatig te maken met huilende kinderen die bij het stadion aankloppen met onsamenhangende verhalen. In 2009 verscheen in opdracht van de Europese Commissie het eerste en tevens laatste verkennende rapport over dit fenomeen. Alleen in de Ghanese hoofdstad Accra werden al vijfhonderd voetbalfilialen geteld. Veelal scamscholen die inspelen op de Europese voetbaldroom. Vanuit Zuid-Amerika kennen we de opleidingscentra, waar snelle managers onder het mom van voetbalscholen tientallen spelerspaspoorten tegelijk opkopen en keiharde commerciële makelaarskantoren runnen. Kennelijk gaat het ook in Nederland die kant op.

Heel normaal volgens Zweers. 'Ik ben er niet mee begonnen om rijk te worden. Via onze methodes worden spelers echt beter. Dat steekt natuurlijk. Sommigen zijn al meerdere malen weggestuurd bij hun club. Als die gasten vanaf hun twaalfde bij ons rondlopen, hoop je toch een band op te bouwen. Dan is het niet de bedoeling dat er op hun zestiende ineens makelaars de beste vissen uit onze vijver weg komen vissen. Wat doen die gasten nou voor die jongens?' Zo had hij een jongen die drie maanden op stage mocht in Italië. 'Die stond ineens op de website van een makelaarskantoor uit Amsterdam. Even later hetzelfde met een jongen van ons die bij de jeugd van Vitesse zit. Ze waren zelfs zo brutaal dat ze de foto van onze website hadden gekopieerd. Die gasten willen alleen maar geld verdienen. Nou, dat hoef ik dus niet meer te pikken, ik heb de ouders ook gebeld. Doordat ik die contracten heb, kunnen wij nu zelf wat overhouden. De school moet ook bestaan.'

Eerlijk is eerlijk. Ook Zweers speelt in op een markt die wordt gecreëerd door de grote clubs van deze wereld. Dat Ajax regelmatig wedstrijden speelt tegen Balcontrole en afkomt op de Balcontrole-scoutingsdagen verbaast ons al niet meer. Zweers kan zijn geluk niet op met de goede relaties in Amsterdam en pronkt ermee op zijn website. Er stromen veel spelers door naar Ajax, volgens de zaakwaarnemende gymleraar. Tip voor de liefhebbers: op de website van de school vindt u de beelden van Balcontrole onder 9 jaar tegen Ajax onder 9 jaar...

Hoe het afliep met John Hilton? Hem zagen we na de mislukte transfer opduiken in de voetbalschool van Nordin Wooter, de voormalige prof die tevens bij Ajax werkt als jeugdtrainer. De arme John voetbalde even in de jeugd van AFC, ging terug naar Amerika om wedstrijden te spelen in de opleiding van LA Galaxy en verscheen daarna kort bij Koninklijke HFC. Het aftellen is begonnen. In juni 2019 wordt John achttien jaar en mag hij een contract tekenen in Europa. Als hij dan maar niet te oud is.

Transferuitgaven Premier League (zomerwindow)

jaar	bedrag
2009	€ 501 miljoen
2010	€ 407 miljoen
2011	€ 540 miljoen
2012	€ 546 miljoen
2013	€ 703 miljoen
2014	€ 1,04 miljard
2015	€ 1,20 miljard
2016	€ 1,36 miljard
2017	€ 1,59 miljard
2018	€ 1,41 miljard

16

MATCHFIXERS OP DE MARKT

Het begon zo lekker met een miljoenentransfer van Elvis Manu. Maar toen ging de nieuwe makelaar in zee met een ex-kokosnotenverkoper die zich had omgeschoold tot matchfixer.

Antwerpen. Beerschot, Bosuil, de Hel van Deurne. Hoe vaak waren we al in die rauwe voetbalstad, waar het verleden groter is dan de toekomst? Investeerders en faillissementen domineren hier al decennia de krantenkoppen. Vandaag hebben we een heel andere afspraak. We doen een rondje café met een makelaar, die als zovelen een plaats probeert te bevechten in de voetbalwereld.

We navigeren over de met kasseien geplaveide wegen richting het centrale plein. We hebben nog even tijd de beroemde Brabofontein te aanschouwen met bijbehorend bronzen standbeeld van Silvius Brabo. We grinniken als we het verhaal erachter lezen. De legende van Brabo gaat over een reus die bij onwillige tolbetalers de hand afhakte en de Schelde in wierp. Brabo doodde de reus en hakte diens hand af. 'Hand werpen' werd Antwerpen. Nooit geweten dat de naam van die mooie stad zo ontstaan was.

In het voetbal worden gelukkig geen ledematen afgehakt, maar de symboliek is onmiskenbaar. Alhoewel het ook een gevalletje bedrijfsblindheid is. Tegenwoordig zijn het de zaakwaarnemers die tol innen alvorens ze spelers laten overvaren. Je kunt natuurlijk ook zeggen dat voordat de zaakwaarnemers kwamen, de spelers de tol betaalden voor hun slechte onderhandelingspositie. Clubs werden rijk, terwijl de acteurs waar de mensen naar kwamen kijken werden afgescheept met een fooi. Het is wel erg makkelijk om zaakwaarnemers weg te zetten als profiteurs terwijl ze feitelijk gewoon een integraal onderdeel zijn van de voetbalbiotoop. Maar soit, genoeg gefilosofeer, we hebben een afspraak.

Tussen schuifelende senioren over de antiekmarkt zien we inderdaad een gesoigneerde mijnheer in hagelwit shirt opduiken. Het is voetbalmakelaar Carlos Tavares De Barros. Breedlachend steekt de inwoner van Antwerpen zijn hand uit en koerst op zijn hippe sneakers kordaat af op de terrassen die staan opgesteld voor de gildehuizen.

'Een smoothie graag.'
'Eh… nee, dat kennen we hier niet.'

'Dan graag een verse jus d'orange.'
'Excuseer. Staat niet op de kaart.'

'Een latte macchiato?'
'Koffie verkeerd bedoelt u? Ja, koffie met melk hebben we wel.'

Barros knikt. 'Doet u dat dan maar.' Dat valt alvast reuze mee voor iemand die achter de schermen wordt neergezet als 'een soort militair met de meegaandheid van een looien deur'. Afgaande op de verhalen van clubmedewerkers en enkelen van zijn concurrenten, hadden we verwacht dat onze landgenoot Barros nu direct op de Carrefour zou afstormen om smoothie-ingrediënten te kopen en vervolgens de brasserie-eigenaar zou doceren hoe deze in een blender tot trendy ijsdrank te mixen. Hij gaat flink over de tong, de dertiger die de markt bestormt. Op de juridische afdeling van de KNVB ontstaat tegenwoordig bijna paniek als de vinnige Barros aan de telefoon komt met commentaar op de reglementen. Barros lacht. 'Ik ben een aparte vogel. Heel *straight*. Als ze lopen te kloten, zeg ik dat ze lopen te kloten. Zo ben ik.'

De in Lissabon geboren Nederlander erkent dat de voetbalwereld aan hem moet wennen. 'Bij clubs veroorzaakte mijn stijl aanvankelijk gereserveerdheid. Nu is dat omgezet in vertrouwen. Ik speel geen spelletjes. Vrij uniek in dit wereldje.' Volgens Barros moest hij een keuze maken tussen een rol als 'jaknikker die heel amicaal is met clubs' of een rol als 'rots in de branding' voor spelers. 'Ik koos voor het laatste. Het past bij mijn open, directe en soms dwarse karakter. Er zijn clubs die meteen in de kramp zullen schieten als je de naam Barros laat vallen, maar ze weten ondertussen dat ik voor kwaliteit sta en zijn altijd wel benieuwd welke spelers ik nu weer heb gescout en vastgelegd. En ja, met KNVB-mensen heb ik zo nu en dan verhitte discussies waarbij de KNVB zelfs weleens ophangt. Dat heeft geen zin, want ik bel vrijwel altijd weer in. Het is uitdelen en incasseren. Nu kan ik heel goed praten met deze mensen. Ook de KNVB is gebaat bij transparante zaakwaarnemers die vertellen wat er in het veld allemaal speelt. Ik kan je zeggen: er valt genoeg te melden.'

Daarover later meer. Eerst maar even de introductie, want tegenover ons zit nog geen man die al geregeld de sportpagina's haalt met miljoenendeals. Een *new kid on the block* noemt hij zichzelf. En dan is het knokken, knokken en nog eens knokken. In 2015 lanceerde hij Prestige Sports met als slogan '*Add prestige to your sports*'. Na het behalen van zijn propedeuse bestuurskunde wist de voormalige jeugdspeler van

Sparta dat deze bij het oud papier kon. 'Het ondernemersbloed stroomde. Op mijn achttiende vroeg ik een btw-nummer aan. Ik had nog geen flauw idee wat ik wilde gaan doen.'

Barros belandde in de financiële dienstverlening. 'Tijdens het gouden tijdperk van hypotheken en verzekeringen. Maar die markt stortte in en ik moest wat anders bedenken.' Als financieel consulent adviseerde hij al veel voetballers. 'Ik kende hun hele hebben en houwen. Die jongens vertrouwden me. Ik zat aan keukentafels. Ze begonnen zelf over het wel of niet doen van een transfer. Niet zomaar transfers, nee, megatransfers!'

Met zijn transferadviezen en financiële begeleiding deed hij in feite het werk van een zaakwaarnemer, maar Barros zag anderen aan de haal gaan met de jackpot. Hij zou wel gek zijn om een dief van zijn eigen portemonnee te blijven. Barros wilde zelf makelaar worden en belde spelers. 'Ik kreeg heel veel positieve feedback.' Maar de markt bestormen bleek niet eenvoudig. Hij stuitte op een gesloten circuit. Toen hij begon moest er nog een examen worden afgelegd. Barros zakte. 'Heel frappant. Vragen waren cryptogrammen. Daar had ik niet op gerekend. Ik denk dat de KNVB wilde voorkomen dat er nog meer zaakwaarnemers bij kwamen.'

In 2015 stopte de FIFA met de examens en licenties. Binnen no-time verdubbelde het aantal makelaars in Nederland. Ook Barros schreef zich direct in. 'De oude garde onder aanvoering van Rob Jansen schreeuwde moord en brand. De markt zou overspoeld raken met gelukszoekers. Ik heb daar altijd om moeten grinniken. Zelf teerden ze op een licentie uit begin jaren negentig, toen je er gewoon nog een kon kopen. Ze hebben nooit examen gedaan. Voor elke markt is het goed dat er veel aanbieders zijn. Veel vastgeroeste makelaars realiseerden zich dat ze de strijd aan moesten met de new kids on the block. Zij snapten ook: de tijd van maar miljonair worden met zitten afwachten is voorbij. Voor je het weet komen jonge zaakwaarnemers aan met deals en manieren van begeleiden die veel beter bij nieuwe generaties spelers passen.'

Ambitieus begon hij te solliciteren bij bekende bureaus die de internationals begeleiden. 'Een paar grote jongens heb ik benaderd. Ze vonden dat ik voor mezelf moest beginnen of reageerden niet eens op mijn sollicitatie. Ik was te goed voor de functie, zeiden ze, maar ik denk eerder dat ze geïntimideerd waren. Niemand komt dit wereldje binnen om de kantooradministratie te doen. Ze dachten dat ik in hun toko kwam kijken en met een deel van de portefeuille aan de haal zou gaan, terwijl het me gewoon waanzinnig leek om talenten te scouten en begeleiden voor een bureau. Het is hun eigen schuld dat er allemaal nieuwe, energieke bureaus bij komen. Ze laten zeer moeilijk nieuwe mensen toe in hun wereldje. Ze bakenen hun territorium af.'

Dus begon hij een eigen kantoor. Er ging een website de lucht in met het FIFA-logo en een foto van de Allianz Arena met aan de voorgevel in neon verlichte letters Prestige Sports. Bewapend met iPad toerde hij langs de clubs. Aan zelfvertrouwen geen gebrek. We lezen online dat we te maken hebben met 'een van de meest dynamische en snelgroeiende zaakwaarnemers van dit moment'. Ook nu doet hij niet moeilijk over zijn ambities. 'We willen binnen vijf jaar uitgroeien tot een van de grootste bureaus in Nederland.'

Zijn gooi naar een positie in de miljardenindustrie begon met een telefoontje van een voetballer aan het UWV-loket. 'Hordes spelers in de leeftijdsgroep 17 tot 21 jaar vallen jaarlijks af. Er is geen enkel vangnet. Ze gaan naar de amateurs en je ziet ze nooit meer terug. Bijna alle zaakwaarnemers laten deze spelers, nadat ze hen bij een betaalde club jarenlang hebben begeleid, links liggen. Die hebben geen trek om er tijd en geld in te steken. Je moet vaak aankloppen in de eerste divisie. Daar zit geen geld. Wij besloten vol in te zetten op deze groep. We organiseren etalagewedstrijden en daar laten we scouts op afkomen. In het eerste jaar plaatsten we acht jongens via deze formule. De afgeschreven Jamiro Monteiro ging zo zelfs naar Heracles en later FC Metz. Zie je. Ik heb dan geen grote naam, maar wel een visie en een adequaat plan.'

Barros begon natuurlijk geen gratis weeshuis voor voetballers. Hij weet ook dat de eerste divisie een springplank kan zijn naar miljoenentransfers. Zie Ruud van Nistelrooij, Dries Mertens en Klaas-Jan Huntelaar. 'Het gaat natuurlijk wel om jongens van wie ik denk dat ze met de juiste begeleiding binnen twee jaar kunnen doorstoten.'

Het financieren van de opstartfase werd vereenvoudigd doordat hij meteen in de roos schoot. 'We maakten direct een klapper door Elvis Manu van Feyenoord naar Engeland te transfereren. Dat scheelde. Meteen een grote vis. Elvis ken ik goed. Hij had het heel moeilijk bij Feyenoord. Pas toen hij door ons werd begeleid begon hij te pieken. Hij was dan ook de eerste die ik voor meer dan een miljoen naar het buitenland transfereerde.'

Manu had al een zaakwaarnemer, namelijk Surinamer Sigi Lens die in de jaren negentig binnenliep met sterspelers als Kluivert en Davids en die samen met Peter Gerards was ontslagen door de spelersvakbond vanwege een zaak die een jaar breed werd uitgemeten in de pers en uiteindelijk vooral advocaten tonnen opleverden. De twee beloofden een kwart miljoen gulden aan een goed doel over te maken en gingen vervolgens gewoon door met hun eigen bedrijf. 'Lens en zijn rechterhand John Veldman kregen ruzie. Veldman begon inmiddels voor zichzelf, maar er was een periode dat hij vanwege een concurrentiebeding niks mocht doen. Dus ook niet Manu begeleiden. Belangrijker nog: Lens en Veldman hadden geen opties toen Giovanni van Bronckhorst zei dat Elvis beter kon vertrekken. Ik kreeg daar lucht van, had mijn huiswerk gedaan en kon een paar concrete opties voorleggen. Hij ging voor goed geld naar Engeland. Dat zette ons wel even op de kaart. Er zijn niet veel zaakwaarnemers die Feyenoorders voor een paar miljoen naar Engeland transfereren.'

Er ging een wereld voor hem open. 'Nederland is in het buitenland veel kleiner dan ik dacht. Er zijn amper banden met zaakwaarnemers. De oude garde bleek daar niet supersterk, wat ik wel altijd veronderstelde. Echt maar een handjevol heeft goede internationale contacten. Je hebt de Sports Entertainment Group uit Amsterdam, Søren Lerby is internationaal georiënteerd maar verliest ondertussen ook aardig wat terrein volgens mij, en dan heb je Mino Raiola en Rob Jansen nog. Dan houdt het al voor een heel eind op.'

Jansen en Raiola zijn tevens de gezichten van de beroepsgroep. Barros knikt. 'Zij zijn ooit met de neus in de boter gevallen. Topspelers hadden in het verleden niet veel keus. Je had drie, vier grote zaakwaarnemers waaruit ze konden kiezen. Buitenlandse clubs kwamen automatisch bij hen uit. Het was een monopoliepositie.'

Vooral de invloedrijke Jansen baalt dat zijn beschermde status is afgeschaft. Al jaren pleit hij voor nieuwe keurmerken om enige orde te scheppen in de wildwestindustrie. 'Een illusie, want het was altijd al het Wilde Westen. Dat zal altijd zo blijven. Logisch ook. Het gaat om ontzettend veel geld. Met botsingen tussen mensen die duurzaam investeren in spelersrelaties en kapers die snel geld willen verdienen door vraag en aanbod bijeen te brengen.' Zo probeerde een collega op het moment suprême Monteiro bij hem los te weken. 'Een andere zaakwaarnemer probeerde hem wijs te maken dat hij interesse had opgewekt van Heracles toen hij bij Cambuur was doorgebroken. Al maandenlang zag ik de scout van Heracles bij wedstrijden van Cambuur zitten en wist ik dat hij er op de radar stond. Zo iemand probeert te profiteren van jouw investering. Veel spelers zijn daar heel gevoelig voor. Monteiro gelukkig niet, die weet waar we samen vandaan komen en waar we heen willen. Iedereen probeert een deal te sluiten en zo veel mogelijk geld voor zichzelf te houden. Het is daarom ook heel moeilijk om samen te werken met andere zaakwaarnemers. Je weet niet wie je kunt vertrouwen. Dus moet je zelf een netwerk opbouwen. Iets waar niet veel zaakwaarnemers in investeren.'

In meer sectoren gaan grote bedragen om. In de hypotheekwereld waar hij zelf werkte bijvoorbeeld. Verschilt die van de spelersmakelaardij? 'Ja. Ik kan niet ontkennen dat dit een apart wereldje is vol strijd en afgunst. Er zijn enorm veel partijen met belangen bij een transfer. De verkopende club heeft een belang. De kopende club heeft een belang. De zaakwaarnemer heeft een belang. De speler heeft een belang. Dat is al vier. Clubs hebben vaak ook nog investeerders en zaakwaarnemers die invloed uitoefenen. Rond spelers zwermen soms meer dan één zaakwaarnemer. Familieleden die moeten mee-eten. Dan zit je zo al op zes of zeven partijen. Bijna niemand vertrouwt elkaar in beginsel. Ik kan niet veel branches bedenken waarbij commerciële deals zo tot stand komen. De bouw misschien. Maar wel met het verschil dat het in de bouw gaat om jarenlange trajecten. Bij een voetbaltransfer moeten zeven partijen er soms binnen 24 uur uitkomen.'

Barros schetst een wereld vol uit de heup schietende cowboys. 'Sommige makelaars nemen niet eens de moeite om een videocompilatie te maken, maar bellen of ik even de speler kan vermarkten. Je denkt toch niet dat een clubdirecteur in een drukke periode zelf gaat googelen naar de hoogtepunten van spelers? Er zitten veel zzp'ers tussen die hun huiswerk niet doen, maar wel overal zo veel mogelijk namen droppen in de hoop op bingo.'

Heeft hij enig idee hoeveel makelaars er in Nederland actief zijn? 'Een stuk of duizend denk ik.' En hoeveel bureaus zijn professioneel bezig? 'Een stuk of tien.'

In onze vorige boeken over matchfixing en clubeigenaren gebruikten we nog weleens het woord 'omerta', maar als een woord niet meer van toepassing is op deze bijzondere beroepsgroep, dan is het omerta. Er zijn wel degelijk mensen die willen praten. Net als tijdens ons bezoek aan de kapitaalkrachtige hobbywielrenner André Gieling praat ook Barros honderduit over de jungle met meer makelaars dan spelers. 'Wat veel mensen zich niet realiseren: de markt wordt nu eerder verziekt door spelers dan door makelaars. Ik heb meegemaakt dat een speler zes makelaars een mandaat gaf voor hetzelfde land. Zes! Veel spelers zijn heel slecht omgegaan met het opengaan van de makelaarsmarkt. Cijfers heb ik niet, maar vermoedelijk blijft niet eens 1 procent zijn hele carrière bij dezelfde makelaar. Ze willen hun opties openhouden, werken met Jan en alleman en eindigen daardoor vaak met lege handen. Het is net een roulettetafel. Door de fiches te verspreiden over tien verschillende nummers, denken ze dat er ergens wel een prijs valt. Maar doordat ze hun carrière zien als een roulettespel is de kans groot dat ze het casino met lege handen verlaten.'

Kleedkamers zijn microsamenlevingen waar het recht van de sterkste geldt. Een beroemde zaakwaarnemer is een teken van aanzien. Net als de meeste pk's onder de motorkap, het nieuwste model iPhone of een blondine met cup dubbel D. Ga je in zee met Mendes of Raiola, dan ben je het mannetje. 'Ze zien dat als een statussymbool. Maar hoeveel energie gaan Raiola en Mendes steken in een modale speler? Zij kunnen het zich namelijk wél makkelijk permitteren om op meerdere nummers te spelen. Voetballers zouden zich moeten afvragen of die mensen bij hen passen. Als ik net genoeg geld heb voor een Volkswagen, ga ik niet in een Porsche rijden. Raiola gaat echt niet om tafel met Telstar, terwijl Telstar nou net de juiste stap kan zijn.'

Spelers wisselen net zo makkelijk van makelaar als van kapsel, vriendin of sportbolide. Niet voor niks investeren steeds meer zaakwaarnemers in contacten met clubbazen in plaats van spelers. Een stuk rendabeler. De lijnen vervagen daardoor wel. Rob Jansen werd adviseur bij Everton waar hij tevens Ronald Koeman begeleidde en marktleider Jorge Mendes is huismakelaar van Wolverhampton Wanderers dat vervolgens de ene na de andere speler van Mendes binnenhaalt. 'Van eerlijke concurrentie is soms geen sprake meer. De FIFA zou keihard moeten stellen dat zaakwaarnemers die spelers vertegenwoordigen geen enkel belang mogen hebben binnen clubs. Maar dat gebeurt niet. Er is heel weinig toezicht. Zaakwaarnemers laten zich gewoon inhuren door clubs, soms om hun eigen spelers te halen. Voor wie werk je dan? Aan welk belang geef je prioriteit? Hoe kun je voor de speler het onderste uit de kan halen als je ook in opdracht werkt van de club? Er ontstaat een mengelmoes van belangenverstrengeling.'

Het gebeurt op alle niveaus. Zelf maakte Barros het mee als makelaar van coach Sunday Oliseh die ondanks goede resultaten werd ontslagen als trainer van Fortuna Sittard. Er volgde bij de KNVB een proces met een hoog *De Rijdende Rechter*-gehalte. Gelijk aan het tv-programma waarin buren elkaar bijkans aanvliegen om een verkeerd geplaatste schutting of een iets te hoog tuinhekje, bestreden de Nigeriaan en de clubeigenaar elkaar emotioneel met klachten over contantgeldenvelopjes, scheldpartijen en het duwen van medewerkers. Achteraf bleven bizarre anekdotes hangen over de keeperstrainer die in slaap viel tijdens een training en over Oliseh die ziek was geworden van slecht voedsel en koude douches, maar de dieperliggende reden was eigenlijk veelzeggender. Oliseh en Barros vertelden terloops dat Fortuna Sittard een dictatuur is die wordt geleid door een eigenaar en makelaars. Een opmerking die verdween in de enorme stofwolk van die middag. We vragen of Barros er dieper op kan ingaan. Het antwoord van de spraakwaterval verbaast ons niet meer: 'Ja hoor. Tuurlijk.'

Fortuna werd in 2016 verrassend gekocht door een Turkse meneer die als een gek begon te kopen en verkopen. Waarom? 'Heel simpel. Het scoutingsbeleid en het aannamebeleid van spelers wordt geregeld door zaakwaarnemers – al dan niet als zodanig geregistreerd – die tevens een bestuurlijke functie hebben binnen Fortuna. Dus er zaten spelers in de kleedkamer die waren gekomen om te allen tijde te spelen en geld op te leveren. Voor de rest van de spelers gold dat niet, die waren gehaald om kampioen te worden. Spelers kwamen daar achter. Wat krijg je dan? Scheve gezichten. Al snel ontstonden vermoedens van voorrangsposities. Dat maakte het moeilijk voor Oliseh. Van bovenaf werd opgedragen: "Die moet spelen." Letterlijk.'

Op een dag trof Oliseh een volslagen onbekende aan in de kleedkamer. 'Hij werd niet eens voorgesteld. Het maakte Fortuna niet uit dat de coach hem niet kende. Spelen ging hij toch wel. Mijn cliënt is de dupe geworden in dat spanningsveld. Daar kwam dan ook nog eens een contantgeldaffaire bij en hoge bonussen die uitbetaald moesten gaan worden aan de trainer nu Fortuna uit het niets weleens kon gaan promoveren.'

De clubleiding stopte winstpremies van 250 euro per speler in envelopjes. Volgens Fortuna omdat dit leuk was. 'Oliseh heeft aangekaart dat hij liever niet wilde dat er contant werd betaald. Dat geld kon beter gewoon giraal worden overgemaakt. Wat ook normaal is. Toen werd hij op zijn vingers getikt. Waar bemoeide hij zich mee?' Barros heeft geen twijfels. Er is een transferetalage geopend in Sittard. 'Tuurlijk. Ik weet zeker dat zaakwaarnemers van sommige Fortuna-spelers een belang delen met de Fortuna-eigenaren of zelfs rechtstreeks uit de stal komen van de eigenaren.'

Welkom in het nieuwe voetbal. Nu zelfs ook in Nederland. De netwerken liggen als een spinnenweb over de sport. Er is bijna geen mens of organisatie die niet wil meeprofiteren van de exploderende spelersprijzen. Balend stelt Barros dat hij nu zelfs moet concurreren met de VVCS, de spelersvakbond uit Hoofddorp. Een betrouwbare, gevestigde naam. Opgericht in 1961. Aangesloten bij de FNV. Maar tegelijk een van de grootste makelaarsbureaus in Nederland. Om de contributies draait het allang niet meer. 'Ik zeg het maar gewoon openlijk: ik erger me aan de VVCS. Als vakbond regelen ze veel goeds. Ze sluiten cao's en zitten om de tafel met de voetbalbond. Maar tegelijk zijn ze een agentschap. Dat kun je gewoon niet allebei doen. Onmogelijk! Stel je voor dat de VVCS moet bemiddelen bij een ontslag. En ze kunnen als die speler wordt ontslagen een andere speler bij de club plaatsen? Dat is gewoon belangenverstrengeling. Hoe hard ga je het spelen tegen clubs die je straks weer nodig hebt voor allerlei deals? Heel raar dat dit wordt gedoogd in Nederland.'

De miljardenmarkt trekt als een magneet. De verdienmodellen zijn talrijk en voor iedereen toegankelijk. Een goed contact met een speler of een juiste ontmoeting in de wandelgangen kan een ticket zijn naar het paradijs. Niet voor niks ruilden al zoveel sportjournalisten hun laptop in voor een zijden maatpak. In vrijwel geen enkele industrie krijg je zo makkelijk toegang tot de *decision-makers* die de miljoenen verdelen.

Maar die laagdrempeligheid heeft ook een keerzijde. Barros ondervond aan den lijve wat rapporten van Europol en antiwitwasinstanties al jaren signaleren: in de skyboxen mengen boven- en onderwereld tot een grijs circuit. Makelaars spelen als vertrouwenspersonen van de spelers een centrale rol in de strategie van criminele organisaties die het voetbal infiltreren. In 2017 raakte Barros verzeild in een krankzinnig omkoopverhaal. 'Ik was lekker bezig met spelers plaatsen toen ik ineens werd gesommeerd om naar de KNVB in Zeist te komen.' Barros trekt een vies gezicht. 'Voor een ondervraging door tuchtzaken.' Vier Nederlandse jongens werden in Finland beschuldigd van matchfixing. Van twee van hen was Barros de zaakwaarnemer. 'Ik heb die spelers gesmeekt om niet naar Finland te gaan.'

Het begon allemaal met een mailtje van de zeven keer veroordeelde Wilson Raj Perumal. Een voormalige kokosnotenverkoper uit Singapore die gewapend met voorraden paspoorten en simkaarten de voetbalwereld doorkruist. Als Hassan zocht hij in de zomer van 2016 contact met Atlantis FC, de enige club ter wereld die is vernoemd naar een gezonken stad. De vicevoorzitter, mailend onder de naam Shygirl, vond het prima dat Hassan twee ton in de club ging investeren. Helemaal toen hij alvast duizenden euro's opstuurde voor de huur van een flat voor nieuwe spelers, die hij ging aanleveren via zijn Egyptische bedrijf.

Hassan en Shygirl tekenden een intentiecontract. Wat een feest voor de vereniging die in 2002 al eens failliet ging. Voor Shygirl viel een zware last van haar/zijn schouders nu het Egyptische bedrijf zou betalen voor de volledige zeggenschap over de technische staf en de selectie. Direct werden de eerste versterkingen ingevlogen. Vier Nederlanders, om te beginnen met een Antilliaanse Tilburger genaamd Irvingly van Eijma. 'Hij was benaderd via social media. Niet eens zo uitzonderlijk. Benaderingen via internet nemen explosief toe, ook door spelers die zich volop aanbieden op LinkedIn en Facebook.' Van Eijma stuurde het contractvoorstel door naar Barros. 'Het zag er niet jofel uit. Als je op amateurbasis bij FC Oss speelt en je kunt ineens duizenden euro's per maand netto met ongelofelijk hoge bonussen gaan verdienen op het derde niveau van Finland, tja, een beetje zaakwaarnemer weet wel dat het dan niet klopt.'

Even later werd Barros ook zelf benaderd, door ene Mark, die zich voorstelde als medewerker van het Egyptische bedrijf. Dat ging over andere spelers uit de eerste divisie in wie hij interesse had. 'Die Egyptenaar, achteraf dus een Singaporees, legde uit dat hij een belang had in een ambitieuze club in Finland. Hij investeerde er volop geld in en als je wilde komen, dan tekende je met zijn bedrijf uit Egypte.' Barros gaf de interesse door, maar temperde de verwachtingen na bestudering van het contract dat veel weg had van een winnend loterijlot. 'Met daarin ook een prachtige commissie en doorverkooppercentage voor de zaakwaarnemer. Allemaal te mooi om waar te zijn. Bij ons gingen direct alle alarmbellen af. Overal verschenen rode vlaggen. Ik liet uitzoeken of dat Egyptische bedrijf bestond. Niet dus. Het was niet eens ingeschreven in de handelsregisters. Totaal onbekend. Dat heb ik netjes doorgegeven aan de spelers, maar ze wilden toch een weekje gaan kijken.'

Aanvankelijk had Barros nog contact met de Nederlanders. 'Ze gaven aan dat het niet goed geregeld was. Al meteen moesten ze verhuizen naar drie verschillende hotels omdat de rekeningen niet werden betaald. Toen was het helemaal duidelijk. Ze vertrouwden het niet. Ik adviseerde om terug te komen. Maar ze bleven. Daarna belden ze pas weer toen de kranten vol stonden over matchfixing.'

Bij de Finse bond was het na de landing van de vier Nederlanders direct code rood. Atlantis had een jaar eerder een opmerkelijk record gevestigd door 23 verkeerd geregistreerde spelers en twee ongeldige verblijfsvergunningen te noteren. Nu haalde de club met een jaarbegroting van 40.000 euro ineens vier goedbetaalde profs binnen. Al snel ontmaskerden de Finnen de financier van de club als de fixer die eerder vanaf andere voetbaltribunes Zambianen instrueerde via signalen met een baseballcap. Het straatarme Atlantis vertoonde alle kenmerken van een matchfixclub: het hoge aantal Afrikanen, de rondbuikige coach die mank liep en geen woord over de grens sprak, het grote aanbod op goksites. Barros knikt. Hij kent de stukken. 'Sommige spelers zijn zo wanhopig dat ze vasthouden aan de droom. Deze spelers hadden niet het vermogen om zich goed te laten begeleiden, want dat is ook een kwaliteit! Helaas zijn ze achteraf niet helemaal open geweest en zeiden ze dat de zaakwaarnemer met deze optie kwam.' Barros baalt nog steeds, ook omdat hij zich in de verdediging gedrukt voelt door zijn voormalige cliënten. 'Die laten zich niet begeleiden en vertellen dan na afloop het halve verhaal. Wij hadden voor een van hen ook andere opties. Hij kon naar een derdedivisieclub in Barcelona. Als amateur van Oss was dat een prima stap. Je voetbalt in de zon en krijgt een huis, een auto en wat geld. Geen duizenden euro's aan bonussen, maar wel solide. Een speler kiest dan heel kortzichtig voor het geld. Ik heb leergeld betaald. Nu neem ik meteen afscheid als spelers zich niet laten adviseren. Wij zijn in diskrediet gebracht. Toen het uitkwam ben ik zowat meteen door de helft van mijn spelersportefeuille gebeld. "Wat gebeurt er allemaal? Heb je hier wat mee te maken?" Het heeft best wat impact.'

Bewezen werd hun deelname niet, maar de Finnen weigerden het viertal vrij te spreken. In het eindoordeel staat dat ze matchfixing niet uitsluiten. Vooral achter hun laatste wedstrijddag staan dikke vraagtekens. Ineens ontbraken ze alle vier in de kleedkamer. De teammanager belde anderhalf uur voor de aftrap op. Ze bleken allemaal ziek. Gezien hun te hoge niveau voor de Finse derde divisie had hun afwezigheid grote consequenties voor de sterkte van de ploeg. De spelers zelf bleven ontkennen. Hun verweer is dat ze allemaal bedorven kip hadden gegeten. Barros glimlacht. 'Tja. Ik heb eerlijk tegen de jongens gezegd dat ik het geen sterk verhaal vond. Wat recht is, is recht. Wat krom is, is krom. Ik ga dat niet onder stoelen of banken steken. Er is geen bewijs gevonden voor matchfixing, maar ik ga niet mee in hun de hand boven het hoofd houden als ze met vage verhalen komen. We moeten niet vergeten dat die jongens er alleen naartoe zijn gegaan omwille van het geld. Sportief viel daar geen eer te behalen. Dus als ze op een hotelkamer zijn benaderd met een voorstel, kunnen we niet helemaal uitsluiten dat ze hebben meegedaan. Ze hebben het mij niet verteld. Maar ik ga niet zeggen dat het onmogelijk is. Voor hetzelfde geld duikt er volgend jaar wel bewijs op. Dat heb ik ook gewoon zo tegen de KNVB gezegd.'

Barros werkte volop mee met het onderzoek in Zeist. 'Ga je heel afstandelijk doen, dan creëer je onnodig een soort verdenking. We hadden niks te verbergen. Alle chatgesprekken en mailcorrespondentie hebben we gedeeld. Bij ons zal niemand wat vinden. Uiteindelijk zei de KNVB ook: "Gezien de wijze waarop jij medewerking hebt verleend, weten we dat jij er niet op die manier bij betrokken bent." Het was voor mij ook een bizar verhaal. Tekenend voor dit aparte wereldje waar je onder druk van opportunistische spelers en transfers die snel geregeld moeten worden in de raarste situaties verzeild kunt raken.'

Volledigheidshalve vragen we Shygirl uit Finland om een reactie. 'Jullie Nederlanders zijn fucking criminals.' Waarvan akte.

Zijn nog korte carrière in het makelaarswereldje mogen we kortom kleurrijk noemen. Zo sta je als een weekendmiljonair champagne te nippen in Engeland, zo scheer je langs de rafelranden in Sittard of Helsinki. Is na zijn eerste jaren zijn beeld van de makelaardij veranderd?

'Dat kun je wel zeggen. Niet eens zozeer door Finland of Fortuna, maar meer omdat mijn grote respect voor de gevestigde orde is verdwenen. Voor ons new kids on the block zijn de mannen tegen wie we opkeken een beetje door de mand gevallen. Ik heb veel partijen gesproken die hebben samengewerkt met de grote makelaars. Van hun omgang met spelers ben ik geschrokken. Weinig aandacht. Speler niet als prioriteit. Misbruik maken van posities. Commissies verdienen aan meerdere kanten. Ik weet dat grotere makelaars die de markt domineren en monopoliseren steevast in contracten opnemen dat ze naast de commissie van de club ook nog 10 procent van de speler moeten hebben. Onbegrijpelijk in mijn ogen. Makelaars zijn er om spelers te begeleiden, niet om ze rekeningen te sturen. De oude garde doet dat gewoon. Ik heb de contracten gezien, dus ze kunnen het niet ontkennen. Zij vinden het natuurlijk niet prettig dat de jonge generatie zaakwaarnemers dit allemaal gaat uitleggen aan de spelers.'

Barros legt in drie stappen uit hoe een speler wordt benadeeld door zijn eigen zaakwaarnemer.

1

'Clubs werken met vaste budgetten. Als zij een speler willen aantrekken, hebben ze daarvoor een begroting. Daarvan moet alles worden betaald: de transfersom, het tekengeld, het salaris, de makelaar.'

2

'In het voetbal is het zo geregeld dat de makelaarscommissie wordt betaald door de club. Dat is altijd een percentage over het salaris van de speler.'

3

'Stel dat makelaar en club 10 procent afspreken. Dan moet dat percentage passen in het totaalbudget voor de deal. Als je al commissie toucheert die wordt betaald door de club, vind ik het niet gepast dat je de speler datzelfde percentage nog eens factureert.'

'Snap je? Tot nu toe is er bij weinig spelers en ouders het besef dat ze zichzelf tekortdoen. Ze worden niet altijd goed geïnformeerd over de modus operandi in deze wereld.'

In de media komen we de gekste eisen tegen. Manchester United-icoon Alex Ferguson klaagde eens dat makelaars 'een rijke fantasie' hebben en onder meer de aankoop van complete appartementenblokken eisten. Met zulke passages in de kranten is het logisch dat mensen die dromen van een eigen superjacht hun middenklassers nu eerder naar de jeugdvelden sturen dan naar de Primera om een staatslot te kopen. 'Heel veel mensen die bij ons solliciteren denken even makkelijk miljonair te worden, terwijl ze niet eens een cv of een mail kunnen opstellen. Ze hebben geen flauw idee wat er in de markt gebeurt. Het is vaak gewoon lachwekkend. Dit is een markt van eten en gegeten worden. Geen markt van proberen. Clubs wrijven zich in de handen als zulke onervaren figuren opduiken. Die zeggen: "De speler krijgt 100.000 euro minder, maar jij 10.000 meer." Zeg dan maar eens nee als je net in de game komt en bang bent om clubs op hun tenen te trappen.'

Wat denkt Barros als hij leest dat Raiola 49 miljoen krijgt voor een transfer van Pogba?
'Dan denk ik: wat een heerlijk beroep heb ik toch.'

Barros klokt het laatste bodempje koffie weg en kijkt op zijn glimmende horloge. 'Weet je, in veel opzichten is dit een heel rare wereld,' besluit hij. 'Ik heb meegemaakt dat onderhandelingen met een club mislukten. Daarna benaderde de club doodleuk een andere zaakwaarnemer met de vraag of die mijn speler alsnog kon regelen. Heel vreemd allemaal. Maar als je er wat van zegt, word je aangekeken of jij degene bent die gek is. Deze bedrijfstak kan echt wat meer types gebruiken zoals ik; mensen die gewoon zeggen waar het op staat.'

Samenvattend mogen we wel zeggen dat Barros een rolletje heeft in een absurdistisch theater. 'Toevallig heb ik nog een jaartje op de Toneelschool gezeten. Komt uitstekend van pas.'

Binnen vijf jaar verwacht hij van zijn bijrol een hoofdrol te maken. 'Er staan grootse dingen te gebeuren. Wij willen internationaal furore gaan maken. Wij lopen voor op de markt. Welke zaakwaarnemer organiseert wedstrijden en traint elke zondag met jongens die afgeschreven zijn, maar daar zelf niks van willen weten? De komende jaren zullen dit soort formules als paddenstoelen uit de grond gaan schieten. Het is een kwestie van tijd voordat wij het prominentste zaakwaarnemersbureau van Nederland zijn.'

Barros moet door. Hij staat op het punt om iemand van MVV naar de vicekampioen van Bulgarije te brengen. Hij heeft nu 5 profcoaches en 35 spelers onder contract. 'Ik moet er wel bij zeggen dat daar ook de junioren bij zitten. Het is mooi om levens te veranderen. Als je op de tribune over je schouder kijkt en bij een vader of moeder tranen over een wang ziet rollen, komt dat binnen. Al moet ik wel eerlijk zijn. Natuurlijk is het lekker als je een factuur met heel veel nullen kunt opsturen naar een club. Daar word ik ook heel gelukkig van.'

Import- en exportbalans Eredivisie per kalenderjaar

jaar	balans
2012	+ $ 86 miljoen
2013	+ $126 miljoen
2014	+ $136 miljoen
2015	+ $ 44 miljoen
2016	+ $106 miljoen
2017	+ $177 miljoen

(FIFA rekent in Amerikaanse dollar)

17

HET MILJONAIRSMENU

Hoe word je weekendmiljonair? Twintig tips uit het bonnenboek van ons betaald voetbal.

Makelaar: Matias Bunge
Speler: Jesús Corona
Inzake: transfer van FC Twente naar FC Porto
Bonnetje: 6,3 miljoen euro

Bij Corona denken we eerder aan het Mexicaanse biermerk dan aan de Mexicaan van Twente. Zijn acties staan nou niet echt meer op ons netvlies. Van de makelaar hebben we al helemaal nooit gehoord en op internet doet Argentijn Bunge er alles aan om dat vooral zo te houden. Maar duidelijk is wel dat hij profiteert van een gat in de markt: spelersaandelen. De winstkansen zijn een stuk hoger dan met de bitcoin. Dus hebt u wat geld op de plank en baalt u van de lage spaarrente? Koop dan eens een stukje van een voetballer. Bunge wordt in 2013 voor 60 procent eigenaar van Corona, die na een dramatisch eerste seizoen iets beter speelt in het tweede en direct met winst wordt doorverkocht aan FC Porto. Niet Twente loopt binnen, maar mijnheer Bunge. Porto betaalt 10,5 miljoen waarvan 6,3 miljoen naar Bunge moet. Aangezien een andere makelaarsgroep ook nog een nota inlevert van 10 procent, houdt de etalageclub zelf een schamele 30 procent over. Twente probeert nog onder de rekening uit te komen als Bunge opduikt in een drugsnetwerk. Maar de rechter bepaalt dat de Tukkers gewoon moeten betalen aan Boem Boem Bunge.

Makelaars: Rodger Linse en Vlado Lemić
Speler: Erik Edman
Inzake: transfer van SC Heerenveen naar Tottenham Hotspur
Bonnetje: 700.000 euro

Zaakwaarnemen kan echt lucratiever zijn dan spelen. De truc: begeleid geen spelers. Treed gewoon op voor de clubs. Veel makkelijker en winstgevender. Helemaal als je een vriendje hebt in het bestuur. En welke makelaar heeft dat tegenwoordig niet? O ja, en speel vooral geen open kaart tegen de voetballer die je wilt transfereren. In 2005 kan de Zweedse back Erik Edman van Heerenveen naar Tottenham. Al in die periode is het normaal dat clubs grote happen transfergeld moeten afgeven aan externe partijen. Bij een transfer heeft Edman recht op 20 procent. Spurs is geregeld door het duo Linse en Lemić, zij zijn ingehuurd door Heerenveen en hebben in Londen uitstekende banden met de technisch manager. Maar de clubs doen moeilijk. Tottenham wil maar 1,5 miljoen betalen, Heerenveen eist 3 miljoen. De deal dreigt te klappen. Edman wil koste wat kost naar de Premier League en besluit om zijn aandeel – ruim drie ton – dan maar te laten vallen. Tot zijn grote verbijstering hoort Edman achteraf dat Linse en Lemić zeven ton hebben gevangen voor het regelen van de transfer. Een verbeten Edman stapt naar de arbitragecommissie om alsnog zijn deel op te eisen. 'Ik kan dit niet accepteren. Als ik dat doe is het net of ik de commissie van Linse en Lemić uit mijn eigen zak betaal.'

Makelaar: Sports Entertainment Group
Speler: Gérson Magrão
Inzake: weglopen naar andere makelaar
Bonnetje: 300.000 euro

Ook een leuke manier om een zakcentje te verdienen: ga een speler begeleiden en maak van hem een lijfeigene door een managementcontract te sluiten met daarin opgenomen een krankzinnige boete voor het geval hij naar een andere makelaar wil. Dat dit gaat gebeuren, is bijna zeker. Veelal gaan spelers in zee met de eerste de beste middelman die goudenbergenclubs in de aanbieding heeft. Contract of geen contract. De Amsterdamse jeugdvrienden Alex Kroes en Kees Vos hebben dat uitstekend door. Ze komen rond de eeuwwisseling op het strand van Rimini op het idee om een makelaarsbureau te beginnen. De Sports Entertainment Group – kortweg SEG – is geboren en groeit deze eeuw uit tot marktleider in Nederland met ook wielrenners en e-sporters onder contract. In 2006 gaat SEG aan de slag voor de Braziliaanse Feyenoord-miskoop Gérson Magrão. Ze sluiten een tweejarig contract. Magrão moet weg uit Zuid. De makelaars brengen hem onder bij nieuwe clubs, Flamengo wil wel. Goed nieuws voor SEG, dat meteen even 10 procent doorverkoop bij een volgende transfer bedingt. Maar ook bij Flamengo mislukt Magrão weer. En dan gebeurt het voorspelbare: een andere Braziliaan kan Magrão verder helpen. Nieuwe club, nieuwe start. Je gaat toch niet zitten wachten tot je Nederlandse managers iets gaan doen? Magrão hapt meteen. SEG krijgt er lucht van, zwaait met het contract en stapt naar de KNVB. 'Deze boete is weliswaar hoog,' geeft SEG toe, 'maar de partijen zijn dit nu eenmaal overeengekomen.' Hoewel de arbitragecommissie de boete 'buitensporig' noemt, staat de drie ton wel in de contracten en dus moet Magrão betalen. Mogen we even vangen?

Makelaar: Jovica Radonjić
Speler: Miralem Sulejmani
Inzake: transfer van SC Heerenveen naar Ajax
Bonnetje: 1,65 miljoen euro

Vergeet langetermijninvesteringen als groenobligaties of pensioenfondsen. Beleg je geld gewoon in een voetbaltalentje uit een arme familie. Geef wat schoenen, een flatje en een beetje geld. Maar leg wel even vast dat je meeprofiteert bij een toekomstige transfer. Vooral in Zuid-Amerika en de Balkan genieten zo al vele ondernemers op jonge leeftijd van het zwitserlevengevoel. Ajax noteert in 2008 de duurste transfer ooit. Nog altijd is Miralem Sulejmani recordhouder. Heel precies brengt de club naar buiten dat het 16,25 miljoen betaalt voor het Servische mannetje. Alleen wordt de beloning voor meneer de makelaar er even niet bij verteld. Zoals alle clubs dat altijd achterwege laten. Er ontstaat een hele heisa over de procenten. Meneer Radonjić heeft Sulejmani op jonge leeftijd opgepikt en regelde een recht op een kwart van de transfersom en dan is er ook nog gedoe met een Nederlandse collega die moet meedelen. Kortom. Radonjić moet er wel goed uitkomen. Anders gaat de hele deal niet door. De rekening belandt uiteindelijk in de hoofdstad. Zonder blikken of blozen gaat de Amsterdamse directie akkoord met de eisen. In Belgrado ziet een dolgelukkige Radonjić op zijn volgende bankafschrift dat hij zich euromiljonair mag noemen.

Makelaar: Yassine Abdellaoui
Speler: Tom Caluwé
Inzake: bellen met woestijnclub
Bonnetje: 280.000 euro

Dit is een prima manier voor de wat lui aangelegde mensen die toch zaakwaarnemersaspiraties hebben. Je hebt contacten in een bepaalde streek, je kent de salarissen, je vraagt welk type speler ze zoeken en vervolgens benader je een naïeve, op geld beluste voetballer die aan het profiel voldoet om voor hem te gaan zoeken. Hem laat je een mandaat tekenen. In dat mandaat timmer je vervolgens vooraf al een megacommissie dicht. Zo kunnen een paar telefoontjes en mailtjes al een ticket naar het paradijs zijn. In 2009 tuint de Belg Tom Caluwé erin. Caluwé speelt jarenlang bij FC Utrecht en wil op zijn dertigste weleens cashen. Hij tekent een volmacht bij ene Melouane uit Marrakesh en Yassine Abdellaoui, die u wellicht nog kent als het enfant terrible die ooit een auto in het spelershome van NAC parkeerde. Of van de rechtszaken waarin hij werd vrijgesproken van het witwassen van 2,3 miljoen euro en heling van xtc-geld. Ze hebben goede contacten in het Midden-Oosten en kunnen wel clubs regelen. Caluwé tekent ervoor dat elke euro boven de 420.000 loon naar de twee makelaars gaat. Gezien de gemiddelde woestijnsalarissen is dat een uitstekende deal voor de twee agenten. Uiteindelijk belandt Caluwé in Qatar en gaat hij zeven ton verdienen. Natuurlijk ontstaat er dan ruzie. Volgens de Belg hebben Abdellaoui en co niets geregeld, hij neemt een andere makelaar mee voor het afsluiten van de contracten. Het tweetal beweert dat het bij elkaar brengen van twee lijntjes allemaal aan hen te danken is en dat ze hoge reis- en verblijfkosten hebben gemaakt. Of ze wel even het verschil tussen 420.000 en 700.000 kunnen ontvangen. Binnen drie maanden betalen graag.

Makelaar: World Soccer Consult
Speler: Niklas Moisander
Inzake: verlopen doorverkoopafspraak
Bonnetje: 350.000 euro

Je kunt het altijd proberen natuurlijk. Als een speler allang bij je is weggelopen, toch de hoofdprijs vragen. Brutaliteit en terriërgedrag zijn prima eigenschappen die de kans op de status van weekendmiljonair flink vergroten. World Soccer Consult zou je er niet eens direct mee associëren. Het Overijsselse bureau is alom gewaardeerd en draait al decennia mee in Nederland. Met Henk van Ginkel als roerganger en ex-keepers Henk Timmer en Sander Westerveld als jonge honden in het veld. Jongens van de gestampte pot uit het oosten van het land. Opgericht door wijlen Ton van Dalen, een van de vele voormalige sportjournalisten die de overstap maakte naar de spelersmakelaardij. In 2008 brengen ze Niklas Moisander van Zwolle naar Alkmaar. AZ betaalt een reguliere commissie van 50 mille voor het eerste jaar, maar ook wordt er alvast een voorschot genomen op de jackpot. Technisch directeur Marcel Brands geeft de makelaars 10 procent van een toekomstige verkoopwinst. Met Brands is het fijn zakendoen, want als Moisander een jaar later verlengt, wordt de makelaars nog eens 110.000 euro commissie voor twee jaar in het vooruitzicht gesteld. Maar dan gaat het mis. Nadat de eerste 55.000 euro is betaald, stapt Moisander over naar een andere zaakwaarnemer. En jawel hoor, vervolgens gaat de Fin voor miljoenen naar Ajax. Zul je altijd zien. World Soccer Consult heeft met deze transfer niets te maken, maar beschikt wel over een doorverkoopcontract. Een geschatte transferwinst van 3,5 miljoen, een commissie van 10 procent, even rekenen… dat is dan 350.000 euro. Er ontstaat een vinnige juridische strijd tussen de AZ-directie en de makelaars laten zelfs beslag leggen bij de Alkmaarders die balen van de advocatenkosten waarmee ze nu worden geconfronteerd. AZ zou niet de eerste club zijn die gewoon maar wat overmaakt om van het gezeur af te zijn, maar de directie houdt voet bij stuk. Uiteindelijk moet de rechter eraan te pas komen om te oordelen dat AZ niets verschuldigd is. Maar leuk geprobeerd was het natuurlijk wel.

Makelaar: Jovica Radonjić
Speler: Filip Djuričić
Inzake: transfer van Radnički Obrenovac naar SC Heerenveen
Bonnetje: 1,5 miljoen euro

Ah. Daar hebben we Radonjić weer. De man achter Sulejmani. Hij heeft alweer een heel effectieve methode gevonden. Makelaar Radonjić wordt namelijk technisch directeur van een Servische lagere divisieclub. Mooie duojob. Hij transfereert het talent Djuričić naar Heerenveen. De Cruijff van de Balkan wordt hij genoemd. De Friezen betalen een mooie 1,8 miljoen euro en troeven Ajax en Manchester United af. Veel geld voor een zeventienjarige van Radnički Obrenovac dat niet eens in de hoogste klasse speelt. Het wordt nog vreemder als de betrokkenen vertellen dat Djuričić voor een opleidingsvergoeding van 300.000 euro kon worden overgenomen. Wat is er dan met de andere 1,5 miljoen gebeurd? Eh, ja. Daar kunnen we alleen maar naar gissen natuurlijk.

Makelaar: Zoran Pavlović
Speler: Filip Kostić
Inzake: transfer van FK Radnički naar FC Groningen
Bonnetje: 550.000 euro

Een belangrijke tip voor aanstormende zaakwaarnemers: communiceer nooit openlijk over transferprijzen. Met alle strijkstoktonnen kan dat finaal verkeerd aflopen. Zoran Pavlović belandt zelfs even in de gevangenis als hij Filip Kostić naar Groningen heeft getransfereerd. Die enthousiaste Nederlanders waren op het domme idee gekomen om wat lichten aan te steken in de donkere steegjes van de spelersmarkt. De directie van de FC communiceert als eerste in de Eredivisie keurig over de transfersommen. Er volgen volop complimenten. Eindelijk een club die gewoon vertelt hoe het echt zit. Maar heel lang duurt de transparantie niet. De openheid van zaken komt ze al snel duur te staan als ze in zee gaan met de Servische declaratiekoning Pavlović. Monter melden de Groningers dat ze 1,25 miljoen overhebben voor Kostić. Tweeduizend kilometer zuidelijker beent de technisch directeur van de verkopende club scheldend door de catacomben, omdat twee clubfunctionarissen en Pavlović akkoord zijn gegaan met 700.000 euro. Als hij het persbericht van Groningen onder ogen krijgt, beseft hij dat er 550.000 euro kwijt is. Zo makkelijk kan het dus zijn om een half miljoen weg te moffelen. Voorwaarde is natuurlijk wel dat iedereen zwijgt. Woedend meldt de club op de website dat de transfer maar zeven ton is en de recherche start een onderzoek omdat wordt vermoed dat de rest in de diepe zakken van Pavlović is verdwenen.

Makelaar: Zoran Pavlović
Speler: Dušan Tadić
Inzake: afsluiten contract en later transfer van FC Twente naar Southampton
Bonnetje: 4,2 miljoen euro

Richt u zich vooral niet te veel op het begeleiden van de speler. Veel lucratiever is het regelen van een transfer, waarbij u bij voorkeur optreedt voor de kopende en verkopende partij. Zoran Pavlović – inmiddels weer op vrije voeten – krijgt dat voor elkaar. Hij brengt Dušan Tadić naar FC Twente, maar dat doet hij niet eens zozeer voor de commissie van 300.000 euro per seizoen. Nee. Het gaat veel meer over de 15 procent doorverkoop. Vervolgens zoekt hij een club. Southampton wil hem kopen. Daar presenteert Pavlović zich tevens als aankoopmakelaar die het als enige allemaal kan regelen. Ook daar bedingt hij 15 procent. Pavlović heeft nu drie petten op: begeleider speler, aankoopmakelaar, verkoopmakelaar. Als Tadić na twee jaar vertrekt (en dus 600.000 euro commissie later) declareert hij aan twee kanten een transferaandeel van 1,8 miljoen. Alles bij elkaar opgeteld komt zijn gage zo uit op 4,2 miljoen. Zoveel kanten tegelijk vertegenwoordigen is bovendien een mooie verzekering indien een van de partijen met geldproblemen kampt en de rekeningen niet meer kan betalen. Dat gebeurt in dit geval. Pavlović krijgt uit Enschede niet alles overgemaakt. Als Twente bijna failliet is, zet de club een streep door de laatste 1,1 miljoen.

Makelaar: Erkan Alkan
Speler: Terence Kongolo
Inzake: niet gedane transfer voor weggelopen speler
Bonnetje: 4,55 miljoen euro

Een reconstructie vond u al eerder in dit boek. Belangrijkste les: sluit altijd twee contracten, waarbij je alleen het eerste standaardverhaal naar de KNVB stuurt. Het tweede precaire (wurg)contract waarbij je de speler aan alle kanten vasttimmert, stop je in de eigen kluis. Dan kun je in het geval hij wegloopt en een transfer maakt altijd nog kijken of er ergens een paar miljoen uit de lucht komt vallen.

Makelaar: Fair Deal Sportsmanagement
Speler: Ola John
Inzake: transfer van FC Twente naar Benfica
Bonnetje: 450.000 euro

Jezelf op de juiste manier positioneren in de media kan veel goodwill opleveren. Dat doet Fair Deal Sportsmanagement. Of beter: Stichting Fair Deal Sportsmanagement. Ze zijn geen bv en halen de landelijke media met het verhaal dat ze het eerste makelaarskantoor zijn zonder winstoogmerk. FDS is het antwoord op 'de misstanden in de voetballerij'. Twee gelouterde journalisten met een onberispelijk imago gaan het kantoor adviseren. Investeren in een medianetwerk blijkt een prima methode. Er ontstaat een positieve vibe en veel spelers kiezen voor het bureau met een paar jonge, aimabele makelaarshonden. In 2012 gaat het echter helemaal mis tussen de zaakwaarnemers die alle contacten met de spelers onderhouden en eigenaar Klaus Vink, bekend als advocaat van sekshuis Yab Yum en jarenlang voorzitter van de businessclub van Ajax. Het knalt binnen de muren van het monumentale pand aan het Museumplein. De collega's belanden zelfs voor de rechter waar het vooral gaat over portefeuilles, back-ups van computerbestanden en keiharde euro's. Een grimmige strijd volgt. Wie mag welke spelers en het geld houden? In de uitspraak lezen we:

'Betreffende Ola John behoudt Fair Deal Sportsmanagement het volledige van FC Twente te ontvangen bedrag van 450.000 euro.'

Zo, dat is nog eens een fair deal! Tussen haakjes achter het bedrag staat ook nog:

'Heeft VINK bedongen. Niemand anders. Is dus sigaar uit eigen doos.'

Makelaar: Marcell Ham
Spelers: Alexander Büttner, Marco van Ginkel, Wilfried Bony
Inzake: niet nader omschreven advieswerk
Bonnetje: 6,34 miljoen euro

Dit werkt altijd prima. Gewoon je naar binnen werken bij een paar clubbazen die alle transfers regelen. Voormalig donutverkoper Marcell Ham slaagt daarin en wordt in 2010 zomaar commissaris van Vitesse. 'Een succesvolle ondernemer en zelfstandig investeerder' laten de Arnhemmers weten via een persbericht. Handige Hammie is tussenpersoon bij de verkoop van Vitesse aan Merab Jordania en sluit een week later met de Georgiër en zijn rechterhand uit Duitsland een contract waarin staat dat hij flinke percentages krijgt van spelersverkopen. Als de zongebruinde zakenman zeven maanden later alweer weg moet en uiteindelijk ook zijn kompanen sneuvelen, worden bij de rechter een paar declaraties neergelegd voor verkochte topspelers. Ham eist 6,3 miljoen euro voor zijn bedrijf dat – hoe toevallig – luistert naar de naam Georgia Holland Germany. Naar eigen zeggen heeft hij veel betekend voor Vitesse. De Arnhemmers noemen hem 'een rupsje nooitgenoeg' die al aanzienlijk is beloond en helaas voor Ham is de rechter het daarmee eens.

Makelaar: Rob Jansen
Speler: Tim Hölscher
Inzake: commissie voor afsluiten contract
Bonnetje: 400.000 euro

Stelt u zich vooral niet te bescheiden op. Nee heb je, ja kun je krijgen. Zet hoog in en schaamt u zich niet om forse commissies te vragen voor modale spelers. Neem een voorbeeld aan meestermakelaar Rob Jansen van kantoor Wasserman. In 2016 krijgt hij ruzie met FC Twente en voor de rechter passeren allerlei facturen de revue, waaronder die van Tim Hölscher. Tim wie? Inderdaad. Een Duitser die achteraf te licht blijkt voor de Eredivisie en vooral in de lagere divisies draaft. In mailwisselingen komt naar voren dat Jansen in 2013 na het afsluiten van een vierjarig contract een half miljoen commissie eist. Twente zegt standaard 7 procent over het salaris van de speler te betalen en in speciale gevallen 10 procent. 'De door jou gewenste 500.000 euro komt neer op 23,5 procent over de vaste vier jaar van zijn contract,' schrijft vleesmagnaat annex clubbestuurder Aldo van der Laan. FC Twente betaalt uiteindelijk vier ton, maar stelt later in een bredere ruzie over allerlei facturen dat dit te veel is geweest, omdat op papier maar 320.000 euro is geboden. 'Dit is erg vervelend aangezien deze info ook naar de KNVB en de UEFA gaat,' schrijft de balende clubdirecteur in een mail. Jansen krijgt gelijk. De vier ton is rechtmatig. Waarmee hij dus een mooie commissie van 19 procent binnensleepte, bijna drie keer de standaardregeling van Twente. Ter relativering moeten we er wel even bij vermelden dat in deze zaak tevens blijkt dat Jansen over keeper Nick Marsman een bescheiden commissie toucheert van 7,5 procent, wat neerkomt op een kleine ton in drie seizoenen.

Makelaar: Sigi Lens
Speler: Mounir El Hamdaoui
Inzake: contractontbinding
Bonnetje: 600.000 euro

De verdienmodellen zijn legio, maar een van de mooiste rekeningen die je kunt sturen is toch wel die voor het verscheuren van een contract. Wie de speler onder controle heeft, kan daar veel geld mee verdienen. Zo blijkt in 2012 als een rel uitbreekt bij Ajax. Mounir El Hamdaoui is teruggezet naar Jong Ajax. Gelukkig voor alle partijen is er interesse uit de Serie A. Fiorentina wil hem kopen. Maar zijn makelaar komt niet zomaar in beweging. Ajax moet eerst even 900.000 euro aan de speler betalen en 600.000 euro aan Lens. Dan is hij eventueel wel bereid om eens over medewerking te gaan nadenken. Eerder wordt er niet geklust aan een transfer. Het zijn een soort voorrijkosten voordat de makelaar aan de slag gaat. El Hamdaoui speelt het spel mee. De Amsterdamse directie is ziedend en gooit het hele verhaal naar buiten. Tot woede van Lens die het hele verhaal ontkent en Ajax 'een amateuristische bende' noemt. De directeur van Ajax vermeldt dat El Hamdaoui en Lens al snel zakken naar respectievelijk 500.000 en 250.000 euro. Gewoon vertrekgeld vragen werkt wel, want Ajax biedt voor de speler twee ton en de makelaar één ton. Let wel: om van het tweetal af te komen. Ze zullen erna niet naar het UWV hoeven, want in deze wereld lijkt het nogal onwaarschijnlijk dat de nieuwe club Fiorentina geen prachtig salaris en commissie zal gaan betalen. Uiteindelijk loopt de bonje totaal uit de hand. De transfer ketst af. Pas een half seizoen later vertrekt El Hamdaoui alsnog naar Florence.

Makelaar: Peter Gerards
Speler: Gastón Pereiro
Inzake: transfer van Club Nacional naar PSV
Bonnetje: 2 miljoen euro

Een beproefde methode om een grote speler te worden in de makelaarswereld: solliciteer bij de spelersvakbond, doe ervaring op met het opstellen van contracten, win het vertrouwen van voetballers, leer de clubfunctionarissen kennen, zet in de baas zijn tijd alvast je eigen toko op, breek los en neem vervolgens zo veel mogelijk spelers mee van de vakbond. Succes verzekerd. Rob Jansen, Mino Raiola, Sigi Lens. Ze werkten allemaal bij FNV-bolwerk VVCS voordat ze toonaangevend werden in de markt. Minder bekend is voormalig keeper Peter Gerards. Hij legde dezelfde route af, heeft een neusje voor zesnullendeals en verschijnt vaak als tussenman bij Zuid-Amerikaanse transfers. Dankzij Football Leaks en de onthullingen in het *NRC* weten we dat PSV hem 2 miljoen euro betaalde voor de transfer van Pereiro.

Makelaar: Mino Raiola
Speler: Héctor Moreno
Inzake: transfer van Espanyol naar PSV
Bonnetje: 1,4 miljoen euro

Voetbal globaliseert. Talenkennis is dus altijd handig. Mino begon ooit als tolk bij de VVCS. Met zijn vlotte babbel en vloeiende vertalingen legde hij de basis voor zijn imperium. Als enige binnen de bond beheerste hij Italiaans en in de Serie A was na het tijdperk met Gullit,

Rijkaard en Van Basten best wat vraag naar Nederlandse spelers. Andersom nodigde hij zijn Italiaanse netwerk uit in de Eredivisie. Zo rolde hij het wereldje in. Een talencursus lijkt dus een prima verjaardagscadeau voor aspirant-makelaars die dromen van een carrière in de skyboxen. Gezien het zwaartepunt van de markt liggen Spaans, Portugees en Italiaans voor de hand. Het bonnetje voor Moreno – ook deze Football Leaks-kwitantie verscheen in het *NRC* – is vandaag de dag natuurlijk slechts wisselgeld voor Raiola die de wereldpers haalde met zijn Pogba-factuur van 49 miljoen euro.

Makelaar: World Soccer Consult
Speler: Cas Peters
Inzake: spooktransfer
Bonnetje: 100.000 euro

Wist u dat er zelfs te verdienen valt aan transfers die helemaal niet doorgaan? Het is echt niet nodig om met honderd andere goudjagers bij Ajax langs de lijn te gaan staan. Zelfs met een eerstedivisiespeler die niet wordt verkocht kun je een halve eengezinswoning verdienen in de wondere voetbalwereld. Cas Peters is speler van Emmen. In 2015 is hij dicht bij een spectaculaire overstap vanuit de Nederlandse eerste divisie naar Nacional in de Portugese eredivisie. Hij kan voor maar liefst vier jaar tekenen. Hij verhuist, maar dan gebeurt er iets vreemds. Al na een maand stuurt de club hem naar huis. In de krant verschijnt een bericht dat de Portugezen hun financiële verplichtingen niet nakomen. Zijn makelaars van World Soccer Consult spannen een procedure aan bij het sporttribunaal in Zwitserland. Hoewel de transfer nooit plaatsvond, hebben ze wel allerlei kosten gemaakt. Ze worden in het gelijk gesteld en stellen zo alsnog een ton commissie veilig. Vervolgens komt er een tweede makelaar in het spel. Dankzij zijn goede contacten bij de club uit Madeira waren de besprekingen tot stand gebracht. Uiteindelijk zou

World Soccer Consult hem daarvoor belonen met 40.000 euro. Hij sleept het Nederlandse bedrijf voor de rechter en zo komt het hele verhaal uit. Aangezien er nu toch is betaald voor de spooktransfer, wil ook de tussenpersoon zijn geld. Terwijl de makelaars knokken om de poet, speelt de spits gewoon weer in Emmen.

Makelaar: Rob Jansen
Speler: Kamohelo Mokotjo
Inzake: lumpsum afsluiten contract
Bonnetje: 600.000 euro

Heb je een speler? En een club wil hem hebben? Vergeet dan vooral niet om meerdere verdienmodellen af te sluiten. Regel naast de reguliere commissie ook alvast een percentage bij doorverkoop en het liefst ook een bedrag ineens dat direct kan worden gedeclareerd. Een zogenoemde lumpsum. We zien zo'n voorbeeld in Enschede waar de Zuid-Afrikaan Mokotjo in 2014 besluit te gaan spelen. Het gaat om een nationale transfer. Hij komt over van het zeventig kilometer verderop gelegen PEC Zwolle. In contract Mokotjo 1 staat dat Twente zes ton commissie betaalt aan Wasserman waar Rob Jansen zijn zaken behartigt. Exclusief btw uiteraard. Een lumpsum voor het pakket aan diensten. Op diezelfde dag wordt contract Mokotjo 2 getekend. Daarin staat 10 procent commissie over het salaris en 10 procent doorverkoop. Er ontstaat later totale verwarring over de kluwen aan beloningen. Zelfs de financiële mensen van Twente lijken er niets meer van te snappen. Treffend is de mail die het hoofd Administratie ontvangt van financieel manager Gert-Jan Nijweide die hem schrijft:

'Was mij volledig onbekend en daarmee komt de investering Mokotjo dus op 2,1 mio? Agent heeft dus 10% per jaar over het salaris, 10% bij doorverkoop en 600.000?'

Over de declaraties ontstaat onenigheid en er komt een sms- en mailwisseling op gang tussen Nijweide en Theo Booms, de financieel manager van Wasserman.

– Gert-Jan, denk jij nog aan de beloofde betalingen. Gr. Theo

– Dag Theo, ik rijd nu terug uit Italië en ben vrijdag op kantoor en zal zorgen dat er dan betaald wordt. Gr. GJ.

– Gert-Jan, denk jij nog aan de beloofde betalingen. Gr. Theo

– Ga morgen €100.000,00 overmaken. GJ

– Ok, thanks, ook nog wat naar Golin? Zit steeds achter mij aan.

– Ja, zeker 25k.

Twente gooit alles op straat en zo komt in artikel 21.1 van het spelerscontract ook een handige tip naar voren mocht u ooit zelf contracten gaan afsluiten: de zes ton lumpsum die de club volgens contract 1 aan Wasserman moet betalen, gaat af van de 20 procent doorverkoop waar Mokotjo recht op heeft.

Makelaar: Hans Werdekker
Trainer: Gerard van der Lem
Inzake: etentje regelen met tussenpersoon
Bonnetje: 400.000 dollar

'Ze willen niet alleen je geld, maar ook je bloed.' Was getekend, voetbalcoach Gerard van der Lem. Het is geen wereld voor softies. Niet als je leuk wilt verdienen tenminste. Raak je niet in de war van juridische guerrilla's en deins je er niet voor terug om anderen het leven zuur te maken, dan ben je misschien wel geknipt voor het vak. In 2002 neemt voormalig Ajacied Hans Werdekker contact op met coach Van der Lem. Hij is nu makelaar en heeft goede contacten met het bedrijf Paramount, een firma die sponsors regelt voor de voetbalbond van Saoedi-Arabië. Van der Lem kan misschien wel bondscoach worden. Het loopt allemaal op niks uit. Er is geen vacature. Dat verandert als de Arabieren een belachelijke 8-0-nederlaag lijden op het WK tegen Duitsland. Een makelaar uit Dubai belt hem op. Van der Lem kan toch komen. Werdekker doet de zaak zelf niet, maar krijgt er lucht van en stuurt contracten. Of Van der Lem die even wil tekenen. De coach zet zijn handtekening zodat Werdekker ook wat kan verdienen. Nederlanders onder elkaar. Hij gaat zelf 480.000 dollar per jaar opstrijken en zijn drie assistenten samen 520.000 dollar. Ze maken 72.000 dollar over naar de man uit Dubai die het contact heeft gelegd. Een leuk honorarium dat de telefoonkosten ongetwijfeld zal dekken. Werdekker en zijn compagnon, volgens Van der Lem 'een Palestijn die kantoor houdt in Londen', staan echter met lege handen. Ze krijgen niks in Saoedi-Arabië en gaan dan maar achter Van der Lem zelf aan die negen jaar na zijn aanstelling in rechtbanken moet verschijnen over tonnen makelaarsgeld. Tot zijn verbijstering moet hij van de rechter nog veertig mille aftikken ook. 'Ze hebben helemaal niet voor mij gewerkt. Hun enige werk was mij benaderen voor een functie waarvan binnen een dag duidelijk was dat die niet zou doorgaan.'

Makelaar: Rob Jansen
Speler: geen
Inzake: adviseren FC Twente
Bonnetje: 932.000 euro

Er zijn vele manieren om een makelaar te betalen. Maar de mooiste manier bewaren we voor het laatst: het consultancycontract. Ze verschijnen in geen enkel transfersysteem van de FIFA. Zelden komen ze uit. Maar in het geval van FC Twente en Wasserman/Jansen wel. Als er een felle strijd ontstaat over Mokotjo en Hölscher willen de Tukkers ineens hun consultancygeld terug. In 2011 is met de makelaar voor 632.000 euro een jaarcontract afgesloten voor commerciële diensten op non-exclusieve basis. Het contract werd in 2012 met een halfjaar verlengd en daarvoor betaalde FC Twente nog eens drie ton. Jaren later beweren de clubmensen tijdens de hoogoplopende geldbonje dat Wasserman voor al dat geld geen zichtbare werkzaamheden heeft verricht. Geen heel sterk verhaal van FC Twente, want de rekeningen zijn jaren geleden al betaald. De vraag is vooral: waarom sluiten clubs deze contracten? Mocht u de markt betreden, zoek dan vooral naar ambitieuze subtopclubs met trotse voorzitters die de top willen aanvallen. Die gaan in de regel het verst om een speler binnen te halen en makelaars te behagen. Verblind door het uitzicht op een cup kijken ze niet op een nulletje meer of minder. Dat is in makelaarsluilekkerland Enschede in elk geval wel gebleken. Elders in Europa zijn er natuurlijk nog genoeg andere FC Twentes die ook naar de Champions League willen.

Dit consult was overigens volledig voor niets.

18

DEADLINE DAY

Helikopters met spelers die boven Londen cirkelen, clubdelegaties die woedend staan te bellen op Schiphol waar de aankoop niet is komen opdagen, journalisten die op parkeerplaatsen verwilderd geblindeerde sportwagens aanhouden. Het is weer 31 augustus.

Deadline Day. Tot middernacht mag er gehandeld worden in Nederland. Daarna verplaatst het circus zich naar landen met andere openingstijden. Iedere handelaar weet dat bij het scheiden van de markt de beste zaken gedaan kunnen worden. Alsof het laatste nummer in een jongerensoos wordt gedraaid en de hormonen het in de schemering van het verstand winnen. Als er een avond in het jaar is dat je zomaar miljonair kunt worden, is het wel op Deadline Day. Dat weet iedere spelersmanager. Hoewel de markt 83 dagen is geopend, hebben clubs en makelaars nu eenmaal de gewoonte om te wachten tot het laatste etmaal. Opgeladen smartphones verplicht. Vorig jaar rommelden de heren in Nederland er nog even tachtig transfers door in de laatste 24 uur. Niet slecht voor een land met dik dertig betaaldvoetbalclubs.

Vandaag zijn we weer te gast in de controlekamers van de voetbalbond in Zeist. De registratie gaat onverminderd door. Een transfer is pas een transfer als beide clubs dat aan de bond gemeld hebben. Inclusief bedragen. Officiële bedragen dan. Bij bericht van beide clubs is het een deal. Vaak blijken er later nog wat andere afspraken niet gemeld te zijn, maar goed. Het is al heel wat dat we in Nederland de binnenlandse transfers monitoren. De twee dames achter de knoppen gaan vanavond over miljoenen. *Ping*. Weer een bevestiging, ditmaal uit Heerenveen. 'Van Bergen is oké.' Het talent van Vitesse mag weg. De teller op de computerschermen staat om zeven uur al ver boven de 600 transfers. Je hoeft geen wiskunde gestudeerd te hebben om uit te rekenen dat het neerkomt op 20 transfers per club. Waar zijn de tijden dat je soms jaren met een elftalposter kon doen? De laatste jaren steeg het aantal internationale transfers wereldwijd door tot boven de 15.000. Telefoons rinkelen onophoudelijk en continu springen nieuwe e-mails in de schermen. 'Het is weer raak bij Den Bosch,' klinkt het staccato. Dat is geen verrassing aangezien de Brabanders net zijn overgenomen door een Georgische handelaar uit Rusland. Dan weet je het wel. Bam. Daar is Sittard alweer. Ook overgenomen, maar dan door een Turkse eigenaar. Aan de overkant van het bureau wordt gereageerd met 'Telstar uit geshopt'. In de schermen tikt een klok terug. Nog 4 uur en 20 minuten te gaan. Op de mobieltjes naast de laptops staat de app van *VI* open. Op 31 augustus en 31 januari staan daar de servers op de redactie in Utrecht al jaren bijna op ontploffen. Dik twee miljoen paginaweergaven is heel normaal op een dag, net als 50.000 mensen die willen zien wat er in een bericht staat met als kop BÜTTNER NIET NAAR PSV.

Twee weken geleden hadden we al een kostelijke avond. Toen sloot de markt in Engeland. Met goede wijn en een plankje vol kazen was het lachen, gieren, brullen. Laten we wel wezen. Nederland is natuurlijk niet meer dan de visvijver van visclub De Hengelaar, waar het handjevol leden in een roeibootje ronddobbert. Bijvangst is niet eens het woord. Aan de andere kant van de Noordzee wordt er met dynamiet gevist door de grote consortia. Vrijwel alle clubs zijn daar overgenomen door buitenlandse eigenaars die doorgaans nauw samenwerken met hun eigen handelshuizen. Oliedollars, Russische roebels, Thaise baht. De gokindustrie scoort dankzij de inzetten op transfers, sportzenders scoren kijkcijfers die Veronica hier zelfs niet haalt als Ajax of PSV een Champions Leaguewedstrijd spelen. Bij ESPN en Sky Sports heb je het idee dat er een referendum over de Brexit gaande is, zoveel aandacht is er voor de laatste transferdag. Middels avondvullende liveshows worden de kijkers van minuut tot minuut geïnformeerd. Onderin een doorlopende balk met de laatste geruchten. Rechts een balk met de laatste transfers. In het overgebleven stukje scherm drie mannen die analyseren en elke drie minuten worden onderbroken door breaking news.

'We gaan naar Hull, Harry, was dat nou een pakketje dat daar werd afgeleverd?'

De mannen kijken vanuit de studio alsof Harry elk moment de Engelse vlag op de maan gaat planten. Harry trekt een gewichtig gezicht.

'Absoluut. Daar werd een pakje afgegeven bij het hoofdkantoor. Dat kan natuurlijk niets betekenen, maar op een dag als vandaag moet je overal rekening mee houden. We zagen net toevallig ook de clubfotograaf arriveren. Zodra we meer weten, melden we ons weer.'

'Dank je, Harry. Heren, het is duidelijk onrustig in Hull... Hooo, ik hoor in mijn oor dat we naar Liverpool gaan. Daar schijnen lampen te branden.'

Van Newcastle tot Southampton bivakkeren journalisten en camerateams permanent voor slagbomen en op parkeerplaatsen. Presentatoren zeggen 'Happy Deadline Day' en een digitale klok tikt terug naar nul. Als ergens een enorme geblindeerde jeep wordt gesignaleerd met een sterspeler achter de getinte ruiten, schakelen de regisseurs onmiddellijk over naar rennende cameramensen en verschijnt de betreffende plek live in beeld. 'Niets in de lucht te zien?' vraagt de studiohost regelmatig. Want sinds Fernando Torres ooit last minute per helikopter bij Chelsea werd afgezet, kan het transfernieuws nu van alle kanten komen.

In Nederland begon de transfermarkt echt te leven toen het in de jaren negentig steeds meer begon te gaan om munten in plaats van punten. Feyenoord en Ajax kregen knallende ruzie over een negentienjarige Costa Ricaan. De delegaties van beide clubs gingen elkaar bijna te lijf toen ze doorkregen dat ze dezelfde speler kwamen ophalen. De Amsterdammers speelden een thuiswedstrijd op Schiphol en wachtten vervolgens slim al bij de loopbrug en moffelden de verbaasde jongen snel weg via een achteruitgang. Hij had nog net geen zak over zijn hoofd. Afgevaardigden van Feyenoord, die ook tot achter de linies van de douane waren doorgedrongen, hadden het nakijken. De Amsterdammers werden beschuldigd van 'ontvoering' en om het nog ingewikkelder te maken liepen er makelaars om de jongen heen die met valse contracten schermden. 'Het zijn haaien die de jongen voor zichzelf willen hebben,' zei de echte zaakwaarnemer emotioneel. Feyenoord achterhaalde de verblijfplaats van het talent, snelde naar het Holiday Inn in Amsterdam en betaalde bij de balie vlug de hotelrekening van de Costa Ricanen, die vervolgens meekwamen naar Rotterdam. Het leek wel een actiefilm over twee bendes. Uiteindelijk koos het talent voor de hoogste bieder Ajax. Froylán Ledezma heette die speler trouwens. Inderdaad, nooit meer wat van gehoord. Het laatste wat we over hem vinden is dat hij in Costa Rica gearresteerd werd vanwege betrokkenheid bij een schietpartij.

En nu we het toch over Costa Rica hebben, rollen de eerste anekdotes alweer door de ruimte. Sterspeler Bryan Ruiz van FC Twente stond op het punt bij Fulham te tekenen, maar toen dat nieuws uitlekte, steeg er

in Newcastle in allerijl een helikopter op in een poging hem naar Noord-Engeland te vliegen. Zenuwachtige clubbestuurders in Enschede onderhielden in de laatste uren van de markt een hotline met de KNVB waar ook in spanning werd afgewacht waar Ruiz uiteindelijk zou gaan landen. De medewerker van de bond zat minutenlang met zijn vinger boven de enterknop. Tot grote vreugde van alles en iedereen bij Fulham stuurde Ruiz de helikopter leeg terug naar Newcastle. Gelukkig wist hij bij de perspresentatie nog waar hij was beland, want zelfs dat is geen vanzelfsprekendheid meer. We grinniken al als we de naam Robinho horen. Nadat een sjeik na een replica van het Louvre de club Manchester City had gekocht, haalde hij de Braziliaanse superster binnen. Die wist op 1 september na alle onderhandelingen met verschillende clubs zelf niet meer waar hij uiteindelijk verzeild was geraakt. Zijn presentatie haalde de eigen website niet. 'Chelsea deed me een geweldig aanbod op de laatste dag, dat heb ik geaccepteerd.' Even is het doodstil in de persruimte, dan vraagt iemand het toch maar:
'Eh… was het niet Manchester City?'
'Ja. Manchester. Sorry!'

Intussen is het negen uur. Nog drie uur te gaan. Emmen begint aan de tweede helft van een wedstrijd in de Eredivisie, maar toch komt het bericht dat de bond stand-by moet blijven, want ze zijn daar tussen het voetballen door nog volop bezig met een transfer. Ook Utrecht is nog druk in de weer, op een lijnvlucht vanuit Parijs schijnt een aankoop te zitten. In Den Bosch, in juli nog bijna failliet, doen de Russen en Georgiërs er intussen alles aan om het aantal aankopen nog van negen naar een heel elftal te tillen.

Terwijl we wachten op de laatste transfers komen we op de Nigeriaan Peter Odemwingie, een echte deadlinelegende. In de middag van 31 augustus nam hij afscheid van zijn ploeggenoten bij West Bromwich Albion, sprong in zijn sportwagen en reed plankgas van Birmingham naar Londen. Aangekomen bij het stadion van QPR zette de enthousiaste Nigeriaan handtekeningen bij verbouwereerde fans, ging hij met supporters op de foto en stond hij vol vertrouwen een cameraploeg van Sky Sports te woord. 'Klaar voor een nieuw hoofdstuk.' Terwijl de eerste felicitaties in het scherm van zijn smartphone sprongen, bleek echter dat QPR hem totaal niet had gekocht. Gedesillusioneerd reed Odemwingie terug naar Birmingham waar woedende clubdirecteuren en fans hem stonden op te wachten. Onderweg in zijn sportbolide draaide hij het liedje 'Lonely' van Akon. 'Ik lachte en huilde tegelijkertijd.' Tegenwoordig is Odemwingie een veelgevraagde studiogast om op Deadline Day nog eens zijn anekdote te vertellen.

Zo is er altijd wel een verhaal bij het sluiten van de markt, die overzichtelijk is als een Turkse bazaar. Tot in de kleine uurtjes analyseren *talking heads* de transferbewegingen. Bij de NOS wordt Daniël de Ridder gevraagd naar de komst van Vurnon Anita naar Willem II. 'O, echt waar? Dat wist ik helemaal niet.' Het is hem vergeven, de transfers vliegen ons vandaag om de oren. Maar zo mooi als bij de Engelsen is het hier nog niet. Op grote schermen houden ze daar de tussenstand bij in betaalde ponden alsof het geen obscene geldsmijterij betreft, maar een inzamelingsactie na een aardbeving. Manchester City tikt bij het tienjarige jubileum van de eigenaar uit Abu Dhabi opgeteld de 1,6 miljard euro aan. Op social media rekent een enkele kritische volger voor hoeveel Afrikaanse kinderen met dat geld gered hadden kunnen worden van een hongerdood. Vlak voor de deadline verschijnt de Big Ben in beeld. Als die eenmaal heeft geslagen, onthult de anchorman een nieuw uitgavenrecord.

Achter de schermen bij de KNVB zien we heel wat minder glitter en glamour. Hier worden de bedragen niet bijgehouden op grote videoschermen, maar in het Transfer Matching System, kortweg TMS. Het computersysteem van de FIFA. Eigendom van een speciale bv in Zürich die alle grensoverschrijdende transfers controleert. Als Ajax Daley Blind koopt van Manchester United, moeten beide clubs precies dezelfde geldbedragen invullen. Pas wanneer de gegevens matchen geeft de FIFA een internationaal transfercertificaat af. Alles loopt via Zeist, dat uiteindelijk de seinen op groen moet zetten. Een transfer afhandelen kost nu nog maar tien minuten waar vroeger de stapels faxen letterlijk metershoog lagen. Toen renden medewerkers langs alle faxapparaten en was het maar hopen dat er geen speler moest worden overgeschreven vanuit het vrijwel onbereikbare Oeganda. Niet dat dit soort praktische problemen de reden waren voor de invoering trouwens. In 2010 begon FIFA zich ernstige zorgen te maken over de steeds grotere geldstroom die wegvloeide vanuit de voetbalsector naar privérekeningen van tussenpersonen. Bij de lancering sprak de FIFA zelfs ambitieus van een aanval op witwassers en buitensporig profiterende makelaars. Maar in de praktijk zijn sinds de invoering de wegstromende bedragen alleen maar toegenomen. TMS of niet. Bij de transfer van Neymar naar Barcelona verdween doodleuk 40 miljoen euro. 'Idioterie,' vat Theo van Seggelen van de internationale spelersvakbond bondig samen.

Van Seggelen was in het verleden een luie middenvelder van Telstar maar is intussen als voorman van de internationale spelersvakbond een van de belangrijkste spelers op het mondiale voetbalpodium. Hij vertegenwoordigt 50.000 profvoetballers waaronder niet de minsten, zoals Messi en Ronaldo, en voert al een jaar of twintig een keiharde strijd tegen de spelersmakelaar. Je zou het bijna zijn levenswerk kunnen noemen. '*Job done*,' zei hij toen de FIFA een paar jaar geleden de diploma's afschafte. 'Ze hebben nu geen vrijbrief meer om op basis van een FIFA-pas wurgcontracten te sluiten. Het is schluss met de makelaars,' aldus een euforische Van Seggelen die nu toch ook teleurgesteld moet constateren dat de incidenten en commissiebetalingen bepaald niet zijn afgenomen. In het *NRC* las ook hij dat PSV eventjes 1,4 en 2 miljoen euro aan de makelaars van respectievelijk Héctor Moreno en Gastón Pereiro betaalde omdat ze hadden meegeholpen met een transfer. Geen TMS die er melding van maakte. Als er in Nederland al zoveel verdwijnt, hoeveel zal er dan wel niet verdampen bij de echt grote deals? 'Minstens een derde,' volgens Van Seggelen. Dat is dus al 2 miljard per jaar. Het gekke is dat dit allemaal wordt betaald en in stand wordt gehouden door clubs die veelal dik in het rood staan. Van Seggelen: 'Ze denken allemaal de nieuwe Cruijff in huis te hebben. Clubs zijn verslaafd aan het systeem, net als mensen die in het casino spelen. Als ze een keer winnen, schreeuwen ze het van de daken, maar die negen keer dat ze verliezen hoor je ze niet.' Zijn ideaalbeeld: een voetbalwereld waar net als op de huizenmarkt lage, vastgestelde commissies worden betaald voor tussenpersonen. En waar meneer de zaakwaarnemer net als een huizenmakelaar niet mag optreden voor de kopende en verkopende partij tegelijk. 'Hoe interessant is het dan nog voor eigenaren, investeerders en makelaars?'

Terug naar de KNVB waar nog licht brandt en de medewerkers telefonisch aan clubs vragen of er nog wat in de pijplijn zit. We scannen de websites Voetbalzone en Voetbalprimeur naar de laatste geruchten. Dan is er weer iemand gezien op een vliegveld, dan weer in de lobby van een vijfsterrenhotel. Ah. Zelfs onze vriend Tonny Vilhena duikt weer op. Hij is nu weer eens in beeld geweest bij Chelsea. Vilhena is een van de mannen die de voetbalsites al jaren domineert met tal van buitenlandse clubs waar hij de laatste jaren naartoe zou gaan. Sampdoria, Fiorentina, Lazio, Leverkusen en Frankfurt om er maar eens een paar te noemen. Intussen zit hij gewoon nog bij Feyenoord. Het loopt behoorlijk uit de hand met al dat fakenieuws. Er gaan zelfs verhalen van familieleden van spelers die berichten op internet zetten om de interesse aan te wakkeren. Voetbalwebsites die normaal gesproken schaamteloos geld verdienen met het overschrijven van de traditionele media zien tijdens de transferperiode hun kans schoon om met makelaarspraatjes nog wat extra clicks te scoren. Zij krijgen volop ruimte om hun jongens in de etalage te zetten met vage omschrijvingen als 'verregaande interesse uit verschillende landen'. Vaak gevolgd door de mededeling dat nog geen enkele club zich 'officieel heeft gemeld', maar 'een bod hangt in de lucht'.

De geruchtenstroom is onophoudelijk. Zelfs het eigen kanaal van de Eredivisie doet eraan mee. Joey van den Berg speelde jaren geleden bij Heerenveen toen hij afhaakte bij de warming-up. Bij FOX vermoedde de presentator dat dit geen zuivere koffie was. Jan Joost van Gangelen had hem met een telefoon in zijn handen gezien. 'Is dit zo'n gevalletje: transfer komt eraan, het schiet even in m'n…' Pure speculatie vonden de analytici Kenneth Pérez en Arnold Bruggink, maar copresentatrice Hélène Hendriks deed er nog een schepje bovenop. Zijn zaakwaarnemer was in het buitenland om een deal af te ronden, dus wie weet…Van den Berg bleef gewoon nog een jaar in Heerenveen.

Zelfs voor de visionairs onder de coaches is er geen ontkomen aan de ongekende paniekpiek die de miljardenindustrie twee keer per jaar domineert. Nota bene Louis van Gaal, die al zijn zaken zelf doet, bestelde bij voormalig videotheekeigenaar Jorge Mendes op Deadline Day doodleuk Falcao die op de valreep werd aangeboden. De Engelsen geven zonder met de ogen te knipperen nog 100 of 200 miljoen uit in de laatste uren. De prijzen fluctueren als cryptomunten en gezien het chaotische gedrag van voetbaldirecteuren zou een blaastest soms niet misstaan. Naarmate de avond vordert, naderen we de categorie 'obscuur'. Onder het mom van 'je weet maar nooit' worden gedeukte, geblesseerde, gedesillusioneerde en gevallen spelers gecontracteerd. In 2017 presteerde NAC het om vier seconden voor het sluiten van de markt de speler Jari Oosterwijk te huren van FC Twente (waar hij zoals het een paniekaankoop betaamt overigens nauwelijks aan spelen toekwam). Om 23 uur 59 minuten en 56 seconden was het rond. Dat had dan geen vier tellen langer moeten duren. Laatste fluitsignaal is laatste fluitsignaal. Vraag maar aan Real Madrid dat dacht keeper David de Gea te hebben gekocht van Manchester United, ware het niet dat de papieren pas om twee minuten over twaalf waren ingevoerd in de FIFA-systemen. Te laat. Een deal van 40 miljoen euro verdampte. Beide megaclubs gingen ook nog een moddergevecht aan over de schuldvraag. Daarover gesproken. Wist u dat ook hotelpersoneel al eens de schuld kreeg van het mislukken van een transfer? In een Italiaanse hotellobby kreeg de Zwitser Pajtim Kasami te maken met een enorme domper. Net toen hij even voor twaalven aan de champagne wilde om te toosten op zijn Italiaanse transfer naar Pescara viel het internet uit. Defect modem. Er was geen tijd meer om de documenten per smartphone te uploaden in de FIFA-systemen. Weg transfer. Kasami kon fluiten naar zijn Italiaanse droom. Zijn makelaar Mino Raiola kunnen we sowieso al niet echt de rust zelve noemen en reageerde woest voor de Italiaanse tv. 'Ze moeten het hotel afbreken en opnieuw opbouwen!'

Ook in Nederland gaan op gênante wijze de mooiste transfers in rook op. Neem de poging van PSV om bij het scheiden van de wintermarkt in 2018 inderhaast een linksback uit Ghana te halen. De Eindhovenaren stonden voor niks te wachten bij de terminal op Schiphol. De beste man bleek helemaal niet in het vliegtuig te zitten en op internet was te zien dat de Afrikaan was aangekomen bij Sporting Lissabon. Ja mensen, we praten hier over een miljardenindustrie gerund door allemaal directeuren die dik meer verdienen dan onze minister-president. Elk jaar roept de KNVB weer op om tijdig alle gegevens in te leveren, omdat er anders een risico bestaat dat het mislukt. Dat lijkt niet al te veel gevraagd. De markt is immers 83 dagen open, oftewel 119.000 en 520 minuten. Best knap om dan 119.000 en 470 minuten te wachten voordat je op de proppen komt met de aankoop, die natuurlijk intensief is gescout en al heel lang op het lijstje stond. *Ping*. Utrecht meldt zich nog net op tijd met ene Bahebeck. Vanochtend werd er toch nog echt gemeld dat hij 'onhaalbaar' was.

Iets na elven komt Den Bosch met een speler van Rovaniemi uit Finland. Het is een kleine wereld; precies die club speelde de hoofdrol in ons eerste boek *Voetbal & Maffia*. Tweede en derde garnituur komt ineens voor dumpprijzen op de markt. Op tv zien we Ajax-trainer Erik ten Hag zeggen dat hij ervan uitgaat dat zijn spelersgroep intact blijft. Helemaal zeker van zijn zaak lijkt hij niet. Maar ja, zijn technisch directeur Marc Overmars is dan ook de recordhouder wat betreft Houdini-transfers. De heren Enoh en Duarte verhandelde hij met respectievelijk vijftien en vier minuten op de klokken. Zijn record is 23 uur 57. Toen verkocht hij een jongen die vermoedelijk alleen bij de voetbalquizmasters onder u een belletje doet rinkelen. Ene Ilan Boccara. Een talent van Paris Saint-Germain dat in de geavanceerde scoutingssystemen naar boven kwam. Een echte Ajacied volgens de kenners. 'Balveroveraar, winnaarsmentaliteit, goede passer,' liet Dennis Bergkamp optekenen bij de presentatie van de Fransman. Wat minder in de publiciteit kwam het latere verhaal van zijn broer: Boccara zou familie zijn van Ajax-directeur Michael Kinsbergen. 'Afgesproken is dat Ilan niet hoefde te spelen tijdens de joodse feestdag Jom Kipoer.' Boccara debuteerde in 2012, een week daarna was het Jom Kipoer en kon hij niet. 'De Boer vond dat niks.' Of er bij Évian ook familie zit is onbekend, maar Overmars wist deze kat in de zak met dik honderd tellen te gaan nog knap te slijten aan de Franse club. Zoals vaak liep het niet echt denderend af met de paniekaankoop. Precies 55 minuten duurde zijn carrière in de Ligue 1. Even later zat hij in de tweede klasse van Israël. Gelukkig voor deze spelers, en vooral hun makelaars, duiken er in Europa altijd weer nieuwe voorzitters op die elke gammele occasion aanzien voor een Ferrari.

Behalve dat clubs nu sneller met spelers kunnen schuiven, weten we dankzij het TMS dat de spelersmarkt absurde vormen aanneemt. In vijf jaar is het roulerende geld bijna verdrievoudigd naar dik 6 miljard euro. En dan praten we alleen nog maar over de internationale transfers. Binnen de 211 FIFA-landen zelf gaat ook nog eens vele honderden miljoenen aan transfergeld om. 'Russisch roulette met vijf kogels,' resumeert de voorman van de internationale spelersvakbond Theo van Seggelen.

Bijna middernacht. Het stadium van net-niet-transfers nadert. Het onvermijdelijke moment dat de vaste anekdote weer op tafel komt.

'Ken je dat verhaal van Bas Dost, die naar Ajax ging?'
Gegrinnik.
'Nee, vertel eens.'
'Die ging niet.'

Aanvaller Dost zou ooit van Heerenveen naar Ajax gaan. De Friezen gingen in de blessuretijd van de markt akkoord met een verkoop. Helaas hadden alle Amsterdamse bestuursleden met beslissingsbevoegdheid toen al de telefoons uitgeschakeld na een avondje chinezen. Niemand was meer bereikbaar.

Het is 23.46 uur. Onze telefoon trilt. Chelsea stalt nog een speler bij Vitesse. Terwijl we het nieuwtje nog snel even op de website van *VI* zetten, zien we nog een inkomende transfer. Weer uit Londen. Maar nu gaat het om een speler voor Sparta. Midden in de nacht komen ook nog even de samenvattingen uit de Keuken Kampioen Divisie voorbij. FC Den Bosch blijkt tussen de laatste transfers door ook nog een competitiewedstrijd te hebben gespeeld. De inbox blijft intussen volstromen. Vitesse heeft er nog een persbericht uitgegooid. 'We hadden deze speler al drie jaar op de radar.' De jonge Belgische Zambiaan zal intussen wel opgezocht hebben waar Arnhem ligt. Nadat hij in Londen tekende werd hij al naar Spanje en Schotland gestuurd. Nu mag hij in Arnhem in de etalage. Want tenslotte draait het natuurlijk allemaal om het klaarstomen voor de verkoop en het rendement.

Uiteindelijk is de vraag die 45 jaar geleden na de eerste miljoenentransfer van Cruijff al werd gesteld in de Tweede Kamer nog steeds onbeantwoord: wat is een mens waard?

NAWOORD

Dušan Tadić (en twintig andere hoofdstukken die het boek niet haalden)

We hadden een encyclopedie vol kunnen schrijven met verhalen uit de makelaarsjungle. U hebt slechts een kleine selectie gelezen van het enorme arsenaal verhalen dat voor het oprapen ligt in de schaduwen van de schijnwerpers.

De grootste zomertransfer in Nederland was in 2018 zonder twijfel Dušan Tadić. Geweldig nieuws voor de fans, maar wat betreft de bedragen was het alweer direct vaag. In de Nederlandse pers verscheen een transfersom van 11,4 miljoen, in Engeland werd gesproken over 20,5 miljoen. Het liefst hadden we u alle ins en outs gegeven. Maar vaak lekken de echte afspraken pas in een veel later stadium uit, als het al zover komt. U weet het inmiddels: alleen Football Leaks en boze makelaars die rechtszaken aanspannen werpen af en toe een kleine glimp licht in de verder hermetisch afgesloten en duistere transferwereld. Tadić stond al voor zijn komst naar Ajax in elk geval garant voor veel verdwenen geld. Niemand die daar verder nog een woord aan vuil maakte in de duizenden, tienduizenden woorden die aan de transfer werden gewijd. Bij zijn vorige transfer vanuit de Eredivisie naar Southampton bleek dat zijn ex-makelaar onderhands een leuke 4 miljoen declareerde. Dat kwam neer op 30 procent van de transfersom van 13 miljoen die de Engelsen overhadden voor de sierlijke Serviër die bij FC Twente furore had gemaakt. Uiteraard liepen de betalingen aan de makelaar geregeld via geheime contracten. Pas toen er een conflict ontstond over de laatste 1,1 miljoen, werd voor iedereen duidelijk hoe het geld creatief buiten de transfersystemen om werd geleid. Het bestuur van Twente mailde dat de beste man de club kon vertegenwoordigen als scout, waarna de Servische makelaar een factuur van 712.000 euro stuurde voor scoutingswerk en het assisteren bij transfers van Luc Castaignos, Andreas Bjelland en Cuco Martina. Het is precies de wildgroei aan beloningen waarover FIFA-baas Gianni Infantino zich zo'n grote zorgen maakt. Als er al zoveel wegvloeit bij een provincieclub uit Nederland, hoeveel zal er dan wel niet verdwijnen bij de echt grote deals? Scouting, consultancy, advieswerkzaamheden, doorverkoopbonussen. Allemaal betalingsmethodes aan tussenpersonen die in geen enkel centraal systeem worden geregistreerd. Toen Tadić van Groningen naar Twente ging bleef er ook al een ton of zeven aan de strijkstok hangen van zijn begeleider. Na ons avontuur in de schemerige straatjes van de spelersmarkt lijkt het bijna onmogelijk dat het bedrag dat Ajax voor hem heeft betaald ook echt helemaal bij het verkopende Southampton terecht is gekomen. Maar goed. Dat leest u wellicht in een volgend boek.

Een greep uit de andere verhalen die het boek net niet haalden:

– Makelaar Kevin Olivieira die eerst drie ton claimde van Lars Veldwijk en daarna ruzie kreeg met zijn voormalige compagnon die hem op Facebook beschuldigde van schaamteloze leugens, het achterhouden van geld en het vervalsen van bankafschriften.

– Hoe makelaarsmiljonair Humphrey Nijman verzeild raakte in een moddergevecht met zijn assistent die hij beschuldigde van creditcardfraude en vooral van het roven van zijn Ajacied tijdens een vakantie op Ibiza.

– De bijzondere club in Denemarken waar een makelaar twaalf Nigerianen invloog die toevallig ineens allemaal Deens gingen studeren.

– De medewerker van Post NL die een speler van Ajax naar Turkije hielp en zijn woedende ex-makelaar achter zich aan kreeg die beweerde dat de brievenbezorger hem had geroofd.

– Zaakwaarnemer Salvador de Miranda die op Facebook een collega, mijnheer Eddy Overmeer, neerzette als oplichter, leugenaar en bedrieger.

– De doorbraak van het vak handschriftexpert die in de voetbalbranche steeds vaker wordt ingehuurd, onder meer door Volendammer Joey Veerman die klaagde over nepcontracten met valse handtekeningen.

– De frontale aanval van zaakwaarnemer Karel Jansen op Wesley Verhoek op de website van Sport Promotion, nadat Verhoek was overgestapt naar een concurrerend bureau terwijl hij recent nog wel bij de verklede Karel op schoot had gezeten tijdens het sinterklaasfeest.

– Het ontduiken van de leeftijdsgrens door onder anderen makelaar Daan Kramp die stiekem met de toen vijftienjarige Nathan Aké naar Chelsea reisde en zich daar samen met het kind liet fotograferen voor het trainingscomplex.

– De negen maanden cel die een voetbalmakelaar kreeg opgelegd door de rechtbank Gelderland-Zuid voor afpersing van een dame die klaagde over dreigtelefoontjes en huisbezoeken.

– De opvallende carrièremoves van de voormalige directeuren van SC Heerenveen, FC Den Bosch, Roda JC en Vitesse die van de ene op de andere dag hun clubkostuum inruilden voor een zijden makelaarspak.

– Hoe de Nigeriaanse voetballer John Utaka bakken geld verloor na advies van een Zeeuwse makelaar om geld te pompen in een Belgisch kunstfonds.

– De makelaar die PSV ooit betichtte van Gestapo-praktijken nadat hij een terreinverbod kreeg en de huisfotograaf werd ingezet om hem te fotograferen op kinderjacht.

– De duobanen van tv-analisten die staan geregistreerd als makelaar en tevens bij FOX en de NOS geheel onafhankelijk spelers beoordelen.

– Hoe een Rotterdammer met zijn brievenbusbedrijven een centrale rol bleek te spelen in een transferfraudezaak waardoor veel Roemeense clubs failliet gingen en de betrokken makelaars slapend rijk werden.

– Over de makelaar uit de Achterhoek die een website begon waarop hij jongetjes van 15 jaar in de etalage zette.

– FC Utrecht dat tonnen claimde na een schimmig dealtje met een door de FBI ontmanteld Argentijns makelaarsbureau, dat een etalagespeler regelde en een deel van het wettelijk vereiste salaris zou terugstorten naar de Domstedelingen.

– Het verhaal van de geblondeerde buitenspeler Maxime Lestienne, die voor vijf jaar tekende bij een door makelaars gerunde club in Qatar die hem vervolgens als product uit een beleggingsportefeuille Europa doorstuurden met PSV als een van de haltes.

– De opvallende entree van de vrouw van de Roemeense matchfixverdachte Reghecampf, die zich als makelaar inschreef bij de KNVB.

– Over de buurman van Joop Munsterman die via een Cyprus-route investeerde in spelers en een zaak aanspande omdat hij zijn geld verloor.

– Het boeiende Northfields Sports dat vanuit een rijtjeshuis in Volendam op papier vele miljoenen verdient aan transfers van Zuid-Amerikaanse spelers die worden geregeld door de grote makelaars van deze wereld.

EPILOOG

De Belgische bom

En dan lever je de laatste letters in bij de uitgever en is het wachten geblazen. Hoe het boek ontvangen wordt blijft natuurlijk altijd spannend. Voor ons gevoel is deze verkenning in de wereld van voetbalmakelaars een logisch vervolg op de verslagen uit de onderstroom van het betaald voetbal die we eerder presenteerden aan een breder publiek.

Nog een keer nemen we het hele traject door. De titel *Maffia in maatpak* haalde de eindstreep niet. Van Duren vond het prachtig, maar Knipping vond het te rigoureus. Tegenover de malafide makelaars staan tenslotte ook bonafide makelaars. 'En het is toch ook niet zo dat je een paardenkop in je bed vindt als je geen zaken wilt doen,' was het uiteindelijke argument van Knipping dat ervoor zorgde dat het boek dat u in handen heeft *Weekendmiljonairs* heet. Genietend van dat lekkere gevoel dat je hebt als je de deadline hebt gehaald, vierden we het einde van ons zoveelste project met een biertje.

Lachend over ons eerste boek in de steeds verder uitdijende reeks. Hadden we net *Voetbal & Maffia* ingeleverd, werd er meteen een Italiaanse international door de politie uit het trainingskamp voor het EK gehaald. Matchfixing stond ineens op de kaart. Prachtig verhaal, maar het boek lag al op de persen en er stond uiteindelijk geen letter in over de internationale mediahype die de Italiaanse invallen aan de vooravond van Euro 2012 veroorzaakten. Hadden wij weer. De anekdotes rolden over tafel. De bitterballen waren in aantocht, toen de twee onvermijdelijke telefoons ineens over de terrastafel bibberden.

BOM ONDER BELGISCH VOETBAL blokletterde het scherm.

Bij onze zuiderburen bleek er een enorme ingreep vanuit justitie gaande onder de intrigerende naam Operatie Propere Handen. Dat was ongetwijfeld afgeleid van de befaamde Italiaanse operatie tegen de maffia. Inderdaad, Operatie Schone Handen. Ineens was het even stil aan de tafel. Voetbalmakelaars bleken de hoofdrol te spelen in een ongekend schandaal. Naast zaakwaarnemers werden ook bestuurders, journalisten en scheidsrechters opgepakt. Trefwoorden: matchfixing, criminele organisatie, witwassen. Je kunt dan nog wel even om je heen kijken of je niet in *Bananasplit* zit, maar we wisten wel beter. Nog voordat deze pagina's u bereikten, onderstreepten de Belgische autoriteiten de woorden waarmee FIFA-baas Infantino de eerste steen voor ons boek legde.

Eind 2017 startte het onderzoek na verdachte transacties bij een bankkantoor in Genk. Het werk van de Belgische recherche kwam in de openbaarheid op 10 oktober 2018. 's Morgens verrichtten 184 agenten 44 huiszoekingen in het hele land, onder andere bij de voetbalclubs KRC Genk, Club Brugge, RSC Anderlecht, Standard Luik, KAA Gent, KV Oostende, KV Kortrijk, en KSC Lokeren. Club Brugge-trainer Ivan Leko en voormalig manager van RSC Anderlecht Herman Van Holsbeeck werden meegenomen voor verhoor, maar later weer vrijgelaten. De politie nam 3,6 miljoen euro in beslag en vond bij een makelaar een verzameling verpakkingen van luxehorloges, die inclusief de inhoud gezamenlijk acht miljoen euro waard zouden zijn.

Ook in Frankrijk, Cyprus, Luxemburg, Montenegro, Servië en Macedonië werden er huiszoekingen gehouden. Twee topscheidsrechters

(Bart Vertenten en Sébastien Delferière) worden ervan verdacht zich te hebben laten omkopen en zijn ondertussen geschorst door de Belgische voetbalbond. Het onderzoek gaat over twee schijven: fraude bij spelerstransfers en matchfixing bij twee degradatieduels uit het seizoen 2017-2018, om precies te zijn om Royal Antwerp FC-KAS Eupen (uitslag 2-0) op de voorlaatste speeldag en KV Mechelen-Waasland Beveren (uitslag 2-0) op de laatste speeldag. In beide dossiers bleken voetbalmakelaars de hoofdverdachten.

Onze landgenoot Dennis van Wijk zal ook lichtelijk verbijsterd *De Standaard* hebben gelezen. De Amsterdammer was woest na de degradatie van KV Mechelen en dacht in het pak genaaid te zijn door makelaars, die hun invloeden aangewend zouden hebben om de concurrent een handje te helpen. Namen en rugnummers wilde hij destijds na de emotionele degradatie niet noemen. Maar wat lezen we nu? Ook aan de kant van Mechelen werd geprobeerd zaken te regelen. Je zou erom moeten lachen als het niet zo triest was.

Wat eind 2017 begon als een klassiek onderzoek naar zwart geld en schimmige financiële constructies van voetbalmakelaars, vervelde al snel in een onderzoek naar corruptie. De federale politie luisterde volgens onze informatie maandenlang de telefoons af van topmakelaars Mogi Bayat en Dejan Veljkovic op zoek naar fraude bij transfers. Maar in de loop der weken nam het onderzoek (nog) een andere wending. Plots bleek het ook te gaan om mogelijke omkoping in voetbalwedstrijden. Het gerecht vond aanwijzingen dat Dejan Veljkovic – tot vorig jaar de huismakelaar van KV Mechelen – actief heeft geprobeerd de degradatiestrijd van voetbalseizoen 2017-2018 te beïnvloeden in het voordeel van KV Mechelen. Hij zou in de dagen voor de beslissende laatste competitiewedstrijd verschillende verdachte contacten hebben gehad met bestuurslui van KV Mechelen en Waasland-Beveren. Op die manier zou hij geprobeerd hebben ervoor te zorgen dat KV Mechelen in de 1e klasse bleef. Voor Veljkovic, die zelf heel wat spelers van KV Mechelen in zijn portefeuille had, was het financieel belangrijk dat Mechelen in de Jupiler League bleef. Maar zijn opzet mislukte. Mechelen won wel met 2-0 de beslissende laatste wedstrijd van de competitie tegen Beveren, maar concurrent Eupen won tegen Moeskroen met 4-0 en bleef zo in de eerste klasse op basis van het doelpuntenverschil. In de dagen na de wedstrijd keerde de voetbalwereld zich tegen Moeskroen en Eupen. Maar het lijkt er nu op dat het spel (ook) aan de andere kant vuil werd gespeeld. Of er daadwerkelijk sprake is van corruptie zal het onderzoek moeten uitwijzen.

Er zal nog heel wat bier door de taps vloeien voordat duidelijk is wat er nu allemaal echt is gebeurd. Dat duurde bij het vorige Belgische omkoopschandaal, de zaak-Ye alias de gokchinees, zo lang dat alle betrokkenen al bijna uitgevoetbald waren tegen de tijd dat de laatste zittingen in de strafrechtelijke procedure plaatsvonden. Pas tien jaar na de eerste invallen kwam de rechter tot twintig veroordelingen. Een spelersmakelaar bleek ook daar de spin in het web en kreeg de hoogste straf: acht jaar cel.

De reacties die gaan volgen zijn uit te tekenen. Die lopen parallel aan de decennia durende dopingdossiers in het wielrennen en zijn straks een kwestie van interpretatie. Na een paar dagen nieuws op de journaals zal de sportpers weer verdergaan met de onuitputtelijke agenda vol wedstrijden, interviews en nabeschouwingen. Gelukkig zijn er altijd uitzonderingen om die regel te bevestigen. Zoals sterspeler Vincent Kompany van Manchester City, die toevallig even in eigen land is en de interland tegen Nederland mag laten schieten omdat zijn vader deze dagen geïnstalleerd zal worden als eerste zwarte Belgische burgemeester. Hem verbaast het niet. 'Op dit moment is het te vroeg om het echt over individuen te hebben. Maar als je het hebt over de voetbalsector, dan kun je niet verrast zijn. De link is heel nauw met de praktijken van de wereld van mensenhandel, drugshandel en prostitutie. Er zijn veel goede mensen, maar ook veel slechte,' zegt hij in een exclusief interview met *VTM Nieuws*.

'Wat ik niet begrijp, is dat het internationaal ondertussen niet helemaal transparant is,' gaat Kompany verder. 'Er wordt toch sowieso gespeculeerd over lonen van spelers, dat het hen waarschijnlijk niet uitmaakt of hun loon bekend is. Maak het helemaal transparant, zodat iedereen zich moet verantwoorden voor hetgeen ze factureren. Uiteraard is een makelaar of een soort van bemiddelaar belangrijk voor een speler om zijn belangen te beschermen en ook af en toe die van de club. Maar waarom het nog niet transparant is, dat snap ik helemaal niet.'

De betrokkenen zullen veelal gewoon weer opduiken in het voetbal. De geschiedenis van het voetbal in het algemeen en het Belgische voetbal in het bijzonder leert dat je altijd verder kunt. Zo komen we in deze dossiers nu weer dezelfde advocaat tegen die in het vorige schandaal over de gokchinees ook al een hoofdrol speelde. Hij werd veroordeeld, maar kon direct weer aan de bak in het betaald voetbal en wordt nu door justitie gezien als de spil in het wegsluizen van transfergeld. Het staat niet op zichzelf. Trainer Paul Put werd in de zaak-Ye veroordeeld tot een celstraf, maar trainde sinds de affaire gewoon twee clubs en was van vijf landen bondscoach.

Gaan we wat verder terug, dan komen we bij het omkoopschandaal bij Standard Luik. Topvoetballer Eric Gerets werd na een enveloppenaffaire aanvankelijk drie jaar geschorst en ontslagen door AC Milan, maar een jaar later was de schorsing al van de baan en kon hij aan de slag in Nederland. Of weet u nog hoe ze bij Anderlecht in de jaren tachtig de scheidsrechter in de Europa Cup probeerden om te kopen? De lijst houdt niet op. Niet vanzelf, zouden we bijna zeggen.

Feit is wel dat de Belgen opnieuw geld en mankracht hebben vrijgemaakt voor deze enorme operatie waarbij alleen op de eerste dag al 44 mensen werden opgepakt. Matchfixing trekt vooral de aandacht, maar een groot deel van de dossiers gaat over malversaties en fraude rond spelerstransfers. Het functioneel parket spreekt over manipulaties van transfers door makelaars, om de eigen winsten te kunnen maximaliseren en om gelden verborgen te houden voor de overheid. De recherche stuitte op creatieve facturen met posten als scouting, extra kosten, consultancy en Cyprus-constructies. Dat verschilt op het eerste gezicht niet eens zo heel veel van de verhalen zoals we die in Nederland kennen rond de Arveladzes en FC Twente.

Logisch ook. Spelershandel is bij uitstek een internationale business en het is niet zo dat malafide makelaars bij Roosendaal ineens hun werkwijze totaal omgooien. België is ook niet het eerste land waar justitie transfers onder de loep neemt. In 2016 ontmantelde Europol een witwasclub in het Portugese voetbal en de Italianen zagen al meerdere invallen in de Serie A. Precies waarvoor de intergouvernementele antiwitwasautoriteit FATF na een verkennend onderzoek al waarschuwde: voetbaltransfers zijn bij uitstek gevoelig voor witwasprojecten. Vanuit Amsterdam waarschuwde De Nederlandsche Bank zijn leden vorig jaar al om veel alerter te zijn op de geldstromen rond voetbalclubs.

In een interview met de Vlaamse krant *De Morgen* zegt advocaat Dimitri Dedecker: 'Waar het in normale sport om winnen gaat, draait het in het voetbal enkel en alleen om geld.' De man is zelf al tien jaar actief in het voetbalmetier. De voorzitter van de Belgische bond spreekt van 'normvervaging en belangenverstrengeling' en wil keiharde maatregelen om clubs te redden uit de klauwen van makelaars. In Nederland trekt columnist Bert Wagendorp in *de Volkskrant* de conclusie dat het internationale topvoetbal een crimineel milieu is geworden. 'Het is niet zo

dat het criminele milieu zich met het voetbal bemoeit; het internationale topvoetbal, laat Operatie Propere Handen nog eens ten overvloede zien, is zelf een crimineel milieu geworden.'

Wij zijn intussen onderweg naar België om daar eens clubs en collega's te bezoeken. Kijken of we wat dossiers kunnen regelen. *Buffelen in de Belgische beerput* is de voorlopige werktitel. De bevindingen kunt u lezen in ons blad *Voetbal International.* Lachend naar de zuiderburen wijzen is in elk geval het laatste dat wij gaan doen. Wie net als bij het dossier-matchfixing denkt dat Nederland een witte vlek is op de landkaart, zal het lachen nog wel vergaan. Tijd om de uitgever te verlossen.